법의 길, 삶의 길

나남
nanam

松隱 柳志潭 수상록
법의 길, 삶의 길

2012년 6월 25일 발행
2012년 9월 12일 2쇄

· 저자 | 유지담
· 발행자 | 조상호
· 발행처 | (주)나남
· 일러스트 | 김진희 designisis@yahoo.co.kr
· 주소 | 413-756 경기도 파주시 교하읍
출판도시 518-4
· 전화 | 031-955-4601(代)
· Fax | 031-955-4555
· 등록 | 제 1-71호(1979.5.12)
· 홈페이지 | www.nanam.net
· 전자우편 | post@nanam.net

ISBN 978-89-300-8635-6
ISBN 978-89-300-8001-9(세트)
책값은 뒤표지에 있습니다.

松隱 柳志潭 수상록

법의 길, 삶의 길

나남
nanam

아버지 柳綱烈

(음력 1906. 3. 13. ~ 음력 1963. 1. 9.)

경기도 평택군 현덕면 화양리 태생

어머니 徐順德

(음력 1918. 11. 13. ~ 現 95세)

경기도 화성군 장안면 태생

청운중학교 교기
백악을 지고 높게 터를 잡은
청운중학교의 표상

청운중학교 교정
서울 종로구 청운동에 위치.
위 교정에서 제 5회 사법시험이
치러졌다

국립체신고등학교 동아리 모임

국립체신고등학교 업무과 6회 동기들과 함께

고려대학교 법과대학 졸업 (1965. 2.)

고려대학교 재학시절 인촌동상 앞에서

결혼기념
사법대학원 동기들과 함께
(1967. 4. 8.)

월남맹호부대 근무 중
휴가차 김포공항에 도착,
큰 아들(도현)을 안고

회갑기념 아내와 함께 (2001. 5.)

가족들과 함께
아들, 딸, 사위, 며느리
손자 · 손녀들

내 삶의 활력소 손자·손녀

가족 전체 남해 여행 중 (2001. 5.)

일본여행 중
지청, 지훈 두 동생과 함께

단양 사인암에서
지훈 동생과 함께

수상록 집필을 끝내고 어머니와 함께 단양 사인암 앞에서

대법관을 퇴임하고
대법원 청사에서
온 가족과 함께

공직을 마치고
법무법인 KCL 가족들과 함께

대법관 임명장을 받고
김대중 대통령 내외분과 함께 (1999. 10. 11.)

대법관 전원합의체 재판 전경

대법관과 중앙선거관리위원장을 퇴임하고
노무현 대통령과 함께 (2005. 11. 21.)

현충일 행사
좌로부터 이만섭 전 국회의장, 최종영 전 대법원장, 윤영철 전 헌법재판소장, 저자

중앙선거관리위원장 퇴임식을 마치고
직원들의 배웅을 받으며 과천청사를 떠나다 (2005. 10. 31.) 사진 : 중앙선거관리위원회 제공

제 16대 대통령 선거
서초4동 원명초등학교에서

"4월 15일은 병든 정치 수술 날"

유지담 선관위장 '더' 부패 '덜' 부패 싸우며 반성은 안해

유지담(柳志潭) 중앙선관위원장은 새해 신년사에서 "정치권은 서로 상대편이 더 부패했다느니, 내 편이 덜 부패했다느니 싸우고 지은 죄를 반성하지 않은 채 수사기관을 탓하고 있다"며 정치권의 각성을 촉구했다.

柳위원장은 "소수 여당은 다수 국민의 의사를 존중하며 포용하려는 아량을 포기한 것처럼 보이고 다수 야당은 선거에서의 패배에 승복하지 아니하고 헐뜯기만 한다"고 지적했다. 그는 "중앙선관위는 나라의 앞날을 걱정하는 모든 국민과 함께 2004년 새해를 '병든 정치를 수술하는 해'로 이름짓고 그 수술 날짜를 '4월 15일'로 정했다"며 "4·15 총선에서 국민이 직접 수술을 집도할 것"이라고 강조했다. 〈관계기사 6면〉

柳위원장은 또 국회 정개특위가 시도했던 선관위의 권한 축소 방안과 관련, "선거관리기관의 적법한 감시·단속이 두려웠는지 그 얇은 권한마저 축소해 손발을 묶거나 눈을 가리려 시도하기도 했다"고 지적했다. 그러면서 "완전한 선거공영제와 정치자금의 투명성 확보 등을 담은 선관위의 정치관계법 개정 의견이 정치권에서 외면당하지 않았더라면 이 지경에까지는 이르지 않았을 것"이라고 말했다. 신용호 기자

novae@joongang.co.kr

제 17대 국회의원 총선거를 맞으며
2004년 신년사에서 공명선거를 통해
병든 정치를 수술할 것을 강조하다 *〈중앙일보〉 2004년 1월 1일

"회상록이나 자서전을 써 보는 게 어때?"

그 말을 들은 건 대법관을 끝으로 35년간 공직자로서의 소임을 마치고 '법무법인 KCL'에서 변호사 생활을 시작했을 때였다. 몇몇 친구들이 지나가는 말처럼 가끔 내게 권한 말이었다.

"자서전? 내가 무슨 그런 책을… 또 쓴다 한들 누가 읽어 줄까?"

자서전이란 세상에 뭔가 내세울 만한 일을 했거나, 지나 온 생애가 귀감(龜鑑)이 됨으로써 당당히 남을 계도(啓導)할 만한 사람이 쓰는 것이라고 평소에 생각해 왔다.

그러던 어느 날, 교보문고에 들렀다가 우연히 《자서전 쓰는 법》이라는 제목의 책이 눈에 들어왔다. 그 책을 끝까지 읽고 보니 그동안의 내 생각이 잘못임을 알게 되었다. '자서전을 쓰는 것은 누구를 위한 것도, 누구에게 보여주기 위한 것도 아니다. 자서전의 가장 큰 의미는 자신의 삶을 정리하는 것에 있다'는 점에 공감이 갔다.

문장력도 표현력도 부족하지만, 용기를 내어 시도해 보기로 마음을 굳혔다. 마치 전문바둑기사(棋士)가 이미 판이 끝난 바둑을 진지하게 복기해 보는 것처럼…. '자서전을 써 보라'는 친구들의 권유도 '지나간 삶을 돌이켜 회고하고, 그때 그때의 떠오르는 생각과 느낌을 정리해 보라'는 의미가 담긴 당부로 부담 없이 받아들인 것이다.

숨차게 이어온 70년의 삶. 그 발자취를 하나씩 기억 속에서 더듬기 시작했다. 안간힘을 다해 살아온 내 삶 속에는 좌절 속에 비틀거림도 있었고, 때로는 경이로

움 속에 기적 같은 행운을 맞은 경우도 없지 않았다. 그러나 그 낱낱의 삶을 내 자신같이 지켜본 이는 없을 것이다.

더욱이 오랜 세월 속에 묻히고 쌓였던 내 삶의 발자취들은 지금 하나둘씩 망각 속에 묻히려 한다. 그것들을 더듬어 긴긴 시간의 실타래를 따라 거슬러 올라가 보는 것도 뜻이 있을 터이다. 어디쯤에 박혀 있을까? 삶의 참된 모습을 찾아보고자 온몸, 온마음을 쏟아 부었던 그 대상들을 나는 과연 온전히 짚어낼 수 있을까. 그것들은 지금 모두의 무관심 속에 버려지거나 빛을 잃어 가고 있는 중인지 모른다. 김춘수 시인의 '꽃'이라는 시가 생각난다.

내가 그의 이름을 불러 주기 전에는
그는 다만
하나의 몸짓에 지나지 않았다.
내가 그의 이름을 불러 주었을 때
그는 나에게로 와서
꽃이 되었다.…

오래 쌓인 두터운 먼지를 정성껏 털고 또 쓸어내니 수천 년 동안 피라미드 속에 갇혔던 미라의 부활처럼 그들의 모습이 하나씩 드러나기 시작했다. 시인의 말처럼, 내가 그들 하나하나의 이름을 부르니 생명이 살아났고, 느낌을 불어넣으니 의미가 되살아났다. 고통과 슬픔의 의미도 살아났다. 잊었던 기쁨도 감사도 살아났고, 잃었던 사랑과 그리움도 살아났다. 그리고 슬픔은 기쁨으로, 괴로움은 즐거움으로, 미움은 사랑으로 바뀌기도 했다. 마치 또 하나의 다른 인생을 사는 것 같은 느낌이었다.

하지만, 이 모든 것들을 글로 표현하기엔 두루두루 자신이 없어 책으로 세상에 내 놓기엔 여간 주저되는 게 아니다. 누가 내 이름을 불러줄지, 더불어 누가 내 이름에 빛과 향기를 불어넣어 의미를 더해 줄지는 의문이다. 그러나 나의 글을 읽는 모든 이들이 삶의 순간순간마다 행복과 감사를 느끼고 나누며, 나의 흠도 덮어가면서 나와 함께 하고픈 이가 있어 언제든, 어디서든 나를 부른다면, 나는 즐거이 그의 영원한 벗이 되고 싶고, 형제가 되고 싶고, 사랑이고 싶다.

2012년 한여름

유지담

대법관 임기를 마치면서

마라톤 경기에서 결승선에 들어오는 선수의 얼굴을 보라. 42.195㎞란 긴 거리를 달린 역정이 고스란히 드러난다. 107리를 쉬지 않은 육체적 고통을 반영하듯 눈을 찡그리지만 한편으론 무사히 완주했다는 성취감으로 입 주위엔 미소가 감돈다.

35년간 입었던 법복을 벗던 2005년 10월 10일, 나는 결승선을 통과하는 마라토너의 심경이었다. 혈기 넘치던 초임 판사 시절의 내 모습이 뇌리에 떠오르며 지난날의 숱한 상황들이 순간적으로 빠른 영화필름처럼 스쳐 지나갔다.

대법관 임기를 마치며 퇴임사를 준비하던 소회(所懷)를 이 책의 프롤로그로 삼고자 한다. 35년간 근무했던 법원을 떠나는 아쉬운 심정과 함께 법관으로서의 삶 전체를 응축한 것이 바로 퇴임사이기에 나에게는 큰 의미가 있기 때문이다.

어떤 내용으로 퇴임사를 할까? 먼저 35년 동안의 법관생활에서 경험하고 느낀 바를 기억나는 대로 생생하고 솔직하게 밝히기로 마음먹었다. 그러나 책으로 쓴다면 몇 권 분량이 될지도 모르고, 말로 다한다면 며칠이 걸릴지도 모를 정도로 오랜 세월에 걸쳐 있었던 방대한 내용을 제한된 짧은 시간에 말할 것을 생각하니 몹시 고민스러웠다.

처음에는 대한민국 헌법의 기본이념인 법치주의와 자유민주주의의 궁극적 구현이라는 측면에서, 사법권의 독립과 법관의 권위는 어떠한 경우에도 절대적으로 지켜져야 한다는 점, 날로 뿌리가 깊어가는 사법 불신풍조에 대한 깊은 우려와 사법제도에 대한 국민의 이해가 절대로 필요하다는 점을 강조하고 싶었다. 법관의 권위와 사법부에 대한 신뢰를 지나치게 훼손할 위험이 있는 무절제한 비판은, 법치주의 확립이라는 대명제(大命題) 앞에서 바람직하지 않다는 취지를 호소하고 싶기도 했다.

그리고 어려운 여건에서 폭주하는 사건 처리에 묵묵히 봉사하는 법원 구성원들에게 위로와 격려를 보내고도 싶었다. 사실 나는 평소에 사법절차 규정에 대한 충분한 이해와 이에 따라야 하는 국민의 협조가 부족한 측면도 없지 않다고 느껴왔다.

모든 절차 과정을 자기중심에서만 파악하여 법원을 일방적으로 비난하는 사건 당사자를 이해하기 힘들었다.

사법의 속성상 누군가는 불만을 갖게 마련인데 그러한 당사자의 소리를 여과 없이 보도함으로써 사법 불신을 증폭시키는 언론의 태도를 안타까워하기도 했다.

그러나 무엇보다도 날로 증가하는 사회갈등의 주된 원인이 극단적인 이기주의에 있다고 믿어왔고, 사회갈등의 책임이 각자 자기 자신에게 상당부분 있음에도 불구하고 남에게만 그 책임을 돌리려는 사고방식이야말로 평화와 질서를 파괴하는 주된 요인이라고 생각했다. 질서가 유지되고 서로가 신뢰하는 살기 좋은 사회를 만들기 위해서는 먼저 나에게 책임이 있다는 '내 탓 운동'부터 실천에 옮겨야 한다고 항상 생각했다. 그래서 법원가족의 한 사람이었던 나 자신부터 스스로 부족했던 점을 반성하는 차원의 퇴임사를 하기로 방향을 정했다.

타당하지도 않은 이유로 사법부를 싸잡아 불신하는 세상분위기가 있음에도 거의 모든 법관들은 묵묵히 옳은 판결을 위하여 고뇌한다. 그러나 그러한 내용도 과감히 덮기로 한 것이다.

역사 앞에 겸허하자고 다짐하며 벅찬 가슴을 안고 그날 아침을 맞았다.

대법관 퇴임사 전문

저는 35년 동안의 법관생활을 마치고 이제 정든 법원을 떠납니다.

사건기록에 파묻혀 6년 동안 동고동락했던 동료 대법관님들과 후배법관 및 직원여러분의 곁을 아주 떠난다고 생각하니 만감이 교차합니다.

잘했다고 내세울 게 아무것도 없고 잘못한 일들만 생각납니다.

환송해 주는 여러분을 뒤돌아볼 면목조차 없이 떠나게 되어 부끄럽기 그지없습니다.

어려운 시험에 합격했다는 자만(自慢)에 빠져, 얄팍한 법률지식을 자랑으로 여기며 법관생활을 시작했을 때의 교만했던 제 모습이 제일 먼저 떠오릅니다.

법관으로서 가야 할 길에 대한 확고한 신념이나 목표설정도 없이 첫 출발을 하였기 때문에 사소한 일에도 민감하게 반응하며, 인사 때마다 일희일비(一喜一悲)하고, 주변으로부터 소외(疏外)당하지 않으려고 때로는 소신도 감춰가며 요령껏 법관생활을 했습니다.

저는 평소에 명성이 높은 개선장군보다 이름 없이 죽어간 무명용사 중에 우리가 더 머리 숙여 추모해야 할 사람이 있다고 믿으며 살아 왔습니다.

저는 특정분야의 법 이론에 밝아서 훌륭한 저서를 남기거나, 특정계층의 이익보호에 투철한 사명감을 가지고 있거나, 항상 다른 사람보다 앞선 자리에 발탁되어 세상에 널리 알려지는 그러한 법관보다, 남에게 내세울 만한 행동이나 업적은 그러한 능력을 가진 사람들의 몫으로 돌리고 오로지 국민을 진정코 섬기는 마음으로 자신이 맡고 있는 사건 하나하나의 처리에 온갖 정성과 노력을 다하여 한 사람도 억울함이 없도록 사필귀정(事必歸正)을 이루어 내면서 사건당사자 모두를 위하여 묵묵히 봉사하는 그러한 법관이 더욱더 자랑스러운 법관이라고 생각되어 후자의 길을 가겠다고 다짐한 적이 있습니다.

그런데 법원을 떠나는 지금 이 순간 묵묵히 봉사한 무명용사는커녕 후회되는 일들이 한두 가지가 아닙니다. 저는 사법권의 독립이 보장되어야 하고, 법관과 법원의 권위가 존중되어야 한다는 등의 당연한 말조차 남기고 갈 자격이 없음을 솔직히 고백합니다.

법적 분쟁에 휘말려 어려움을 겪고 있는 국민들을 위하여 마땅히 했어야 할 봉사도 제대로 하지 못했고, 또 그렇게 하지 못한 이유가 사법부 독립의 침해에 있는 것이 아니라 오로지 저 자신의 부족함에 있기 때문입니다.

사건 당사자들의 입장을 깊이 헤아려서 그들의 주장을 충분히 들어주며 신속하고 공정하게 결론을 내려 주는 것은 국민에게 봉사하는 법관으로서 마땅히 해야 할 덕목(德目)임에도 불구하고 당사자가 주장하는 말을 자세히 듣거나 써낸 글을 끝까지 읽는 것을 가지고도 마치 시혜적(施惠的)인 일을 하는 것으로 착각하기도 했습니다.

당사자의 처지를 전혀 고려함이 없이 저의 편의만을 생각하여 재판기일을 정하고, 연기신청을 받아 주는 데는 인색하면서 직권으로 재판을 연기하기는 거리낌 없이 했습니다.

충분한 기록검토와 휴식을 취한 후 맑은 정신으로 재판에 임하겠다고 항상 다짐하고는 이를 실천하지 못했고, 오히려 피곤한 몸으로 재판에 임하여서는 당사자의 주장이 장황하다고 탓하며 짜증을 내기도 했습니다.

'판사는 판결로 말한다'는 말의 의미를 제 나름대로 해석한 나머지 판결의 결론에 이르는 과정의 중요성을 망각하기도 하고 사건 당사자들의 편의를 배려하는 데도 소홀했습니다.

이론을 연구하고 판례를 숙지하기 위한 노력만큼 사건기록의 구석구석을 살피며 사실을 파악하는 데 정성을 쏟았느냐고 묻는다면 저는 그렇게 했다고 대답할

대법관 퇴임식 (2005년 10월 10일)

대법관 퇴임사

자신이 없습니다.

법복을 입고 법대 위에 앉아서 재판권을 행사하는 법관의 권위는 그 법대 아래에 내려가서 재판을 받고 있는 사건 당사자의 발을 씻겨주는 심정으로 그들의 답답함을 풀어주려고 정성을 다함으로써 자연스럽게 따라오는 것임에도 불구하고, 법관의 권위는 무조건 지켜져야 하고 법관은 국민으로부터 당연히 존경과 신뢰를 받아야 한다고 강변하기도 했습니다.

까다로운 절차규정의 준수만을 지나치게 고집한 나머지 실체적 정의의 실현을 외면하는 결과를 초래한 적은 없었는지, 그래서 사법적 절차에 접근하는 데 익숙하지 못한 서민들의 보호를 소홀히 한 적은 없었는지 두려운 마음 금할 수 없습니다.

이제 35년을 몸담았던 법원을 떠나면서 제가 무엇보다도 부끄럽게 생각하는 것은 권력에 맞서 사법부 독립을 진정코 외쳤어야 할 독재와 권위주의 시대에는 침묵하였으면서 정작 사법부에 대한 경청할 만한 비평을 겸허히 받아들여야 할 때 이를 외면한 채 '사법권 독립'이라든지 '재판의 권위'라는 등의 명분으로 사법부의 집단이익을 꾀하려는 것으로 비쳐질 우려가 있는 움직임에도 냉정한 판단을 유보(留保)한 채 그냥 동조하고 싶어 했다는 것입니다.

환송을 받기보다 용서를 구하고 싶은 심정입니다.

어려운 사건에 접하여 고뇌하던 동료 법관들에 대한 격려에 인색하고, 빛도 없이 열심히 재판사무를 보조하고 법원조직의 순조로운 기능에 크게 기여하면서 묵묵히 사건당사자들을 위하여 봉사하는 일반직원들의 사기를 높이는 데 정성이 부족했던 것도 몹시 후회됩니다.

그러나 이제 저는 밝고 가벼운 마음으로 법원을 떠나려고 합니다.

사법부의 어제와 오늘을 누구보다도 소상히 파악하고 계실 뿐 아니라 국민 위에 군림하던 그릇된 유산을 청산하고 진정으로 국민을 섬기는 법원으로 되돌려 놓겠다는 굳은 의지를 가지신 이용훈 대법원장님을 사법부의 수장으로 맞이하였기 때문입니다.

사법부 구성원 모두가 새 대법원장님을 중심으로 하나가 되어 서로 격려하고 화합하며 긍지를 가지고 봉사함으로써 국민으로부터 진정으로 사랑과 신뢰를 받는 새로운 모습의 사법부를 탄생시킬 것을 믿어 의심치 않습니다.

앞으로는 저와 같이 후회스런 말만을 남기면서 법원을 떠나는 법관이 한 분도 없기를 기원합니다.

감사합니다.

2005. 10. 10
대법관 유지담

松隱 柳志潭 수상록

법의 길, 삶의 길

·차 례·

4부 법복을 입고서

판사·대법관·중앙선거관리위원회 위원장 시절

5부 천국, 나의 천국

가족 이야기

1부 아련한 기억의 발자국

– 어린 시절 –

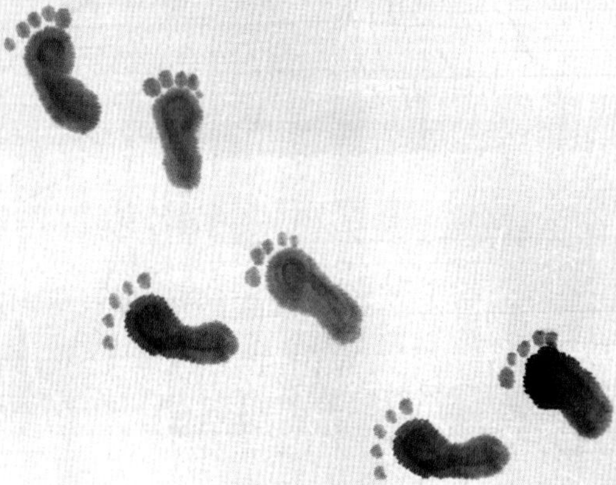

시골 촌장(村長)

1906년 3월 13일(음력) 경기도 평택군 현덕면 화양리 696번지에서 다섯 형제 중 막내아들로 태어난 아버지. 아버지의 이름은 강(綱)자 열(烈)자이시다. 선비양반임을 자부하는 아버지의 삶은 조선조의 반상(班常)제도라는 시대정신에 깊이 뿌리를 박고 있다.

'양반은 아무리 궁해도 상놈에게 허리를 굽히는 일이 있어서는 안 된다. 선비가 학문에 정진하지 않고 논밭에 나가 일을 한다는 것은 있을 수 없다. 끼니를 굶더라도 외양을 잘 갖추고 품위를 지켜야 한다'는 것 등. 그런 행동준칙들이 아버지가 고집해 온 삶의 사세 같았나. 그래서 다른 네 형제들이 할아버지로부터 논밭을 물려받아 농사를 지을 때, 무작정 빈 몸으로 상경하여 학문에 열중했다 한다.

유학 중 무엇에 몰두했는지, 그리고 아버지가 닦은 학문의 깊이가 어느 정도였는지는 구체적으로 알 수 없다. 하지만 분명한 것은 아버지가 물질에는 별로 관심이 없고 학문에만 전념한 까닭에, 그 작은 시골 마을에서조차 우리 집이 가장 가난했다는 사실이다. 농사지을 변변한 땅이 없으니 궁핍함은 이루 말할 나위가 없었다. 아버지는 걸핏하면 긴 장죽을 입에 문 채 마루에 앉아 호령을 내리곤 했다.

"네 어멈 어디 갔니? 비가 오는데 얼른 멍석 거둬들이지 않고, 어멈 빨리 오라고 그래라!"

물론 어머니는 옆집에서 남의 일을 거들고 있었다. 때로는 품삯 대신 음식을 얻어 와서 온 가족의 끼니를 해결하기도 했다. 그런 상황을 전혀 알지 못하는 걸까. 어쨌든 겉으로 드러난 아버지의 말이나 태도는 그야말로 오불관언(吾不關焉), 언제나 당당했다.

세상 물정에 어두웠고, 오로지 학문과 대의명분만을 으뜸가는 삶의 가치로 여겼던 아버지가 일본어는 물론이고 영어까지 능통하다는 사실은 놀라움이었다. 유(柳) 씨 집안 친척은 물론 마을 주변사람들 모두가 그 사실을 알게 된 것은 내 나이 열 살이었던 6·25 때의 일이었다.

어느 날, 인민군이 갑자기 우리 마을에 들이닥치더니 아무 집이나 제멋대로 들어가서 소를 도끼로 때려잡고, 먹을 것과 잠자리를 강요했다. 불안과 공포에 사로잡힌 동네 사람들은 총부리가 두려워서 고분고분 시키는 대로 그들의 요구를 들어주어야만 했다. 하지만 필사적으로 지켜내야 할 것이 있었는데, 그것은 바로 동네 아낙네들과 젊은 처자들이었다.

전에도 항상 그래왔지만 그때 동네사람들은 어려운 일이 닥치면 아버지와 의논하고 그 지시에 따랐던 것 같다. 가난하지만, 학식과

덕망이 있는 마을의 어른이라고 생각했기 때문이었을 것이다. 그래서 아녀자들 중 어느 누구도 저들에게 욕을 당했다는 얘기는 듣지 못했다.

미군들은 인민군들을 수색하러 동네에 들락거렸고, 인민군들은 낮에는 어디론가 숨어버리고 밤에는 다시 나타나 활개 치며 돌아다니곤 했다. '그래도 저 코 크고 키 큰 미군은 우리 편이니 우릴 괴롭히진 않겠구니' 하고들 생각했다.

그러던 어느 날, 미군들이 트럭을 몰고 아버지를 찾아 왔다. 소곤소곤 얘기를 나누는데 아버지가 버럭 노여워하며 "아이 돈 노우! 아이 캔 낫! 겟 어웨이! 겟 어웨이!" 하며 호통을 친 것이다. 미군들의 요구사항이 무엇이고 아버지의 영어가 무슨 뜻이었는지 아무것도 알 수 없었다. 저렇게 미군들과 싸우다 무슨 일을 당하기라도 하면 어쩌나 나는 벌벌 떨고 있었다. 그런데 그들은 아버지가 완강히 버티자 더 이상 어쩔 수 없다는 듯 순순히 가버렸다. 그 후로도 그들이 몇 차례 아버지를 찾아왔지만, 아버지의 태도는 완강했다.

처음 그들이 다녀간 이후로 어머니와 동네 여인들은 문밖을 나올 때면, 모두가 얼굴을 숯으로 시커멓게 바르고 나왔다. 나중에 알았지만 미군들이 아버지를 찾아오게 된 것은 이유가 있었다. 주변에 영어를 할 줄 아는 사람이 아버지뿐이라는 것을 알고, 어린 나는 알 수 없는 특별한 도움을 청하러 왔다는 것이다. 그 요청이 아버지를 분노케 했다. 어쨌든 하루 세끼 보리밥조차 먹기 어려웠던 그 시절에 내가 확인한 아버지의 영어실력은 나로 하여금 언제나 자부심을 갖게 했다.

아버지에 관한 얘기는 앞으로도 이 책에서 자주 소개될 것이다. 이 세상 어느 누구보다 아버지만큼 내 인생항로에 깊고 뜨거운 영향을 끼친 사람이 없기 때문이다. 아버지를 생각할 때마다 떠올려지는 이미지는 '시골 촌장'의 모습이다.

흙조차 못 만지게 한 아버지의 편애(偏愛)

사랑하는 나의 아버지.

아버지를 떠올릴 때면 지금도 "지담아, 누가 너더러 일하라고 했니. 넌 어서 가서 공부나 해!" 그 호령이 곧바로 들려오는 듯하다. 초등학교 때부터 언제나 예언적 주술(呪術)과 같은 힘으로 내 삶을 지배하고 이끌어 온 그 호통. 힘든 어머니의 일손을 조금 도와드린 것이 뭐 그리 잘못한 일이라고 저리도 화를 낸단 말인가. 어린 나는 그냥 무섭기만 해 밭고랑에 털썩 주저앉아 엉엉 울어버렸다.

"그래, 지담아. 이건 엄마가 할 테니, 그만 울고 어서 가서 손 씻고 공부나 하렴."

어머니가 그렇게 달래줄 때는 왠지 서러움에 북받쳐 더 크게 울곤 했다. 어머니 혼자 늘 이렇게 힘든데, 아버진 일이라곤 손 하나 까딱하지 않으면서 내게 어머닐 돕지 말라니. 나는 잘못이 하나도 없는데 억울하게 야단맞고 있다고 생각했다. 옷을 털고 일어나 고개를 푹 수그리고 우물가로 달려가 손에 묻은 흙을 닦은 후, 곧바로 대청마루에 앉아 책 보따리를 풀고 숙제를 했다. 그렇게 공부에 몰두하고 있는 나를 바라보는 아버지의 눈빛은 방금 전 노여움은 온데간데없고, 대견하고 뭔가 기대에 찬 듯 마냥 흡족해 보였다.

그런데 이상한 일이었다. 다른 형제들은 어머니를 도와주거나 다른 궂은일을 해도 마다하지 않으면서 왜 내가 나서면 그리 역정을 내실까? 아버지는 작은 심부름조차 나에게는 시키지 않았다. 도대체 무슨 생각에서 그렇게 편애(偏愛)하는지 잘 이해되지 않았다. 가끔 어머니가 '왜 지담이만 끼고 도느냐'고 하면, '평생 동안 그 자식 덕을 볼 텐데 무슨 잔소리를 하느냐'고 하면서 더 이상 말도 못하게 했다.

나는 고생하는 어머니나 다른 형제들에게 미안한 마음뿐이었다. 그렇다고 아버지가 밉거나 잘못되었다는 생각을 한 적은 한 번도 없다. 아버지로부터 차별대우를 받은 형제들 또한 내게 어떠한 불만을 표시한 일이 없다. 그렇게 하는 것이 당연한 것으로 그들 스스로도 여기고 있는 것 같았다. 내가 몸은 약하지만 공부를 잘했기 때문이었을지도 모른다.

수십 년의 세월이 흘러 모두들 머리가 희끗희끗해져서도, 형제들 있는 데서 내가 무거운 가방을 든다거나 뭔가를 옮긴다거나 하다못해 집에 못 하나 박는 일조차 허용되지 않았다. 그것은 어려서부터 공부에만 너무 열중한 나머지 체력이 시원찮은 것에 대한 배려가 분명할 테지만 어떤 경우에는 부끄럽고 화가 나기도 했다. 일찍이 아버지가 '훌륭한 사람이 되려면, 지 · 덕 · 체(智德體)를 골고루 겸비해야 하니 공부만 하지 말고 운동을 하여 건강도 돌보라'

고 했더라면 지금의 내가 어떤 사람이 되어 있을까 생각해본다.

아버지는 내가 초등학교 4, 5학년쯤부터 농기구인 쟁기와 바디(베나 가마니를 짜는 기구)를 만들어 시골 장터에서 팔기도 했다. 그러나 9남매의 식구를 부양하기엔 그 수입으로는 턱없이 모자랐다.

내가 서울 청운중학교에 다닐 때, 아버지는 쟁기와 바디를 만들어 판 돈으로 등록금을 마련해 주었다. 방학이 끝나고 서울로 올라올 때면, "지담아, 이거 받아라" 하면서 하얀 봉투를 손에 쥐어 주었다. 그 봉투를 열어 보면, 빳빳하고 깨끗한 새 돈이 한 장도 앞뒤가 뒤바뀜 없이 가지런히 들어 있었다.

쟁기와 바디를 팔아 푼푼이 모은 돈이 어찌 이리 빳빳하고 깨끗할까? 어머니 말이 새 돈만 골라 모으다가 간혹 모자라 꾸겨진 돈이라도 채워야 할 때면, 다리미로 돈을 다려 빳빳하게 펴서라도 넣어야 직성이 풀렸다 한다. 그 정성과 사랑에 목이 메도록 울음이 나왔다. 어찌 내가 이 소중한 돈을 함부로 쓴단 말인가. 등록금은 어쩔 수 없지만, 그 이외에 들어가는 참고서 구입비 같은 데는 결코 쓰지 말아야겠다고 결심했다.

그래서 모든 참고서는 다른 친구들한테 빌려 봤다. 밤을 새워서라도 최대한 빨리 보고 돌려주면서 중학시절을 보냈다. 책을 빌려준 친구를 위해서라면 최소한 그렇게 해야 한다는 절박한 생각이 들었던 것이다. 빌려 본 책이므로 공부에 더 매진해야 된다는 생각 때문에 아마도 내가 청운중학교를 1등으로 졸업하게 되었는지 모른다.

참고서를 사지 않고 절약한 돈은 꾸겨지지 않게 책갈피에 잘 챙겨 두었다. 방학이 돌아오면 일부는 식구들 양말이며 아주 작은 선물 몇 가지를 사고, 나머지는 봉투에 넣어 나를 보고 반가워 어쩔 줄 몰라 하는 어머니 손에 살며시 쥐어 드렸다. 어머니는 깜짝 놀라 "이게 웬 돈이여?" 하며, 좋아 어쩔 줄 몰라 했다. 그걸 지켜보던 아버지는 화를 냈다. "누가 너더러 그러랬냐" 하며 역정을 냈지만 한편으로는 대견히 여기는 것 같았다.

나는 우리나라가 오늘날 정보통신강국으로 자리를 굳히는 데 산파역을 담당했다고 자부하는 국립체신고등학교를 졸업하게 된 것을 참으로 다행스럽고, 잘한 선택이라고 항상 생각했다. 그 생각은 지금도 변함이 없다. 갖가지 어려운 가정 사정으로 체신고등학교를 선택한 전국의 많은 인재(人材)들과 3년 동안 함께 공부할 수 있었기 때문이다. 그들은 하나같이 성실하며 학구열에 불타고 있었다.

'유지담'하면 제일 먼저 떠오르는 것이 국립체신고등학교 출신이라고 말하는 사람이 많다. 나는 그것을 떳떳하고 자랑스럽게 생각한다. 그런데 아버지는 내가 체신고등학교에 다니게 된 것을 몹시 서운해 했다.

어느 해 여름방학이었다. 아버지는 내가 옆집에 사는 친구의 수학과 영어 숙제를 거침없이 풀어주는 것을 보고는 긴 한숨을 쉬셨다. "저런 녀석을 내가 몸이 아파 판사의 꿈을 포기시키고 체신 공무원을 만들다니!" 하시며 문을 쾅 닫고 밖으로 나갔다. 대학입학 시험을 위해서 가장 중요한 과목인 국어·영어·수학을 체신고등학교에서는 1주일에 1시간씩밖에 가르치지 않는다는 것을 잘 알고 계셨던 것이다. 장래 법관을 시키고 싶은 희망이 무너졌고, 그것이 아버지 당신 때문이라고 자책하고 있던 것 같다. 그런데 체신고등학교를 졸업한 내가 고려대학교 법과대학에 당당하게 합격한 것이다.

체신공무원으로서의 직무에 필요한 전문교육을 받으면서 틈틈이 인문고등학교에서 가르치는 영어와 수학 등을 독학했다. 야간에 영어와 수학을 가르치는 학원에 3개월가량 더 다니기는 했지만, 그것은 정말 나에게는 기적 같은 일이었다. 하늘이 도운 것이다. 그 합격 소식에 아버지는 "아, 이제 됐다!" 마치 모든 한이 풀리기라도 한 듯 기뻐 어찌할 바를 몰랐다.

대학교 2학년 여름방학이 되어 고향에 내려갔다. 나를 맞이하는 아버지의 모습이 예전과 아주 달랐다. 염려와 실망 같은 예전 아버지의 눈빛은 찾아볼 수가 없었고, 마냥 대견하고 흐뭇해하는 표정이었다.

그 여름 어느 날, 방안에서 열심히 책을 읽고 있는데 아버지가 나를 부르는 것이었다.

"지담아, 너 잠깐 일어나 보거라."

"왜요?"

“아, 좀 일어나 보라니까.”

아버지 말씀에 따라 일어섰다.

“음―, 박 대통령이 너와 키가 비슷하구나. 네가 좀 작은가? 이제부턴 공부만 하지 말고, 운동도 좀 하고 뜀뛰기도 좀 하거라.”

갑자기 아버지가 나라의 최고 지도자인 대통령과 아들을 비교하다니… 나는 왜 그러느냐고 묻지 않고, “네. 그럴게요”라고만 대답했지만 내게 쏟아 부었던 ‘아버지 삶의 열정’이 무엇이었는지 알 수 있을 것 같았다.

그러니까 시골 양반인 아버지는 늘 자신의 아들이 나라의 큰 인물이 되어주길 몹시 기대했던 것이다. 그런데 그로부터 3년 후, 내가 제 5회 사법시험에 합격하여 법조계를 향한 첫 관문에 들어서게 된 것조차 못 본 채 아버지는 그해 겨울 세상을 떠나셨다.

나에 대한 꿈이 누구보다 컸던 아버지.

아들에 대한 첫 단계의 꿈을 당신은 저 먼 하늘나라에서 ‘사법시험 합격’이라는 낭보(朗報)를 통해 이루신 것은 아닐까.

목숨 살려준 잠자리채

우리 가족은 평택군 안중읍에서 살다가 내가 안중초등학교 3학년에 다닐 때 1km 정도 떨어진 현덕면 송담 마을로 이사했다. 가정형편이 어려운 가운데 이사하느라 경황이 없어 곧바로 현덕초등학교로 전학절차를 밟지 못했다.

한 학기를 쉬고 그 다음해 3학년 봄 학기부터 현덕초등학교에 다니게 되었다. 그래서 나는 중 · 고등학교와 대학교 동급생들의 평균나이보다 한 살이 더 많다.

20가구 남짓 사는 그 시골동네에서 비슷한 나이의 친구들이 6~7명 있었는데 나는 공부 잘하는 모범생으로 늘 선생님의 칭찬을 받았다. 친구들은 키가 작고 힘도 약한 나를 좋아했다. 그러나 몇몇 친구는 새로 이사 온 나를 무시하기도 하고 아무런 이유 없이 시비를 걸기도 했다.

그중 아주 생생하게 기억에 남는 친구가 한 명 있다. 나이가 나와 동갑이었지만 한 학년 선배였던 그는 유난히 나를 괴롭혔다. 나보다 키도 크고 힘도 센 그는 걸핏하면 나를 놀리고 툭툭 건드리며 시비를 걸고 심지어 때리기도 했다. 조그만 놈이 공부를 잘해서였을까? 아니면 여자 친구들한테 인기가 있어서였을까. 아무튼 이유 없이 나를 괴롭히고 귀찮게 했다.

한두 번이 아니었다. 그럴 때마다 속이 부글부글 끓고 화가 났지만, 싸움을 잘하고 힘이 나보다 센 그를 어찌해 볼 생각은 감히 하지 못했다. 그냥 적당히 피하거나 참고 넘어가는 것으로 끝을 내곤 했다.

우리 마을에서 학교까지는 1km쯤 되는데, 동네 친구들은 학교에 갈 때든 방과 후 집에 올 때든 떼 지어 몰려다니곤 했다. 3학년 2학기 가을 어느 날 학교에서 돌아오는 길이었다. 다른 친구들은 어디로 갔는지 그와 나 둘만이 동네 어귀 솔밭 길을 걷게 되었다.

아니나 다를까. 염려했던 대로 발로 차면서 시비를 걸어 왔다. 더 이상 당할 수만은 없다는 생각이 문득 들었다. 순간 용기를 내어 정색을 하고 말했다.

"야, 너! 나한테 뭐가 불만이냐? 어디 얘기 좀 들어보자."

흠칫 놀란 그는 의외라는 듯 말했다.

"어쭈! 이놈 봐라. 오늘 너 제법인데. 어디 한번 붙어 보자는 거야?"

그 친구는 본격적으로 싸울 태세를 갖추는 것이었다. 나는 어차피 죽든지 살든지 이판사판이라는 생각이 들었다. 더 이상의 이유 없는 모욕은 참을 수 없었다.

나는 그의 공격을 피하면서 잽싸게 그의 발 앞으로 고개를 숙이며 파고 들어갔다. 그리고는 두 손으로 그의 발목을 꽉 잡은 후, 두

발을 동시에 번쩍 위로 들어올렸다. 덩치가 왜소한 내가 그를 제압할 수 있는 방법은 그 길밖에 없었다. 그의 육중한 몸이 꽈당! 하고 뒤로 넘어졌다. 나는 벌렁 누워 있는 녀석의 가슴 위로 올라타 한 손으로 목을 조이고 또 한 손으로는 얼굴을 두들겨 패기 시작했다. 버둥대고 일어나려 하면 틈을 주지 않고 재빠르게 몸통을 발로 밟고 짓누르고 미친 듯이 공격했다.

그제야 완전히 겁에 질려 "야, 야, 지담아, 타마! 타마!" 하는 것이었다. '타마'가 일본말인지, 특정 지역의 사투리나 은어인지는 잘 모르겠다. 어쨌든 아이들이 놀이를 하다가 긴급상황을 맞아 '타마!'하면, 잠깐만 쉬었다가 다시 시작하자고 제의하는 의미였다. 우리들 사이에 통용되는 용어였고, '타마!'하면 흔히 그 제의를 받아들이는 것이 관례였다. 그러나 지금은 분명 놀이를 하고 있는 것이 아니고 그에게 줄창 당해온 내가 아닌가.

"무슨 소리야, 임마! 타마라니."

나는 더욱 힘을 내서 두들겨 팼다. 그동안 참고 참았던 울분의 토로였다. 입술이 찢어지고 코피가 터져서 그의 얼굴이 피투성이가 된 후에야 나는 멈추었다.

그가 일어나 덤비면 다시 받아줄 양으로 주먹을 불끈 쥔 채 기다려 봤다. 그런데 얼른 일어나질 않아서 속으로는 은근히 걱정이 됐다. 오른손을 내밀어 보았다. 내 손을 잡고 천천히 일어나더니 아무 말도 하지 않았다. 더 이상 싸우고 싶지도 않은 것 같았다. 나

또한 아무 말도 하지 않았고, 더 이상 싸울 생각이 없었다. 아니, 싸울 필요가 없었다. 내가 먼저 집으로 향하자 그도 그의 집으로 가버렸다.

다음 날 학교에서 애들이 수군거리기 시작했다.

"지담이가 그 친구와 싸워서 이겼대. 글쎄, 지담이가 두들겨 팼대. 공부만 잘하는 줄 알았는데 싸움도 잘하나 봐. 그런데 지금껏 왜 그렇게 죽어지냈지?"

소문은 친구들 사이에 퍼져나갔다. 그날 이후, 그는 나를 기분 나쁘게 하거나 괴롭힌 적이 한 번도 없었다. 그뿐만 아니라, 초등학교 내내 누구도 내게 시비를 거는 아이가 없었다.

사실 나는 누구보다도 싸움을 싫어한다. 그러나 몸이 약하다거나 싸움을 싫어한다고 하여 무시하는 것은 참기 어려웠다. 그런데 내가 복수의 혈전을 벌였던 그 친구가 바로 나의 생명의 은인이 될 줄은 꿈에도 몰랐다.

초등학교 4학년 여름방학 때의 일이었다. 나는 친구들과 한여름의 더위를 잊고자 이웃마을에 있는 큰 저수지로 물놀이를 갔다. 저수지의 깊이를 모르는 데다 수영도 전혀 못해 물이 무릎 정도까지 올라오는 가장자리가 내 놀이터였다. 발장구 헤엄을 치고 물고기와 잠자리를 잡으며 제각기 흥에 겨워 놀고 있었다. 도대체 이 저수지의 가운데는 얼마나 깊을까? 팬티를 입은 채로 저수지 가운데를 향하여 천천히 걸어 들어가 봤다. 물이 허리 높이까지 차올랐지

만 더 이상 깊어지는 것 같지 않았다. 대수롭지 않다는 생각에 또 한 발을 저수지 가운데 쪽으로 내딛는 순간이었다.

발이 갑자기 쭉~ 미끄러지더니 깊은 물속으로 빠져버리고 말았다.

"야~!"

가라앉았던 몸이 부력에 의해 물위로 떠오르는 순간 나는 친구들을 향하여 목청껏 소리를 질렀다. 어떻게든 내가 위급한 상황에 있다는 것을 친구들한테 알려야 했던 것이다. 그러나 몸이 다시 밑으로 가라앉는 바람에 다음 말을 이을 수가 없었다. 물속에서 발버둥 치며, '얘들아, 나 좀 살려줘!'하고 소리 지르려다 물만 잔뜩 삼켜버리고 말았다.

그런 경황에도 방금 전 가라앉을 때, 급경사면 앞의 모서리가 발끝에 닿았던 느낌이 생생했다. 몸이 다시 물 위로 떠오르면 그곳을 발판 삼아 튀어 올라가야겠다고 생각했다.

마침내 몸이 다시 떠오르기 시작했다. 발이 모서리에 닿을 수 있도록 손발을 허우적거리며 몸을 버둥거렸다. 다행히도 발끝이 모서리에 닿았다. 이때다 싶어 손으로 물을 저으며 힘껏 몸을 차올렸다. 그러나 허망하게도 내 몸은 다시 미끄러져 가라앉아 버렸다. 이번엔 소리칠 기운도 없었다. 이대로 죽을 것만 같았다. 겁에 질려 팔다리를 허우적거릴 힘조차 남아 있지 않았고, 의식조차 혼미해지는 것 같았다.

그러나 몸은 다시 떠올랐다. 죽을힘을 다해서 무언가를 시도해 봐야겠다고 생각했다. 이번에야말로 힘껏 소리를 지르든지, 모서리를 다시 찾아 기필코 발로 차고 올라서야겠다고 정신을 가다듬었다. 하지만 팔과 다리는 제멋대로 움직였고 물만 머금은 채 다시 쭉 미끄러졌다. 누군가가 살짝 나를 끌어 당겨 한 발짝만 올라서게 하면 될 텐데…. 의식이 점점 혼미해졌다.

사투를 벌이고 있는 나의 사정은 아랑곳하지 않고, 제각기 정신없이 물놀이를 즐기고 있는 친구들의 모습이 물속에서 가물거렸다. 버둥거릴 힘도 없는데 몸은 다시 물위로 떠올랐다. 막힌 숨을 토해낼 순간이었다.

무언지 모를 물체가 희미하게 눈에 잡혔다. 반사적으로 팔을 뻗어 그것을 꽉 움켜쥐었다. 그리고는 사력을 다해 잡아당겨 수면 위로 올라서기를 시도했다. 다행히 반대쪽에서 누군가가 그것을 잡

아당기고 있었는지, 한 발을 모서리 위에 완전히 올려놓을 수가 있었다.

'이제 살았구나!'

안도의 한숨을 몰아쉬고 순간적으로 정신을 차려보니, 손에 쥐고 있던 물체는 내가 지난해 가을에 혈투를 벌였던 친구의 잠자리채였다. 그는 어안이 벙벙한 채 나를 바라보고 있었다. '왜 내 잠자리채를 뺏으려느냐?'는 표정이었다.

그는 다시 날아다니는 잠자리를 잡느라 여념이 없었다. 나에게는 아무 관심도 없었다. 세상에 이럴 수가! 그가 잠자리채를 내게 뺏기지 않으려고 힘껏 잡아당기는 바람에 내가 목숨을 건진 거였다. 그런데 내가 물에 빠져 있었다는 것조차 그 친구는 전혀 눈치채지 못한 걸까? 그렇다면 오히려 다행이라는 생각이 들었다.

갑자기 부끄럽고 창피한 생각이 들었다. 물에 빠져 죽을 뻔했다는 사실을 누구에게도 고백하고 싶지가 않았다. 나는 다른 친구들이 눈치 채지 못하게 물을 들이켜 불룩해진 배를 숨기고 한갓진 저수지 둑으로 가까스로 기어 올라갔다. 죽을 것 같은 고통을 극복하면서 물을 토해냈다.

친구들은 내가 사투를 벌이며 물위로 올라왔다 가라앉았다 하는 것을 보고도 내가 재미있게 물놀이를 하고 있는 것으로 여겼을지도 모른다. 그러니 내 절규에 아랑곳하지 않고 그리도 야속하게 놀고 있던 것이 분명했다.

한 번만 더 물을 들이켰어도 나는 분명 익사했을 것이다. 물을 토해내면서 한참동안 사경을 해맨 후 벌렁 드러누워 하늘을 바라보았다. 그리도 짧은 순간에 생(生)과 사(死)를 왔다 갔다 하다니, 몸서리가 쳐졌다. 잠자리채가 아니었다면 나는 어찌되었을까? 친구는 왜 그 순간에 잠자리채를 내 머리 쪽으로 보냈을까. 그저 우연의 일치였을까? 아니면 하늘의 뜻이었을까. 이것이 죽을 고비를 넘기고 살아난 나의 첫 번째 사건이었다.

마음속으로 항상 그 친구를 생명의 은인이라고 생각하며 감사했다. 그러나 그는 끝내 그 엄청난 사실을 모른 채 7년 전에 세상을 떠났다.

내가 왜 그 사실을 마음속으로만 간직하고 끝까지 그에게 밝히지 않았는지 그 이유를 딱 부러지게 말하긴 어렵다. 친구들로부터 '바보 같다'는 놀림을 받을까봐 부끄러운 생각도 있었지만 그보다는 참기 힘들 정도로 나를 괴롭혔던 그 친구를 생명의 은인이라고 고백하고 싶지 않았던 어린 시절의 순간적인 감정을 끝내 풀어버리지 못했던 나의 옹졸함과 뒤늦은 고백의 어색함 때문일지도 모른다.

그때 일을 생각하면 지금도 등허리가 스멀거린다. 그는 잠자리채 사건이 있은 후 저 세상으로 떠날 때까지 나의 둘도 없는 절친한 친구였다. 그는 내가 법관이 된 후에는 항상 모범적인 공직자로서 옳은 길을 가도록 충고해 주었을 뿐 아니라 어려운 일을 맞을 때마다 격려와 성원을 아끼지 않았다.

이 글을 쓰는 지금, 밖에는 찬바람이 일고 있다. 살아 있다면 돼지갈비를 안주로 밤새도록 소주잔을 기울여도 좋으련만….

친구야, '타마!' 죽음을 잠깐 쉬자. 정말 보고 싶구나.

웅변대회

초등학교 5학년 때였다. 평택중학교에서 개최한 6 · 25행사 웅변대회에 현덕초등학교 대표로 나가게 되었다. 웅변 지도 선생님이 직접 쓴 원고를 가지고 약 2주간 방과 후 늦게까지 열정적으로 내게 웅변을 가르쳤다.

7분가량 소요되는 원고를 한 자도 빠짐없이 외워서 문장마다 목소리를 바꿔야 했다. 강하게, 약하게, 빠르게, 느리게, 어느 곳에선 잠깐 쉬었다가 숨을 고르기도 하고 책상을 꽝! 치기도 했다. 손을 앞으로 번쩍 들기도 하고, 때론 울분을 터뜨리기도 하는 등 온갖 감정을 조절해가며 그야말로 맹연습을 했다.

소리를 너무 질러 목이 쉬니까 나중엔 매일같이 그 귀한 날달걀을 먹여가며 연습을 시켰다.

어린 마음에도 꼭 1등을 해서 선생님을 기쁘게 해드리고 현덕초등학교의 명예를 높이고 싶었다. 연습이 늦게 끝나 어둑어둑해진 하교 길을 혼자서 걸어갈 때면 무서움을 달랠 겸 소리 높여 연습을 하면서 걸었다.

드디어 결전의 날이 왔다. 내 차례가 되자 나는 단상에 올라가 그동안 갈고 닦은 실력을 마음껏 발휘했다.

"…맹장염 수술환자가 갈증을 참다못해 끝내는 젖은 수건의 물을 짜서 목을 축이는 절박한 심정으로 '꽝!' (책상을 치고) 우리는 남북통일을 갈망하며, 통일을 향하여 앞으로, 앞으로 나아갑시다!"

나는 주먹을 불끈 쥐고 양팔을 앞으로 번쩍 들어 올리며 우렁찬 목소리로 끝을 맺었다. 박수갈채가 터져 나왔다. 출연한 어느 학생보다 박수소리가 큰 것 같았다. 나는 흥분해서 1등을 기대했다.

그런데 실망스럽게도 나보다는 박수를 덜 받았다고 느꼈던 다른 학생이 1등을 했고 나는 2등을 했다. 꼭 1등을 해야 했는데… 2등을 받아들이고 싶지 않았다. 선생님께 미안하기도 했다. 그런 나에게 선생님은 위로를 건넸다.

"아주 잘했다, 지담아, 2등도 잘한 거야. 1등이나 마찬가지야. 둘 다 잘했는데 둘 다 1등을 줄 수는 없지 않니? 너무 억울해 하지마라."

그렇게 등을 두드리며 위로하는 선생님 말씀에 기분이 풀어졌다.

훗날 사회생활을 하면서 대중 앞에 서게 되었을 때나 중앙선거관리위원장으로서 직원들에게 훈시를 하고 대국민 담화문을 발표할 때, 그리고 나이 들어 결혼식 주례를 설 때, 나는 초등학교 선생님께서 가르쳐 준 웅변연습 장면이 회상되기도 했다.

지금 나의 스피치를 그 선생님이 보신다면 어떻게 평가할까도 궁금하다. 아마도 선생님은 여전히 말씀은 없으신 채 싱긋 웃어넘기지 않을까 생각해 본다.

회초리에 담은 스승의 사랑

경기도 평택군 현덕면 인광리 송담마을은 내가 현덕초등학교를 졸업한 1955년경까지 버스조차 다니지 않는 외딴 시골이었다. 학교 가는 길에는 소나무 숲이 울창했고 논밭 사이에는 오솔길이 나 있었다. 고향과 어린 시절을 생각할 때면 6학년 때 담임이었던 진오(眞吾) 서정고 선생님이 제일 먼저 떠오른다.

내가 서정고 선생님을 평생 잊을 수 없는 것은 두 가지 이유가 있어서이다. 그 하나는 내게 처음으로 회초리로 벌을 주었던 엄격한 분이라는 점과, 다른 하나는 초등학교를 졸업할 때 가난한 집 아들인 나에게 1등을 주신 공정성에 감복했기 때문이다. 내가 커서 정의를 사랑하는 판사가 되겠다는 꿈을 키운 것이 그때부터이다.

선생님께 맞은 회초리 사건은 어린 시절의 추억 중에서 잊히지 않는 사건이다.

중학 입학시험을 코앞에 둔 6학년 보충수업 자습시간이었다. '길동물'이라는 별명을 가진 같은 반 친구가 있었다. 키가 크고 얼굴이 길쭉해서 붙여진 별명이었다. 그를 놀려 주기 위하여 내가 칠판에 도마뱀을 그린 죄로 회초리를 맞은 사건이다. 사실은 그 친구가 먼저 칠판에 키가 작지만 뜀틀을 잘 넘고 장애물 경기를 잘한다고 해서 붙여진 나의 별명인 '다람쥐'를 그렸기 때문에 내가 그것을 지우고 그 자리에 도마뱀을 그렸는데 바로 그 순간에 선생님이 들어오신 것이었다.

"정신을 집중해 중학교 입학시험에 대비해야 할 자습시간에 낙서하면서 장난하다니…, 도마뱀 칠판에 그린 사람 나와!"

호통을 치며 불러내는 것이었다.

교실 안은 물을 끼얹은 듯 조용해졌다. 순간 나는 번쩍 손을 들었다. 그리고 생각했다. 평소에 그토록 아끼고 칭찬만 하던 반장 유지담을 설마 어찌 하시겠나. 대부분의 급우들도 그렇게 여겼을 것이다. 그러나 선생님은 주저함 없이 나에게 손바닥을 내밀라고 하고는 회초리로 소리가 나도록 세게 때리는 것이었다. 나에게 있어 그것은 윗사람으로부터 맞은 처음이자 마지막 회초리였다. 항상 칭찬받을 만한 일만 골라서 했다고 생각해 온 나로서는 낙서를 하게 된 경위를 변명할 기회조차 갖지 못해 서운한 생각이 들었다.

혹시 이번 잘못으로 선생님이 나를 정말로 미워하시지는 않을까? 하는 불안한 마음이 가시질 않았다.

집에 와서 소리 내어 울었던 기억이 지금도 생생하다. 그러나 그것은 분명 공정함과 준엄함을 그대로 보여준 산 교육이었다. 제자 모두를 중학교 입학시험에 합격시키고 싶은 간절한 소망이 담긴 회초리였다. 실제로 그때 우리반 학생들은 원하는 중학교에 전

진오 서정고 선생님과 함께 팔순기념 서예 전시장에서

원 합격이라는 명예로운 기록을 학교역사에 남길 뻔했다. 유일하게 내가 경기중학교 시험에서 낙방한 안타까운 사실 때문에 그 기록을 남기지는 못했다.

그렇게 놀라운 입학 결과는 누구에게나 예외 없었던, 공정하고 엄격한 사랑의 회초리 덕분이 아니었나 생각되기도 한다.

내가 2005년 10월 공직을 모두 마치고 나서, 선생님의 팔순기념 서예전에 참석했을 때 두 가지 질문을 했다.

"선생님, 그때 왜 변명의 기회도 주지 않고 제게 매서운 회초리를 대셨어요?"

"변명했어도 회초리를 쳤을 걸?"

그렇게 대답하며 선생님은 빙그레 웃었다.

"그리고요, 선생님. 그때 왜 교감 선생님 아들이나 다른 학년 여

자 선생님 아들에게 1등을 주지 않고 저에게 1등을 주셨어요? 저는 그 친구들이 저보다 공부를 더 잘했다고 생각했고, 또 우리학교 선생님의 자녀들이있기 때문에 낭연히 그 친구들 중 한 사람이 1등이 될 줄 알았어요."

나는 그것이 궁금했던 것이다.

"점수가 비슷했지만 자네는 반장으로 열심히 봉사도 했고 장래성이 있어 보였기 때문이지."

선생님은 그렇게 간단히 대답했다.

"그러셨군요. 제가 1등상을 받을 때 얼마나 감격스러웠는지 몰라요. 하지만 저를 명문인 경기중학교에 시험을 치게 하셨는데 떨어졌으니 그때 얼마나 실망이 크셨어요?"

"너무 실망이 컸지. 그 정도 실력이면 능히 합격하리라고 나는 믿었거든."

"선생님, 그게요. 미술시험에서 소머리를 못 그려서 떨어진 거예요. 갑자기 소머리를 그리려니까 뿔의 위치가 어디인지, 귀가 어디 달렸는지 도저히 생각이 안 나서 눈앞이 캄캄해진 거예요. 그래서 그만 당황해 그 다음 쉬운 문제를 푸는 데도 영향을 미쳐 시간이 모자라게 됐어요. 소머리를 잘 그려서 경기중학교에 합격했더라면, 과연 제 삶이 어떻게 달라졌을까, 지금까지도 그런 생각을 해보기도 해요."

"그래서 지금 이렇게 훌륭한 인물이 되지 않았는가?"

어린 시절 나의 머릿속에 뿌리내린 선생님의 모습을 한마디로 표현하면, '나도 선생님을 닮은 삶을 살아가고 싶다'는 것이었다. 준엄하면서도 빈부나 귀천을 차별함이 없이 모든 제자들을 사랑과 열정으로 가르친 분이었다.

내가 초등학교 6학년 어린 나이에 고향과 부모님 품을 떠나 중 · 고등학교와 대학을 졸업할 때까지 모든 어려움을 잘 견디며 이겨낸 것도 그렇고, 소원했던 대로 사법시험에 합격하고 대법관 겸 중앙선거관리위원장을 끝으로 35년간의 공직생활을 허물없이 마무리할 수 있었던 것까지 모두가 사랑과 성실로 소임을 다하던 선생님 뜻을 따라가고자 노력한 결과라고 지금도 생각한다.

소머리를 그려라

초등학교 6학년 담임 선생님은 나에게 경기중학교에 응시해 보라고 권유했다. 그리고 아버지는 시골초등학교에서 1등을 했다는 이유 하나만으로 나를 과대평가했다.

전국 각지에 일류초등학교가 셀 수 없을 정도로 많이 있다는 사실을 전혀 의식조차 하지 못한 아버지는 마치 아들이 서울의 일류중학교에 당연히 입학이라도 하는 것처럼 착각하는 것 같았다.

중학교 입학시험을 보기 위해 내 손을 잡고 서울행 버스를 오를 때 흰 두루마기 차림을 한 아버지의 의기양양한 모습이 지금도 기억에 생생하다.

그런데 합격자 명단에 내 이름이 빠진 것이다.

아버지는 이유를 따져볼 것도 없이 입학시험에 부정이 있다고 단정하고는 경기중학교 교무실에 들어가서 나의 시험답안지를 공개하라며 3일간이나 항의소동을 벌였다. 내가 시험을 잘 치르지 못한 사정을 충분히 말씀드렸지만 그런 말을 들으려고도 하지 않았다.

시험에 떨어진 이유는 누구보다도 내가 잘 안다. 그것은 황소머리를 그리라는 미술시험문제 때문이었다. 나는 그 당시 그림을 그리라고 하면 질색이었다. 그런데 황소머리를 상상해서 그리라니…. 시골에서 매일같이 소의 모습을 보면서 살았지만 막상 그림으로 표현하려고 하니 뿔이 귀보다 위에 있는지 귀밑에 뿔이 있는지조차 아리송했다. 귀와 뿔의 위치가 드러나도록 그려야 할 텐데 그것도 헷갈렸고 또 코는 어떻게 그려야 할지 생각만 해도 정신이 아찔했다. 지금도 나더러 황소머리를 상상해서 그리라고 하면 어렵기는 마찬가지다.

그리다가 지우고, 다시 그리다가는 마음에 차지 않아 또 지우다 보니 끝내 시험지가 찢어져서 구멍이 생겨버렸다.

1, 2점 차이로 합격 · 불합격이 갈라지는 판에 5점이나 배정되어 있는 문제였으니 그때의 내 심정은 한마디로 처참했다. 그 시험문제에 대해 나는 지금까지도 할 말이 있다.

당락에 크게 영향을 미칠 정도로 5점이나 배정된 문제로서 황소머리를 그리라고 하는 주관식 미술시험문제는 공정한 객관적 평가의 측면에서만 보더라도 입학시험 문제로서는 적절치 않다고 강력히 주장하고 싶다.

얼마나 잘 그려야 5점 만점을 받을 수 있을지, 어느 정도 그리면 4점을 줄 것이며 어느 부분은 잘 그렸지만 다른 부분을 잘못 그렸을 땐 어떻게 되는 건가. 출제한 사람의 의도를 알 수 없고 그나마 그 점수는 오로지 채점하는 사람의 마음에 달렸으니 말이다. 족집게 과외라도 받아서 소머리를 그려본 학생이 있다면 그 학생이나

좋아할 문제라고 생각됐다.

나는 70년을 살아오면서 부유하거나 권력을 가진 특수층의 사람들이 그렇지 못한 사람들보다 모든 면에서 공정하지 않은 절차나 방법으로 특혜를 누리는 모습이 보일 때는 정말로 참기 힘들었다. 그럴 때면 초등학교 6학년 때 빈정으로서 자습시간에 도마뱀을 칠판에 그려가며 장난한 나에게 가차 없이 회초리 벌을 내린 담임선생님과 경기중학교 입학시험에서 소머리를 그리라는 미술문제를 출제한 그 출제자를 연상하면서 비교하기도 했다. 그리고 지금까지도 그 출제자를 한없이 원망했던 그때가 가끔 생각난다. 어쨌든 나는 입학시험 낙방의 실망과 슬픔을 뒤로하고 2차 시험에서 합격해 청운중학교 학생이 되었다.

그로부터 꼭 10년이 지난 1965년 여름. 나는 법관의 꿈을 이루기 위한 첫 관문인 제5회 사법시험을 치르기 위해 청운중학교 교정을 들어서게 되었다. 내가 1등으로 졸업한 청운중학교에서 치러진 제5회 사법시험.

16명의 합격자 명단에는 '유지담'이라는 이름 석 자가 선명하게 들어 있었다. 내가 경기중학교에 합격해 그 학교를 졸업했더라도 제 5회 사법시험에 합격했을까? 모를 일이다.

나는 운명이 정해놓은 길을 따라 살아온 것 같이 느껴질 때가 한두 번이 아니다. 앞으로도 하늘에서 정해주는 길을 따라 남아있는 삶을 살아가게 되지 않을까? 그러니 사소한 일에 일희일비함이 없이 모든 것에 감사하는 마음으로 성실히 살아가야겠다고 생각해보는 것이다.

2부 꿈꾸는 소년

– 학창 시절 –

엄동설한에 물지게

나의 넷째 큰아버지에게는 4명의 아들이 있었는데 그중 큰아들과 막내아들이 서울에서 살았다.

내 중학생활, 서울에 연고가 전혀 없는 입장이라 의지할 수 있는 사람이라고는 오직 그 사촌형 두 분뿐이었다. 아버지는 내 숙식문제를 사촌형들에게 부탁했다. 그들은 평소에 작은아버지를 그들의 친아버지보다 더 존경했고, 게다가 우리집 형편이 매우 어려웠기 때문에 아버지의 부탁을 차마 거절하지 못했다.

처음 2개월 동안은 왕십리에 있는 막내 사촌형님 댁에서 지냈다. 그때의 딱한 상황은 잠으로 형언소자 어려울 지경이다. 결혼한 지 1년도 안 되는 데다가 신혼생활을 하는 7평 정도의 단칸방에 내가 끼어들어 밤늦게까지 공부하고 잠도 함께 잤으니 상상만 해도 아찔하다. 막내 사촌형님 내외분께 죄송했음을 어찌 말로 다할 수 있겠는가.

그 다음부터는 종로구 원서동에 있는 생활이 넉넉지 못한 큰사촌형님 댁에서 숙식을 했다. 내가 하숙비를 내는 것도 아니고 그냥 얹혀서 일방적으로 신세를 지는 처지였다. 얼마나 힘들고 염치없는 일인가. 원서동에서의 중학시절은 하숙도 아니고 자취도 아니었다. 원서동 집은 큰 도로에서 10분쯤 걸어 올라가야 하는 가파른 언덕 위에 있었다. 그 당시 생활이 넉넉지 못한 사람들이 모여 사는 '달동네'였다. 그러니 수돗물이 잘 나오지 않을 때가 많았다.

수도꼭지마저 꽁꽁 얼어붙은 한겨울에는 언덕 아래 큰길에 있는 공동수도에서 물을 받아와야 했다. 한겨울 물지게를 지고 수돗물을 받아오는 일은 내 몫이었다. 작은 키에 힘도 약했던 내가 물지게를 지고 미끄러운 언덕길을 오르내리는 일이 나에게는 참으로 버거운 일이었다. 그 고통을 그때는 잘도 견뎌냈지만 영원히 잊을 수 없다.

사람들은 도착하는 순서대로 물통을 놓고 줄을 서서 차례를 기다렸다. 나도 아낙네들 틈에 끼어 차례를 기다린다. 남자라곤 나 혼자밖에 없을 때가 많았다. 부끄럽고 창피하기도 했다. 아버지가 그 모습을 본다면 무어라 했을까? 당장 "누가 너더러 물지게 지라 했니? 그 지게 어서 내려놓고 공부나 해!" 하시며 호통 쳤을 것이다.

그러나 어쩌겠는가, 다른 사람에게 이 일을 미루거나 내가 못하겠다고 거절할 수 있는 처지가 아니지 않는가.

고향에서 나무지게도 한 번 지어보지 않던 내가 물지게라니. 물통 2개에 물을 가득 담고 한발 한발 내디딜 때면 매달린 물통이 출렁거린다. 걸음을 옮길 때마다 물이 찔끔찔끔 쏟아져 내렸다. 몸이 물통에 끌려 오른쪽 왼쪽으로 갈 지(之)자를 그리며 걸음을 걷는

다. 혹시나 넘어지지 않을까 뒤에서 안쓰럽게 바라보는 여인네들의 눈길이 뒤통수를 찌르는 것 같았다. 아무리 똑바로 걸으려 해도 사정없이 비틀거렸다. 비탈길이 시작되는 지점에 다다르면 쏟아진 물 때문에 처음보다는 물통이 좀 가볍게 느껴졌다.

그런데 비탈이라는 악조건보다도 그 비탈의 폭이 좁은 것이 더 문제였다. 앞으로 똑바로만 가면 옆에 부딪침 없이 겨우 오를 수 있긴 하겠지만 사정은 그렇지 못했다. 그렇다고 바닷게처럼 옆으로 올라갈 수도 없는 일이니 참으로 난감하기 그지없었다.

어깨가 무거워 고개는 쳐들 수도 없으니 머리를 땅에 떨어뜨린 채 앞도 제대로 보지 않고 비탈을 오르기 시작한다. 몇 발짝 안 가서 한쪽 물통이 쿵! 하고 어딘가에 부딪힌다. 그래도 별수 없으니 그대로 앞으로 나아갈 수밖에. 이번엔 반대쪽 물통이 쿵! 하고 박자를 맞춘다. 그때마다 철렁철렁 길바닥에 물이 쏟아져 흘러내린

다. 바지도 신발도 흠뻑 젖어버린다. 엄동설한의 추위가 온몸 깊숙이 파고든다.

집에 도착해 여기저기 찌그러진 물통을 내려놓고 보면, 물은 반 통밖에 남아있지 않다. 맥이 풀려 주저앉고 싶다. 한 번 더 다녀와야 한다. 쓰러질듯 몸은 기진맥진하고, 날씨도 이리 추운데 서러워서 도저히 참기 힘들다.

이미 밤이 늦어 여인네들마저 다 돌아가고 없는 수돗가에 홀로 서서 물통에 물을 받으려니 고향이 너무도 그립다. 아버지의 호통소리가 들리는 듯하여 눈물이 흐른다.

원서동 형님집에서 머물렀던 중학시절. 수도꼭지가 얼어붙는 추운 겨울이면 언제나 물지게를 지고 그 언덕길을 오르내려야 했다.

꽁치 굽는 냄새

내 모교인 청운중학교는 예나 지금이나 청와대 옆 청운동에 위치하고 있다. 학교에서 원서동 하숙집까지 한 시간 정도 걸어야 하는 등하교 길이지만 중학 3년을 꼬박 걸어 다녔다.

예전에 경무대(오늘의 청와대)가 있던 부근이 효자동 전차 종점이었는데, 그곳 청와대 앞을 지나 삼청동을 거쳐 원서동 언덕 꼭대기에 위치한 하숙집까지 걷는 것이 나의 코스였다. 3년을 걸으면서 사춘기 청소년의 꿈을 키웠고 굶주렸던 중학생활의 설움을 달랬던 추억의 길이었다.

매일 왕복 2시간가량을 걷는 동안 내 손엔 항상 그날그날 암기해야 할 학습내용이 빼곡히 적혀있는 메모장이 들려 있었다. 습관처럼 그 길을 오며 가며 복습과 예습을 했다. 그래서 걷는 시간이 아깝다거나 걷는 것 자체가 고생스럽다고 생각한 적은 없다. 다만 그 길은 다른 의미에서 나로 하여금 추억에 젖게 한다.

한참 성장할 나이, 식욕이 왕성했는데 꽁보리밥도 넉넉히 못 먹고 그 먼 길을 걸어 다녔으니 배고픔이 오죽했겠는가. 아침에 등교할 때보다 수업이 끝나고 하숙집으로 돌아올 때가 더더욱 그랬다.

그래도 배고픔을 꾹 참고 걸어야 했는데, 삼청동 부잣집들 담장을 따라 골목길을 걸어갈 때면 어제는 저 집, 오늘은 이 집에서 그 맛있는 꽁치 굽는 냄새가 코를 찌르는 것이었다.

그것은 굶주린 나에겐 고문이나 다름없었다. 너무도 먹고 싶었다. 그걸 참고 배를 달래면서 그냥 지나쳐야 했던 것이다. 하숙집에 도착해 꽁보리밥에 변변찮은 반찬이 올라 있는 밥상 앞에 앉아서도 꽁치냄새는 여전히 가시지 않고 코를 찌르며 식욕을 돋우었다.

하루 이틀도 아니고 몇 년 동안이나 그 꽁치냄새가 얼마나 뼛속 깊이 사무쳤으면 지금도 꽁치를 볼 때마다 그 생각이 날까.

대학 4학년을 마친 그해 7월 사법시험을 볼 때도 나는 이 길을 연상해 보았다. 공교롭게도 내가 합격한 제5회 사법시험장소가 청운중학교였기 때문이다.

공직시절, 헌법기관장(중앙선거관리위원장)으로 청와대를 가끔 드나들 때는 1004번 까만 리무진을 타고 나는 그 길을 지나다녔다. 그리고 지금 근무하는 '법무법인 케이씨엘' 사무실도 그리 멀지 않아 그때를 회상하며 그 길을 가끔 걷는다. 그 길은 얼마나 나와 깊은 인연인가.

얼마 전에도 혼자 청운중학교 담을 따라 걸어 내려왔다. 은행 단풍잎이 떨어지는 청와대 앞길을 지나, 유럽풍의 카페와 레스토랑들이 늘어서 있는 삼청동 길을 걸어봤다. 혹시나 꽁치 굽는 냄새를 풍겼던 그때 그 집들을 찾을 수 있을까 하고. 그러나 길도 집도 변했고, 무엇 하나 옛 모습 그대로인 것은 없었다. 꽁치냄새 또한 어디에서도 풍겨 나오지 않았다.

58년 전, 검정교복에 까만 모자를 쓰고 까만 운동화 차림으로 이 길을 걸으며 꿈을 키웠던 작은 소년. 그는 당시의 꿈을 모두 이루었을까. 아니라면, 나이 70에 아직도 이루고 싶은 꿈이 있다면 그 꿈은 대체 무엇인지를 물어보고 싶다.

닳아서 터져버린 밀가루자루

중학교 1학년 여름방학을 고향에서 보내고 서울로 돌아올 때였다. 어머니가 밀가루 한 포대를 원서동 사촌 형수에게 갖다 주라고 괴나리봇짐을 만들어 등에 메어주었다. 빈손으로 가지 않게 되어 다행이라 생각했다.

안중에서 평택까지 버스를 탔다. 40리 되는 버스길은 울퉁불퉁한 비포장 길이었다. 버스바퀴가 큰 돌부리에 걸리기라도 하면 머리가 버스 천장에 부딪힐 정도로 튀어 올랐다. 짐 보따리 또한 아무리 잘 붙들어 놓으려 해도 이리저리 나뒹굴었다. 밀가루 포대가 터지기라도 하면 큰 낭패다 싶어 나는 그것을 등에 멘 채 의자에 앉아 버스의 곡예를 감당하며 평택까지 무사히 도착했다.

평택에서 서울까지는 기차를 탔고 서울역에서 원서동 하숙집까지는 걸어갔다. 그러나 몇 푼 안 되는 버스비를 아끼려는 마음이 오히려 화를 불러일으킬 줄이야 어찌 알았겠는가. 등에 진 밀가루 무게는 20킬로그램 정도쯤 되었을까?

어쨌든 몇 발짝 걸어보니 어깨가 짜부라지는 것처럼 무겁게 느껴졌다. 그런데도 버스를 타야겠다는 생각은 하지 않았다. 힘에 벅

찬 나머지 밀가루 포대를 등에 업은 채 빌딩 담벼락이나 길 옆 돌담 같은 데에 기대어 잠시 쉬기를 반복하면서 남대문을 지나 을지로1가까지 이르렀다.

그때였다. 뒤에서 어떤 아주머니가 "학생! 밀가루가 새고 있네, 밀가루자루가 터졌나봐" 하는 것이었다. 깜짝 놀라 뒤돌아보니 정말 밀가루가 새고 있었다. 이미 지나온 길에도 밀가루가 하얀 선을 그리며 뿌려져 있었다. 나는 그 자리에 털썩 주저앉아 보따리를 바닥에 내려놓았다. 팽팽했던 자루가 쿨렁쿨렁해져 있었다.

얼마나 새어 나간 것일까? 어머니의 땀과 피로 거둔 양식인데, 이미 새나가 버려진 것은 어쩔 수 없다 해도 아직 남은 것이라도 잘 챙겨 가야 할 텐데 이 일을 어떡하나. 자루가 닳아 터져서 도저히 가지고 갈 수가 없을 것 같았다. 나는 두 다리를 뻗고 털썩 주저앉아 멍하니 밀가루 포대만 바라봤다.

뒤따라오던 아주머니가 그 모습을 보더니 혀를 차며 말했다.

"아이고, 세상에나 이 어린 학생이. 가엾기도 해라. 어디 보자, 자루가 닳아서 터졌구먼."

아주머니는 자신의 속옷 주머니 어딘가에서 옷핀을 몇 개 찾아 이곳저곳을 듬성듬성 꿰매어 요술같이 터진 부분을 복구해 주는 것이었다.

“자, 이젠 됐다. 조심해서 잘 메고 가거라.”

아주머니는 보따리를 등에 메어줬다. 그렇게 고마울 수가, 정말 구세주라도 만난 기분이었다.

“감사합니다. 감사합니다. 정말 감사합니다.”

나는 허리를 굽히고 또 굽혀가며 거듭거듭 고맙다는 인사를 했다. 을지로입구에서 원서동까지는 한걸음에 달려갔다. 이번에는 자루가 다시 터져 남은 밀가루마저도 가져갈 수 없게 될까봐 힘들어도 한 번도 쉬지 않았다.

소고기 반 근과 사과 한 개

청운중학교에 야구부가 창설된 지 얼마 되지 않았을 때였다. 야구경기가 있는 날이면 학생들이 응원단으로 동원됐다.

야구경기가 있던 어느 날이었다. 경기가 시작되자 학생들은 교가와 응원가를 번갈아 불러가며 열렬히 응원했다. 사실 우리들은 의무적으로 나오긴 했지만 따분한 수업시간에서 벗어나 야구경기를 보며 응원하는 것을 즐기고 있었다. 우리학교가 이기기라도 하면 뙤약볕에도 아랑곳하지 않고 고래고래 환호성을 지르며 좋아했다.

그렇게 한창 응원이 무르익을 때였다. 앉았다가 일어서는 순간 갑자기 하늘이 노래지며 운동장이 빙글빙글 도는 것이었다. 너무도 놀라 잠시 눈을 감았다가 다시 떠 보았다. 그래도 마찬가지였다. 하늘과 땅이 뒤집히는 것 같은 느낌이었다. 더 이상 응원할 수도 서 있을 수도 없었다.

잠시 땅바닥에 주저앉아 있다가 슬며시 응원석에서 빠져나와 화장실로 갔다. 화장실에서 한동안 눈을 감고 있으니 조금 정신이 들었다.

도대체 이게 어떻게 된 노릇일까, 덜컥 겁이 났다. 조금씩 어지러움을 느꼈던 것은 며칠 전부터 있었던 일이었다.

잠깐이나마 휴식을 취해서인지 어지러운 증상이 아까보다는 훨씬 덜한 것 같았다. 화장실을 나와 다시 제자리로 돌아왔다. 그리고 아무 일도 없었다는 듯이 응원을 했다. 그런데 얼마 안 있어 또 다시 같은 증상이 나타나는 것이었다.

이젠 정말 큰일 났구나 싶었다. 다시 화장실로 갔다. 뙤약볕을 피해 피신할 수 있는 곳은 그곳밖에 없었기 때문이다. 이 증상이 햇볕 때문이었는지 그늘진 곳에 있으면 좀 나아졌다.

경기가 끝났는지 응원소리가 들리지 않았다. 우리 학교가 승리한 모양이었다. 친구들은 들뜬 분위기 속에서 해산 준비를 하고 있었다. 나는 살짝 운동장 밖으로 빠져나와 그 길로 하숙집으로 갔다. 무엇보다도 잠을 좀 자야겠다는 생각이 들었기 때문이다.

그날 형님과 형수님은 저녁도 먹지 않고 잠을 자고 있는 나에게 무슨 일이 있느냐고 물었다. 하지만 낮에 있었던 일은 얘기하지 않았다. 사촌형님 내외에게 누를 끼쳐 드리고 싶지 않았기 때문이다.

다음 날 아침 일어나보니, 잠이 보약이었는지 몸이 한결 좋아진 것 같았다. '별것 아닌 걸 가지고 괜히 놀랐구나' 싶었다. 그런데 그게 아니었다. 어지러운 증상이 그 후에도 주기적으로 나타났다. 날이 갈수록 머리까지 아프며 점점 그 횟수가 잦아들었다. 학교생활도 점점 힘겹게 느껴졌다.

걸어서 학교 다니는 것도 그렇고, 공부도 그렇고, 그렇게 나약한 몸으로 더 이상 무엇 하나도 감당해 낼 성싶지 않았다.

그해 여름. 방학을 맞아 고향에 내려갔다. 아버지와 어머니 그리고 형제들은 오랜만에 나를 보는 반가움으로 마냥 즐거워하기만 했다. 그런 그들의 기분을 행여 깨뜨리고 싶지 않아 며칠이 지나도록 아픈 것을 내색하지 않았다.

그러던 어느 날이었다. 그날도 마루에 앉아 공부하다가 어지럽고 머리가 아파 슬며시 뒷동산에 올랐다. 그리고 시원한 풀숲에 앉아서 이런저런 생각에 잠겼다.

이젠 정말 내가 죽으려나 보다. 죽을병에 걸린 게 분명해. 그렇다고 부모님께 말씀드리면 얼마나 걱정하실까. 부모님이라고 무슨 수가 있겠는가. 더 아프기 전에 미리 죽는 방법은 없을까? 생각이 거기까지 미칠 때였다. 야구경기장에서 그랬던 것처럼 갑자기 하늘이 노래지며 빙빙 돌더니 머리가 더 아파오기 시작했다.

내가 태어나서 죽음이란 단어를 처음으로 심각하고 진지하게 떠올려 본 것은 그때였다.

나는 더 이상 참을 수가 없어서 엉금엉금 기다시피 하여 집으로 돌아왔다. 아버지는 그런 나를 보고는 놀라 소리를 질렀다.

"지담아, 너 왜 그렇게 얼굴이 창백하니? 무슨 일이냐? 어디가 아픈 거냐? 여보! 이리 좀 빨리 와 봐요. 지담이가 아픈가 봐!"

말할 기운도 없긴 했지만, 대답할 겨를도 없이 아버지는 그 길로 당장 안중 읍내 인화병원으로 나를 업고 달렸다.

아버지와 의사선생님과는 예전부터 잘 아는 사이었다.

"애가 무슨 큰 병이라도 걸린 게 아닌지, 어서 진찰 좀 해 주게."

아버지의 재촉에 의사선생님은 내 얼굴을 보며 청진기를 가슴에 대면서 진찰하더니 다짜고짜 "아니, 어찌 애를 이 지경으로 만든 건가! 애야, 너도 그렇지, 이 지경이 되도록 참았다니…!"

놀란 의사의 그 소리에 아버지는 파랗게 질린 얼굴로 되물었다.

"왜? 어디가 크게 잘못 됐는가? 큰 병인 거야? 그럼, 어떻게 해야 한단 말인가"

당황한 아버지는 한꺼번에 질문을 퍼부었다.

"큰 병은 무슨 큰 병, 어서 소고기와 사과 좀 사서 먹이게. 그러면 괜찮아질 테니까."

농담 같은 의사선생의 말에 아버지는 약으로 더 이상 고칠 수 없는 중한 병이라, 죽기 전에 잘 먹이기라도 하라는 뜻으로 받아들였는지 정색하며 다그쳐 물었다.

"정말 큰 병이 아니라는 건가? 근데, 소고기는 뭐고 사과는 또 뭔가?"

"아, 글쎄, 그러면 된다니까. 이 병이 무슨 병이냐 하면, 영양실조라는 걸세, 영양실조!"

그때서야 아버지는 한숨을 돌리고는 곧바로 나를 데리고 안중 장터로 갔다. 아버지는 정육점에 들러 소고기 반 근과 과일가게에 들러 사과 한 개를 사가지고 집으로 돌아왔다. 그리고는 어찌된 영문인지 의아해 하는 어머니에게 이런 저런 설명도 없이 얼른 고기를 구워서 내게 먹이라고 말했다.

어머니는 마당 한 귀퉁이에 급히 숯불화로를 만들더니 그 귀한 소고기를 석쇠에 구워 내 입에 넣어주는 것이었다. 소고기 굽는 냄새가 마당에 진동했다. 우리 집에서 처음 있는 일이었다. 한 입 먹고 또 한 점을 기다리는 동안 입 안 가득 군침이 고였다.

그렇게 맛있을 수가 없었다. 삼청동 골목에서 냄새가 풍겨 나오던 구운 꽁치도 이렇게 맛있을까? 그런데 이렇게 맛있는 것을 나 혼자 먹고 있다니.

마루에 앉아 냄새만 맡고 있는 아버지와 고기를 굽고 있는 어머니에게 너무도 송구스러웠고 보이지 않는 어린 동생들한테도 미안한 마음이 들었다. 그때 동생들이 있었으면 군침을 흘리며 참지 못했을 텐데, 어머니가 일부러 바깥심부름을 보낸 모양이었다. 남동생 지광이, 지욱이, 여동생 지청이 모두가 보이지 않았다.

소고기 반 근의 절반 정도를 화로 옆에서 나 혼자 다 먹는 동안 아버지는 마루에 앉아 어머니가 한 번 맛보라는 여러 번의 청을 완강히 마다한 채 "의사가 처방한 비방이 어서 빨리 효과를 봐야 할 텐데…" 하는 간절한 눈빛으로 나를 살펴보고 있었다.

그런데 정말 신기하게도 소고기 서너 점을 목에 넘길 때부터 벌써 그 비방의 효과가 나타나는 것이었다. 소고기 몇 점을 삼키고 나니 눈이 환하게 번쩍 뜨였고, 휘청휘청했던 몸도 이내 생기가 도는 것 같았다. 사온 소고기의 반 정도를 먹으니, 어지러운 기운은 사라지고 더 이상 머리도 아프지 않았다. 세상에 이럴 수가 있을까. 정말 살 것 같았다.

아버지도 차츰 내 얼굴에 생기가 도는 것을 감지했는지 소고기를 먹고 나니까 곧바로 다음 비방인 사과를 먹게 했다. 나는 단숨에 사과를 껍질째 어적어적 씹어 먹었다. 참 달고 향기롭고 맛있었다. 내 평생에 먹은 사과 중에서 가장 맛있는 사과였다. 그렇게 황급히 두 가지 처방을 다 쓰고 나니 몇 시간 전만 해도 정말 죽을 것만 같았던 내가 거짓말같이 말짱해진 것이었다.

아버지는 그때서야 안도의 한숨을 내쉬었다. 그 다음 날에도 남겨 둔 소고기를 동생들 몰래 먹었다.

이렇게 해서 병 아닌 병은 거뜬히 나을 수 있었지만 귀하디귀한 소고기와 사과를 동생들 몰래 혼자서 먹은 일이 지금까지도 미안하게 생각된다.

쓸쓸한 졸업식

"우리 반에서 수석졸업자가 나왔다!"

잠시 침묵이 흘렀다.

"유지담이다! 유지담, 일어서 봐!"

중학 졸업식을 한 달 정도 앞두고 있던 어느 날, 우리반 담임이었던 강군식 영어선생님은 교단에 올라서자마자 얼굴에 희색이 가득했다. 와! 하는 환호소리와 함께 박수갈채가 터졌다.

사실은 서정기 수학선생님이 담임이었던 제1반의 학생과 치열한 경쟁이 붙었는데 결국 모든 선생님들이 유지담에게 1등을 주기로 했다는 정황까지 자세히 설명했다. 순간 나는 학우들 앞에서 쑥스럽기도 했지만 기쁨이 벅차올라 어찌할 바를 몰랐다.

그날 종례가 끝난 후 선생님은 나를 교무실로 부르더니 며칠 후에 사은회(謝恩會)가 있는데 부모님이 오실 수 있느냐고 물었다. 그때는 그 말에 무슨 뜻이 담겨 있다는 것을 알아채지 못했다. 나중에 알고 보니까, 졸업식 때 1등을 수상하는 학생의 부모님이 선생님들에게 식사 대접을 하는 것이 관행처럼 행해졌던 시절이었다. 그렇기에 부모님이 선생님들에게 식사대접이라도 할 것으로 믿었던 것 같았다.

나는 무어라 말씀드릴 수가 없어서 머리만 긁적거렸다. 가정 형편이 너무 어려운 데다가 아버님의 건강이 안 좋아서 사은회는 고사하고 졸업식에도 못 올 사정을 너무도 잘 알고 있었기 때문이다.

선생님은 그때까지 내가 그렇게 어렵게 공부를 하고 있었다는 사실을 잘 모르고 있었다. 한참을 망설이다가 모든 사정을 자세히 말했더니 너무 놀라면서, "알았다. 그럼, 염려 마라"고 하며 오히려 나를 위로해 주셨다.

그즈음, 우리는 고등학교 진로를 결정하느라 선생님과 학생들 모두가 긴장 속에서 고민하고 있었다. 청운중학교 졸업생들은 모두가 초등학교 때 성적이 우수해 일류 중학교에 가려다 실패한 전력을 가지고 있었다. 그렇기 때문에 많은 학생들이 다시 일류 고등학교에 도전할 것을 다짐하고 있었다.

나도 경기중학교 입학시험에서 낙방한 일이 항상 가슴에 맺혀 있었다. 그래서 고등학교는 기어코 경기고등학교를 가야겠다고 마음먹고 있었다. 그리고 그것이 법관이 되겠다는 초등학교 때의 꿈을 이룰 수 있는 길이라고도 생각했다.

그런데 선생님이 교무실로 부르더니 어렵게 말을 꺼냈다.

"네, 실력이면 충분히 경기고등학교를 가고도 남지만, 가정형편이 그렇게 어렵다니 국립체신고등학교에 가는 것이 어떻겠니? 거기 가면 등록금을 면제받을 뿐만 아니라 기숙사비, 교통비도 지급되고, 거기다가 공부만 잘 하면 대학도 나라에서 다 보내줄 거다."

체신고등학교에 응시할 것을 적극 권유했다.

나는 며칠 동안을 고민하다가 좋은 인문고등학교에 응시하겠다는 꿈을 일단 접기로 했다. 어려운 가족들을 생각하면 공부하면서 돈도 벌 수 있으니 한편으로는 다행이라는 생각도 들었다. 더구나 공부만 열심히 하면 대학도 나라에서 보내준다지 않는가. 특차로 치러지는 국립체신고등학교에 지원하여 다행히 합격을 했다. 그래도 아쉬워 경기고등학교에 입학시험이라도 쳐보고 싶은 마음이 간절했지만 규정상 국립체신고등학교에 입학하는 것을 포기해야 인문고등학교 입학시험 원서를 중복하여 써줄 수 있다는 바람에 그것마저도 포기하고 말았다.

국립체신고등학교에 들어간 후 공부만 잘하면 나라에서 대학도 보내준다는 선생님의 말씀은 사실과 달랐다. 아마도 선생님께서는 내 형편을 아시고 내가 실망해서 용기를 잃고 꿈을 버릴까봐, 갈등하는 내 마음을 달래주느라 그렇게 말했던 것 같다. 국립체신고등학교를 졸업하면 대학학비를 지원하는 것이 아니라 체신부 공무원으로 5년 이상 근무하도록 되어 있었던 것이다.

그러나 국립체신고등학교를 택한 결정은 나로서는 최선의 선택이었고 한 번도 후회한 적이 없다. 국립체신고등학교를 나에게 권하신 강군식 선생님. 그래서 내 운명의 길을 바꾸어 놓으신 강 선생님은 내가 잊지 못할 선생님 중의 한 분이다.

졸업식 날을 맞았다. 졸업생들의 부모, 형제, 친척들로 운동장이 북적거렸다. 꽃다발을 들고 여기저기서 포즈를 취하며 기념사진을 찍고 있었다. 모두들 행복해 보였다.

그러나 나는 부모님도 형제도 어느 누구도 축하해 주는 이 없는 쓸쓸함에 홀로 외로웠다. 운동장 여기저기를 둘러봐도 다른 친구들처럼 나를 반기며 부둥켜안고 축하해 줄 사람이 없었다.

강당에서 졸업식이 거행되었다. 수석졸업자로 내 이름이 호명되었다. 나는 앞으로 나아가 단상 앞에 섰다. 교장선생님이 상장을 낭독한 후 무거운 벼루와 먹과 붓을 부상으로 건네줬다. 몸이 작고 연약해 보이는 내가 무거운 벼루를 행여나 놓칠까봐 염려됐던지 단상 아래쪽으로 허리를 굽혀가며 "무거우니까 조심해라. 조심해서 잘 들어"라고 귓속말을 해주었다. 나는 우레와 같은 박수소리와 함께 자리로 돌아왔다.

졸업식이 끝난 후, 3년 동안 정들었던 교정을 떠나려니 가슴이 뭉클했다. 졸업 축하파티를 하러 각자 가족과 함께 떠나는 친구들을 멍하니 바라보며 나는 눈시울이 뜨거워졌다. 아무도 없는 어디론가로 빨리 달려가 목 놓아 울고도 싶었다. 그러나 입을 꾹 다물고 묵묵히 정든 교정을 떠났다.

사업전선에 뛰어든 고교생

어려운 가정형편 때문에 공부에만 전념할 수가 없었다. 체신고등학교에서 지급되는 장학금을 절약하고 거기다 아르바이트를 해서 번 돈을 보태어 몽땅 고향집에 보내는 것으로도 부족했다.

부모님과 여러 형제들의 생존을 위해서는 어떻게 해서든지 돈을 더 벌어야 했다. 체신고등학교를 졸업한 후 대학에 진학할 수 있는 기회가 주어진다면 더 바랄 것이 없겠지만 그렇지 못하게 된다면 장래 사업가로서 성공하고 싶은 생각도 없지 않았다. '젊었을 때 고생은 돈 주고 사서라도 한다'는 말이 있듯이 작은 장사라도 직접 경험해 보는 것도 나쁘지 않겠다는 생각이 들었다.

그런데 2학년 새 학기를 며칠 앞둔 1959년 2월 어느 날이었다. 고향집 한 집 건너에 사는 친구가 서울로 나를 찾아왔다. 어릴 때 아버지가 일찍 돌아가셔서 초등학교도 제대로 못 마친 친구다. 성실하고 의리가 있어 내가 철석같이 믿는 친구이기도 하고 어려서부터 누구보다도 나를 좋아했다.

그 친구가 느닷없이 간곡히 사정하는 것이었다.

"지담아, 너 공부하고 출세하는 데 내가 평생 뒷바라지할 테니 내가 장사라도 할 수 있도록 밑천을 좀 대다오."

전혀 예상하지 못한 말이었다.

갑작스런 제안에 나는 흠칫 놀랐지만, 나 또한 돈 벌 궁리를 하고 있던 차라 그 자세한 사연을 알고 싶었다. 그의 사업계획을 자세히 듣고 나니 약간은 흥분되고 호기심도 생겼다.

그의 사업계획이란 다름 아닌 토끼를 사육하는 것이었다. 토끼는 번식이 빠르기 때문에 한 마리가 열 마리, 열 마리가 백 마리 되는 것은 시간문제라는 것이다. 토끼 고기는 고기대로 팔고 털은 털대로 팔아서 많은 돈을 벌 수 있고, 풀만 먹이면 되는데 누구의 도움 없이도 자기 혼자서 충분히 그 일을 감당할 수 있다는 것이었다. 일리가 있는 얘기로 들렸다.

토끼는 한 배에 4~8마리의 새끼를 낳고, 임신기간이 1개월밖에 안 되어 1년에도 여러 차례 새끼를 낳을 수 있다니 도전해 볼 만한 사업이라고 생각됐다.

어차피 나도 어떤 사업이든 해서 돈을 벌어야 하는 형편이지만 내가 공부를 완전히 포기하고 직접 뛰어들어서 할 수는 없는 상황이었다. 누군가에게 맡겨서 해야 한다면, 그 친구만큼 믿을 만한 사람이 없다는 생각에 그 자리에서 그렇게 하자고 쉽게 승낙했다.

나의 승낙에 기쁨이 넘친 그는 고향을 완전히 떠나 그 해 봄부터 시흥에 집을 얻고 그 뒷산에 토끼집을 지어 키우기 시작했다. 그리고 나는 가까스로 마련한 돈으로 처음에는 30여 마리의 토끼를 사준 후 아르바이트를 해서 돈이 마련되는 대로 한 마리, 두 마리 계속 사주었다. 주말이면 가끔 무럭무럭 크고 잘도 번식하는 토끼를 보러 그곳으로 달려갔다.

서너 달이 지나니까 정말 토끼가 기하급수적으로 늘어나 300여 마리가 되었다. 갓 낳은 새끼들을 보면 너무도 신기해서 잠을 이룰 수가 없었다. 금방이라도 부자가 될 것 같았다. 그쯤 되니까 친구는 토끼 고기와 토끼털을 가공하는 공장까지도 지어야겠다고 꿈을 부풀렸다.

그런데 장마가 시작된 7월 어느 날이었다. 우울한 음성의 전화가 걸려왔다. 사연을 듣기도 전에 뭔가 꿈이 깨어지는 느낌이 들었다.

"왜, 무슨 일 있니?"

"토끼들이 설사를 했어. 그중 몇 마리는 죽고…."

"그럼, 어떻게 해야 되는데? 가축병원에라도 알아봐서 설사를 멈추게 해야 될 거 아냐?"

"글쎄, 알아봤더니, 장마 때 생기는 토끼 전염병이라는데 방법이 없대. 그냥 멈추길 기다려 봐야 한다는 거야."

가슴이 무너져 내리는 것 같았다.

그 뒤 일주일 내내 비가 그치기를 간절히 기도하면서 주말을 기다렸으나 장마는 계속되었다. 야속하게도 토끼 전염병은 무더운 장마 속에 급속도로 번져갔다. 그 다음 주도, 그 다음 주도, 토끼가 매주 무더기로 죽어가다가 끝내는 몰살되기까지 비는 내리고 또 내렸다. 우리들의 꿈도 깨어지면서 빗물처럼 흔적 없이 묻히고 말았다.

토끼 사육사업에 실패한 친구는 거기서 멈추려 하지 않았다. 장돌뱅이를 해서라도 다시 일어나고 싶다면서 제발 한 번만 더 밀어 달라는 것이었다. 실패에도 굴하지 않는 열의와 용기에 나는 다시 한 번 힘을 보태 주기로 했다.

그의 다음 계획은 평화시장에서 런닝, 팬티, 내의 등 의류를 싼 값으로 사서 평택, 안중, 천안, 안성, 성환 등 고향 부근에서 5일마다 열리는 장터를 돌아다니며 보따리 장사를 해보겠다는 것이었다.

나는 옷의 구입가격을 한 푼이라도 낮추는 것이 무엇보다도 급선무라고 생각했다. 도매점에서 물건을 사지 않고 공장에서 직접 구입하는 방법을 모색하기로 했다.

그리고 그 일만은 내가 직접 나서야겠다고 생각했다. 평화시장 안에 있는 한 공장을 물색한 나는 곧바로 방문하여 사장을 찾았다. 사장님께 직접 말씀드릴 것이 있어 뵙기를 원한다고 하니 지금은 안 계시므로 오후에 다시 한 번 와 보란 것이었다. 다행히 오후에 사장을 면담할 수 있었다.

나는 먼저 그에게 머리가 땅에 닿도록 정중히 절을 한 다음 부탁드릴 게 있어서 왔다고 말을 꺼냈다.

"그래? 무슨 부탁인지, 어디, 말해 보게."

그는 공손한 나의 태도에서 호감을 느꼈는지 친절하게 대해 주었다.

"저는 고학하는 체신고등학교 2학년 학생입니다. 친구와 아르바이트로 옷 장사를 하려는데, 이왕이면 도매점보다 한 푼이라도 싸게 사고 싶어서 찾아왔습니다. 좀 도와주시면 그 은혜 잊지 않겠습니다."

그는 간곡한 나의 말에 입을 굳게 다물고 눈을 껌빽이며 나를 면밀히 살펴보더니 입을 떼었다.

"좋아. 학생이 그렇게 열심히 살아보겠다는데, 한 푼이 아니라 두 푼 세 푼이라도 깎아주지."

"감사합니다. 정말 감사합니다. 그럼, 조만간 친구와 함께 다시 찾아뵙겠습니다."

그렇게 구입 원가를 낮추게 되었으니 장사의 첫 번째 관문은 통과한 셈이었다. 친구는 공장에서 싸게 구입한 옷 보따리를 바리바리 싸서 짊어지고 장사를 떠났다.

기차를 타고 오늘은 평택장, 내일은 성환장 등 5일장이 서는 시골장터를 매일 찾아다니며 길바닥에 옷을 펼쳐 놓고 장사를 시작했다.

나는 이번에도 한 달에 한 번 정도 일요일에 친구와 함께 서울역에서 열차를 타고 시골 장으로 향했다. 내게는 작은 보따리 하나도 들게 하지 않고 친구는 무거운 걸 혼자 다 짊어졌다.

그는 아침 일찍 시장에 도착하여 사람들이 많이 오가는 길목을 찾아 길바닥에 옷 보따리를 풀어 놓고 목청껏 호객을 했다. 사람들이 많이 몰려들어 옷이 잘 팔리기라도 하면 신이 나서 목청을 더욱 돋우었다.

친구는 나더러는 조용한 곳에 가서 공부하다가 파장이 되면 오라고 했으나 나는 옆에서 이것저것 묵묵히 거들어 주다가 마지막에는 짐 꾸리는 일을 돕곤 했다.

처음엔 너무 쑥스럽고 부끄럽기도 했지만 감당할 수 있었다. 저녁을 같이 먹으며 그날 번 돈이 얼마인가를 가슴 설레며 세어보곤 했다. 장사가 잘 되는 날이면 우린 신이 났다. 돈을 많이 벌면 이런 시장마다 점포를 하나씩 내자고 또 한 번 꿈에 부풀었다.

그런데 얼마 안 가서 또다시 문제가 생겼다. 기존 점포들보다 우리가 싸게 팔아 사람들이 많이 몰려들자 문제가 불거진 것이다. 기존 상인들뿐만 아니라 터줏대감격인 지방의 깡패들까지 장사를 못하게 방해하는 것이었다.

그들을 설득시키며 달래도 보고 통사정도 해보았다. 그러면 한동안 잠잠하다가는 얼마 못 가서 다시 들고 일어났다. 장사가 잘될수록 곤혹스러움이 점점 심각해졌다.

그런 와중에 친구가 무슨 병인지 시름시름 앓기 시작하더니 얼마 못 가 더 이상 장사를 할 수 없는 지경이 되었다. 또 다른 좌절이었다.

돈을 벌어보겠다는 나의 고교시절의 야망은 1년 남짓 만에 막을 내려야 했다. 그리고 그때쯤 일어난 4·19혁명이 나에게 대학 입학시험에 응시할 수 있는 기회를 가져다주는 바람에 모든 상황이 완전히 바뀌었다.

나는 '두 마리 토끼를 잡으려 하다가는 하나도 못 잡는다'는 속담을 마음에 새기며 돈벌이를 완전히 포기했다. 고등학교 3학년 2학기 때부터는 대학 입시공부에만 전념했다. 그 후론 두 번 다시 돈을 벌어 성공하겠다는 생각을 해본 적이 없다.

친구는 병마에서 헤어나지 못한 채 계속 앓다가 내가 사법시험에 합격하는 것도 보지 못하고 세상을 떠나고 말았다. 내가 공부 잘해서 출세하기를 진정으로 소망했던 그리운 친구. 저 세상에서 다시 만난다면 그가 못 이룬 꿈을 꼭 이루게 해주고 싶다.

잊을 수 없는 친구

체신고등학교는 다른 고등학교와 달리 통신과, 업무과, 기계과, 전파과, 선로과 등 다섯 반으로 나누어 신입생을 모집했다. 그리고 입학당시 정해진 반이 3년 내내 바뀌지 않았다.

5~60명 정원인 급우들은 3년을 같은 반에서 동고동락하며 여타의 동창관계와는 비교가 안 될 정도로 친하게 지냈다.

나는 업무과에 지원해 합격했다. 1학년 2학기 어느 날, 급우였던 한 친구가 종로구 인사동에 있는 그의 집으로 나를 초대했다. 그의 아버지는 강원도 정선에서 양조장을 하는 부자였고, 인사동에서는 그의 계모가 여관을 경영하고 있었다.

그는 진수성찬이 차려진 밥상 앞에서 자신의 가정사를 나에게 전부 털어 놓았다. 가정문제로 중학교 때부터 이미 나쁜 길로 들어서 깡패가 됐지만, 인간성이 나쁜 사람은 아니니까 친하게 지내자는 것이었다.

무슨 이유로 나를 지목해서 그러한 제안을 하게 됐는지는 알 수 없다. 무조건 나에게 제일 호감이 간다고 하면서 절대로 나쁜 길로 빠지게 하지 않을 테니 조금도 경계심을 갖지 말아달라는 것이었다.

나는 본래 친구를 차별하여 사귀는 성격이 아니다. 빈부귀천과 상관없이 누구와도 가까이, 그리고 화평하게 지내는 쪽을 선택한다.

계모 밑에서 살아온 그의 성장과정을 모두 듣고 나니 그가 깡패의 길에 들어서게 된 것도 어느 정도 이해가 갔다. 할 수만 있다면 그를 위로해 주고 좋은 길로 인도해 주고도 싶었다.

우리 둘은 아무 말 없이 그날 굳게 손을 잡았다.

그는 학교생활이 불성실했다. 어떤 땐 오후 수업이 끝나기도 전에 선생님의 허락도 받지 않고 사라져 버리기도 했다. 그런 날이면 나는 종례시간에 출석을 체크하는 담임선생님에게 거짓말을 하기도 했다. 예컨대 그 친구 이름을 부르면, "지금 막 배 아파서 화장실에 갔습니다"라든지, "금방 있었는데 잠깐 어디 나갔나 봅니다"라고 말하여 급한 상황을 모면해주었다.

다행히 선생님은 내 말을 의심 없이 받아들이곤 했다. 내가 거짓말 하리라고는 생각지 않았던 것 같다. 사실은 다른 친구들조차도 내가 그와 그렇게 친하리라고는 상상도 하지 않았을 것이다.

나만 알고 있던 비밀이었는데, 그 친구는 명보극장, 스카라극장, 대한극장을 무대로 활동하던 깡패 조직의 우두머리급이었다.

그 당시 극장 주변의 깡패들은 '기도'라는 이름으로 극장을 지켜주는 존재들이었기 때문에 극장 측에서도 그들을 무시할 수 없었다.

내가 종례시간에 선생님께 거짓말을 하면서까지 그 친구를 보호해 준 것은 그가 나에게 그렇게 해달라고 부탁했거나 그 친구의 주먹이 두려워서 한 행동이 아니었다. 그렇다고 그것이 옳은 일이라고 생각한 것도 아니다. 오로지 나와 각별한 친구이기를 바랐던 그가 말썽 없이 무사히 함께 졸업할 수 있기를 바라는 마음에서였다.

그는 특히 볼 만한 좋은 영화가 개봉되는 날이면 "지담아, 오늘 방과 후에 꼭 영화 보러 와라"하며 극장으로 나를 초대했다. 그의 호의를 받아들여 처음 대한극장에 간 날, 나는 너무 놀랐다. 극장 앞에 도착하자마자 그의 부하들 대여섯 명이 일렬로 줄을 서서는 허리를 90도 각도로 굽혀 "어서 오십시오. 형님!"하며 나를 맞는 것이었다. 그리고는 로열석인 2층 중앙 앞좌석으로 안내했다.

그 후에도 가끔 내가 가는 날이면 그 자리는 내 고정좌석이 되었다. 극장에 가는 날엔 마치 나도 그 조직의 두목급이라도 된 것 같은 느낌이었다.

영화 관람이 끝나면 그 친구는 맛있는 음식도 사주었다.

"지담아, 무슨 어려운 일이 있거나 너를 괴롭히는 놈이라도 혹시 있으면 나에게 말해."

그가 늘 하는 말이었다. 그의 존재 때문이었는지는 모르지만, 어쨌든 고등학교 시절 내내 누구도 나를 괴롭히거나 내게 시비 거는 일이 없었다.

내가 고려대학교 법과대학에 합격한 사실을 그 친구는 누구보다도 기뻐했다. 자신의 고등학교 교과서를 몽땅 청계천 헌책방에 팔아서 그 돈으로 영원히 잊을 수 없는 선물인 사법시험용《6법전서》

를 사주고는 자신의 고향 강원도 정선으로 떠났다.

"지담아! 너는 열심히 공부해서 훌륭한 법관이 돼 다오. 난 고향으로 내려가서 아버지가 하는 양조장을 넘겨받아서 돈이나 벌 테니…."

이것이 고등학교 졸업과 동시에 헤어지면서 그가 나에게 남긴 말이었다.

그렇게 헤어진 후 나는 대학생활에 여념이 없었고, 그때도 내 어려운 가정형편은 변함이 없었다. 1965년 9월, 내가 사법고시에 합격하기 전까지 우리는 두세 번밖에 만나지 못했다. 그러나 사법고시를 준비하면서 그가 사준 《6법전서》의 책장을 닳고 닳도록 넘길 때마다 나는 그 친구를 만나며 지낸 느낌이 들었다.

어찌 깡패였던 그가 고등학교 때 공부했던 책들을 몽땅 팔아서 그 돈으로 나에게 《6법전서》를 사줄 생각을 했을까? 내가 그에게 베푼 것은 아무것도 없는데….

그가 사준 그 귀한 책은 어려웠던 대학교 4년 동안 나를 강하게 잡아끌며 고비고비마다 어릴 적 나의 꿈을 상기시켰다.

내가 사법고시에 합격했다는 소식을 알리기도 전에 그는 신문을 통해 그 사실을 알고 축하전화를 하면서 시간 내서 꼭 자기 고향에 내려와 달라는 것이었다. 그해 10월 단풍이 한창일 때 나는 그의 고향을 찾았다. 평생 처음 혼자 떠나는 먼 여행길이었다. 그의 편지가 안내한 대로 청량리역에서 중앙선 열차를 타고 제천으로 향했다. 제천에서는 정선행 버스를 탔다.

정선으로 가는 버스길은 아주 험했다. 굽이굽이 구절양장(九折羊腸)의 고갯길을 우당탕거리며 달리는 버스 운전사는 마치 목숨을 건 곡예사 같았다. 버스 앞쪽에 탄 나는 절벽으로 추락할 것 같은 불안감에 도착할 때까지 1초도 마음을 놓지 못했다. '친구 따라 강남 가는 것'이 아니라, '친구 따라 천당 가는구나' 하는 생각이 들 정도였다.

아슬아슬한 고비를 수없이 넘기고 버스는 정선에 도착했다. 하도 시달림을 받아서인지 한동안 머리가 멍멍했다. 정신을 차리고 버스에서 내리니 이번엔 마중 나온 사람들 때문에 놀라지 않을 수 없었다.

정선 군수며, 경찰서장 등 기관장들이 나와서 나를 환영해 주는 것이었다. 그 당시에는 사법고시 합격자 수가 몇 명되지 않는 데다가 예비 판 · 검사의 권위를 인정해 주던 때였다. 지방의 기관장들까지도 사법고시 합격자를 후하게 예우해 주는 분위기였다. 그렇지만 분에 넘칠 정도의 영접에 나는 얼떨떨했다.

집에 도착해서 친구는 부모님께 나를 떠들썩하게 소개했고, 부모님도 따뜻하게 맞이해 주었다. 잠시 여독을 푼 뒤 미리 준비해 놓은 만찬장으로 안내되었는데 낮에 마중 나왔던 군수와 경찰서장이 미리 나와 있었다.

내 자리는 상석에 마련되어 있었다. 그런 분위기가 처음이라 내겐 너무도 낯설고 어색했다. 곧이어 한지 미닫이문이 스르르 열리더니 어여쁜 한복차림의 여인들이 진수성찬 교자상을 조심스럽게 들고 들어왔다.

친구의 지시에 따라 자리를 잡은 여인들은 차례대로 자신들을 소개했다. 남루하고 초라한 옷차림의 나는 이번엔 숨이 멎는 것 같았다. 막걸리에 낙지볶음 안주를 먹거나, 보신탕에 소주를 곁들이면 충분한 나에게 난생 처음 보는 방석집 분위기가 편할 수 없었다.

내 옆에 앉은 여인은 그런 나의 심정은 아랑곳하지 않고 재미있게 실제로 겪었던 일처럼 자신의 슬픈 과거의 사랑이야기를 늘어놓으며 술과 음식시중을 들었다. 시간이 갈수록 자연스럽게 여흥은 무르익었다.

낮의 일이 생각났다. 험한 길을 달리는 버스 안에서 '친구 따라 강남 가는 것'이 아니라, 친구 따라 천당 간다고 생각하지 않았던가. 그런데 이번에는 정말 친구 따라 천당에 온 것 같았다. 상상할 수도 없었던 융숭한 대접을 밤새도록 받았으니 말이다.

다음 날 아침, 찬 공기를 상쾌하게 들이마시며 그의 집에서 얼마 떨어져 있지 않은 정선 아리랑의 발상지인 아우라지 강가를 거닐었다.

강 건너에는 사공 없는 빈 나룻배가 누군가를 기다리는 듯 강가에 정박되어 있었다. 이곳 사람들은 수백 년을 배를 타며 노를 저으며 그들의 사랑노래, 정선아리랑을 노래했으리라. 어디선가 애끓는 여인의 노랫소리가 높디높은 산봉우리들을 타고 울려 퍼지는 것 같았다.

옆에서 걷고 있던 친구가 정선아리랑의 유래를 얘기해 주었다.

옛날 정선 골에 스무 살의 한창 나이로 열 살도 채 안 된 어린 신랑에게 시집간 처녀가 있었다고 한다. 그 색시는 철부지 신랑의 시중만 들다가 세상 살기가 싫어져서 마침내 자살할 것을 결심했다가 빙글빙글 도는 물레방아를 보고 문득 세월도 물레방아처럼 돌고 돌듯이 신랑도 자라서 철이 들 것이라는 것을 깨닫고 집으로 되돌아가면서 정선아리랑을 불렀다는 것이다.

1967년 4월, 사법대학원 재학 중에 결혼한 나에게 친구는 이색적인 결혼선물을 해주었다. "새 살림을 꾸려갈 집이 아직 정해지지 않았으니, 신혼집이 마련되는 대로 전축을 사주지"하며, 큰 글씨로 '축 결혼! 별표전축!'이라고 종이에 써서 축의금 대신으로 준 것이다.

그때 별표전축이라면 친구에게 주는 결혼선물로서는 과분한 것이었다. 그러나 결혼선물 약속은 지켜지지 못했다. 새 집이 마련되기도 전인 1967년 말 추운 겨울, 그는 젊은 나이에 결혼도 못하고 비명에 삶을 마감했기 때문이다.

그가 위독하다는 전보를 받은 때가 1967년 12월 세 번째 금요일 저녁 무렵이었다. 경기도 전곡에 있는 20사단에서 군검찰관으로 근무할 때였다.

나는 즉시 휴가절차를 밟은 뒤 서울을 거쳐 자정이 다 돼서야 강원도 정선에 도착했다. 그러나 환자는 이미 1차 쓸개수술을 정선에서 마치고 원주기독병원으로 옮겨진 뒤였다.

그 다음날 아침 내가 원주기독병원에 도착했을 때는 친구는 의식이 몽롱한 상태였다. 나와 눈이 마주치자마자 반가운 눈빛을 보이면서 침대에서 일어나 보려고 안간힘을 다했다. 힘이 없어 일어나기를 포기한 그는 두 손으로 내손을 꼭 잡았다.

"지담아, 잘 왔어. 고마워. 이제 날 내버려두고 가면 안 돼. 너만이 나를 살릴 수 있어. 알았지?"

지금도 그 음성이 내 귓전에 맴도는 것 같다. "나만이 살릴 수 있다니 그게 무슨 말이냐?"고 묻기도 전에 그는 그 이유를 자세히 설명했다.

"며칠 동안 괴로운 일이 있어 연거푸 술을 과음했는데 쓸개가 터졌대. 정선에서 수술을 엉터리로 해서 재수술을 받아야 해. 그런데 계모와 이복형제들이 흑심을 가지고 담당의사로 하여금 재수술을 포기시키면서 장남인 내가 죽기만을 모두 바라고 있어. 원주검찰청 문호철 검사 있잖아, 너와 친한 고려대학교 선배. 그 분에게 부탁해서 담당의사로 하여금 정성껏 재수술을 받을 수 있도록 해줘. 그것만이 내가 살 길이야. 연로하신 아버지마저 병원에 오지 못했어. 재수술을 꼭 받게 해줘."

전에 들은 바 있던 양조장 상속문제가 순간적으로 내 머리에 떠올랐지만 친구가 가족들에 대해서 갖고 있는 의구심의 진위 여부는 생각해 볼 여지조차 없었다. 사람을 살려보고자 하는 노력을 포기하다니….

나는 그 말을 듣는 순간 울분이 넘쳐 흥분상태에 빠져 버렸다. 나는 일요일에 전곡으로 돌아가기로 했던 계획을 포기하고 급히 법무참모에게 전화해 월요일 휴가까지 받아냈다.

그러나 문호철 검사의 깊은 배려와 담당의사의 정성을 다한 재수술에도 불구하고 그는 끝내 일어나지 못했다. 재수술에 들어가기 직전 친구는 담당의사의 자상한 설명을 들으면서 안도의 눈빛을 보였는데… 그가 없는 지금, 그의 생명을 건지기 위해 최선의 노력을 다한 사람들이 있었다는 사실을 친구 자신이 알고 이 세상을 떠났는지는 모르겠다.

그의 죽음은 그가 살아 있는 동안 내게 베풀었던 사랑의 기쁨과 환희를 송두리째 앗아 갔고 아직도 내게는 큰 슬픔으로 남아있다.

그때부터 45년 동안 나는 몇 차례의 죽을 고비를 넘겼다. 그때마다 그가 나를 불러주지 않은 이유가 무엇인지 궁금하다. 저 세상에는 나를 깍듯이 맞아줄 예의바른 '어깨'도 없고 볼 만한 영화를 상영하는 극장도 없기 때문일까?

4·19 덕에
꿈에 그리던 고대 법대로

국비를 지급받으며 공부한 체신고등학교 졸업생들은 체신부 공무원으로서 적어도 5년의 의무복무를 마치거나 3년 동안 지급받은 국비를 모두 반환하지 않는 한 대학교에 진학하는 것이 불가능했다. 대학교 시험에 응시하기 위한 입학원서조차 써 주지 않았다. 체신고등학교에 가서 공부만 잘하면 대학도 나라에서 보내줄 거라는 중학교 3학년 담임선생님의 말씀이 사실이 아님은 입학하자마자 확인되었다. 나는 평생을 체신부 공무원으로 머물게 될지도 모른다는 고민에 빠졌다. 내 운명을 그렇게 고착시킨다는 것은 나로서는 받아들이기 힘들었다. 너무 막막했다.

그 당시 인문계 고등학교에서는 대학입학시험의 필수과목인 국어, 영어, 수학을 일주일에 5시간 이상 가르쳤는데, 체신고등학교에서는 직무수행에 필요한 전신, 전화, 전보, 우편, 보험 등 직업교육 시간이 대부분이었다. 국어, 영어, 수학 강의는 일주일에 각 한 시간에 불과했다. 이러한 상황에서 나는 무엇을 어떻게 해야 할 것인가 고민에 빠진 것이다.

사실 그 당시 내가 고민해야 할 사항은 대학교 진학문제와 나 자신의 장래문제에 국한된 것만이 아니었다. 시름시름 병환 중인 아버지와 혼자서 어려운 살림을 꾸려가는 어머니, 그리고 중·고등학교 진학은커녕 배고픔에서 벗어나지 못하는 형제들을 생각하면 한시도 마음이 편하지 않았다. 날마다 고민 속에서 헤매는 것이 내 일과였다고 해도 지나친 말이 아니다.

그러던 중 고등학교 1학년을 마치면서 마침내 해답을 찾아냈다. 그 해답은 간단했다. 내가 할 수 있는 데까지 모든 것에 도전하는 것이었다.

첫째, 체신부 공무원이 되기 위한 교육에는 조금도 소홀함이 없이 최선을 다한다.

둘째, 틈틈이 시간을 내어 참고서 등으로 국어, 영어, 수학의 기초실력을 다져둠으로써 대학입학시험 기회에 대비한다.

셋째, 체신고등학교에서 지급되는 장학금을 가능한 한 절약하고, 가정교사 아르바이트를 하거나 틈을 내 장사를 해서라도 버는 수입 모두를 어머니에게 보내드린다.

고등학교 2~3학년 동안 그 각오를 하나하나 실천하려니 몸을 10개로 쪼개도 부족할 정도로 바빴다. 그런데 뜻하지 않았던 기회가 나를 찾아왔다. 하늘의 축복이 나에게 내려온 것만 같았다.

고등학교 3학년 때 일어난 4·19혁명이 나에게 대학입학시험에 응시할 수 있는 기회를 안겨다 준 것이다.

자유당정권 때의 뿌리 깊은 부정부패는 4·19혁명으로 사회의 모든 분야에 대변혁을 불러왔다. 그 회오리바람을 체신고등학교라고 하여 피해갈 수는 없었다. 대학입학시험을 볼 수 있는 기회라도 달라는 학생들의 강력한 요구를 학교 측이 받아들인 것이다.

힘겨운 투쟁 끝에 대학입시 승인을 얻어낸 3학년 2학기 때부터 나는 본격적으로 입시준비에 들어갔다. 새벽 또는 방과 후에 인현동 아르바이트 집에서 종로 2가 EMI, ELI 학원에 다니며 국어, 영어, 수학 강의를 들었다.

그리고 2학기 내내 학교 수업시간이면 내 책상 위에는 직업교육 교과서가, 책상 서랍이나 무릎 위에는 대학입시에 관련된 책들이 펼쳐있었다. 귀로는 학교강의를 듣고, 눈으로는 책상 밑의 영어단어를 보면서 머릿속으로는 두 가지 모두를 정리했다.

힘에 겨웠지만 나는 꿈을 향해 계속 고된 걸음을 내딛었다. 법관이 되겠다는 꿈을 결코 포기하지 않았다. 체신고등학교 공부하랴, 대학입시공부하랴, 아르바이트하랴, 그야말로 정신이 없을 지경이었다.

마침내 입시가 다가왔다. 나는 어느 대학교 어느 과를 생각할 여지도 없이 무조건 고려대학교 법과대학에 지원했다. 법관이 되려면 마땅히 법과대학에 가야 하고, 법과대학이라면 고려대학교라는 생각이 내 머릿속에 등식(等式)같이 박혀 있었기 때문이다.

대학입학시험과 관련된 모의고사를 한 번도 치러본 적이 없어 내 실력이 어느 정도인지 전혀 가늠할 수 없는 상황이었지만 무작

정 고려대학교를 가야겠다고 결정했던 것이다.

드디어 결전의 날이 왔다.

시험장에 앉아 있는 학생들은 모두가 당당해 보였다. 내 실력이 도대체 어느 정도일까? 인문계 고등학교에서 교육을 받은 저들과 감히 경쟁할 수 있을까, 나는 긴장되고 불안했다.

시험이 시작되었다. 매 시간마다 신중히 차근차근 답을 써 내려갔다. 시험을 치르기는 했지만 도대체 잘 치른 것인지 못 치른 것인지조차 알 수 없어 착잡하기만 했다.

그런데 감격스럽게도 합격자 명단에 내 이름이 들어 있었다. 드디어 꿈을 이루었다. 꿈을 잃지 말라 하시던 청운중학교 3학년 담임선생님. 그리고 현덕초등학교 6학년 담임선생님과 고향에 계신 아버지, 어머니 모습이 떠올랐다.

가슴이 벅차올랐다. 눈물이 나왔다.

초등학교 6학년, 그 어린 시절부터 꿈에 그리던 법과대학에 입학하다니, 그야말로 큰 문의 빗장을 열고 이미 법관의 길로 성큼 들어선 기분이었다.

그날 저녁, 인현동 아르바이트 집에서는 식구들이 모여 합격 축하파티를 열어주었다. 나를 아는 모든 사람들도 이 시간 나를 위해 축하해 주려니 하는 생각이 들었다.

모두 감사했다. 그리고 행복했다.

3부 법에서 길을 찾다

– 대학·사법대학원·군장교 시절 –

낭만이 묻혀버린 삭막한 대학생활

1961년 2월에 고려대학교 법과대학에 입학했다는 이유 때문에 고려대학교 교우회에서는 나를 가리킬 때 항상 이름 뒤에 '61학번'이라는 꼬리표를 붙인다.

50년이 지난 지금, 입학식이 거행되었던 고려대학교 운동장 풍경을 다시금 떠올려본다.

그때의 고려대학교 운동장은 인생의 새로운 장을 여는 자랑스러운 신입생들을 축하해 주러 온 가족들과 친지들로 인산인해를 이루었다. 기쁨과 흥분의 물결이 교정 구석구석까지 일렁거렸다. 내게도 감격의 순간을 함께할 이가 한 사람이라도 있었더라면 좋으련만 아무도 없었다. 그러나 즐거운 잔치에 홀로였던 적이 어디 그때 한 번 뿐일까. 쓸쓸한 마음을 떨쳐버리고 마음을 가다듬었던 기억이 새롭다.

'그래. 이제부터 시작이다. 이제까지보다 더욱 험난한 바다로의 항해일지라도 두려움이나 주저함 없이 다시 닻을 올리리라' 굳게 다짐했었다.

"제군들! 고려대학교 학생이 된 것을 진심으로 축하합니다. 사

람들은 고려대학교 하면, 흔히들 막걸리 대학이라고 말들 합니다. 그래서 고려대학교 학생 하면 촌티 나는 사람, 털털한 사람이라는 의미를 넘어서 매너나 교양이 부족한 농촌 사람이라는 잘못된 이미지를 떠올릴 우려가 없지 않습니다. 그런데 여러분! 막걸리를 마신다고 해서 그런 이미지가 생겼다고 생각한다면 그것은 틀린 생각입니다. 막걸리와 그런 이미지와는 전혀 상관이 없는 것이기 때문입니다.

지금부터 제군들에게 막걸리를 과연 어떻게 마셔야 하는지 가르쳐주겠습니다. 두 사람이 막걸리 수십 통을 옆에 놓고, 하얀 모시 두루마기를 입고 마주 앉아 밤새도록 마시고도 다음날 아침에 한 방울의 술도 옷에 안 흘리고 두루마기에 구김 하나 없이 그대로 일어나 똑바른 걸음으로 집에 가야 제대로 술을 마시는 사람입니다.

제군들! 그 모습에서 어떤 이미지가 떠오릅니까? 대인(大人)답고 멋과 품위를 겸비한 절제된 호걸(豪傑)로 느껴지지 않습니까? 학생들 한 사람 한 사람의 행동이나 생활태도가 학교 전체의 이미지를 만듭니다. 앞으로 고려대학교 학생이 된 여러분은 술을 마실 때 그런 태도로 마시길 당부합니다."

유진오 총장의 연설이 나에게 감동적으로 다가왔다. 고려대학교 학생은 힘으로 밀어붙이는 야성적인 기질만을 가져서는 안 되고, 열정은 있되 자제할 줄 알고, 용기가 있되 만용(蠻勇)을 부리지 않는 지성을 겸비한 온전한 인격자가 되라는 말이 기억에 새롭다.

대학입학식이 있었던 날 저녁 6시, 나는 들뜬 기분을 모두 가라앉히고 명동에 있는 중앙우체국으로 달려갔다. 체신고등학교를 졸업하기 한 달 전부터 나에게는 이미 중앙우체국에 근무하라는 발령이 나 있었던 것이다. 대학입학원서를 써 받을 당시, 체신부 근무에 지장이 있으면 대학을 포기하겠다는 각서를 써서 학교에 제출한 적이 있었다. 그러나 체신부는 나에게 대학공부를 계속할 수 있도록 야간근무를 허용해 준 것이다. 근무는 오후 6시부터였고, 내가 하는 주된 일은 우편물을 그 겉봉투에 기재된 각 목적지별로 분류하는 작업이었다. 이 칸 저 칸으로 발 빠르게 움직이며 대여섯 시간을 잠시도 앉지 못하고 꼬박 서서 분류작업을 해야 했다. 경우에 따라서는 새벽녘까지 일했는데 우체국을 나올 때면 다리가 퉁 퉁 부어있었다.

매일 그렇게 지친 몸을 이끌고 인현동 아르바이트 집으로 돌아갔다. 그런 상황에서 이제부턴 대학생활까지도 충실해야 하니 몸은 언제나 피곤했다. 입학식 날 단단히 각오는 했지만 걱정이 태산 같았다. 몸도 마음도 천근만근 무겁게 느껴졌다.

신입생 오리엔테이션이 있던 날 학교에서는 고려대학교의 연혁을 비롯해 어떻게 하면 대학생활을 의미 있고 풍요롭게 할 수 있는지 많은 정보를 알려 주었다. 교가와 응원가도 배웠다.

그날도 학교 일정이 끝나자마자 나는 좌우도 돌아보지 않고 빠른 걸음으로 근무처로 향하면서 금방 배운 교가며 응원가를 되뇌어 보았다. '자유 정의 진리의 전당', '고려대학교는 마음의 고향'이라는 교가의 가사가 왠지 심금을 울렸다.

'자유라, 자유가 무엇을 의미하는 것일까?', '정의란 무엇일까?' 또 '진리란?' 한 번도 그 의미를 깊이 생각해 본 적도 없으면서 무턱대고 잘 알고 있다고만 여겼던 가사의 낱말들이었다.

어쨌거나 대학 4년을 다니다 보면 자유를 얻든, 정의를 실현하든, 진리를 깨닫든 무언가 이루어지지 않겠나 하는 생각이 들었다. 응원가도 불러 보았다.

'맹호는 굶주려도 풀을 먹지 않나니.'

'승전고를 울려라! 꽃다발을 받아라!'

한 구절 한 구절을 자꾸 반복해 부르며 근무처에 다다르니 어느 새 나도 모르게 새로운 열정이 불끈 솟아올랐다.

'그래, 아무리 힘들어도 힘을 내자, 힘을 내. 열심히 하다 보면 무슨 수가 생기겠지. 하늘도 스스로 돕는 자를 돕는다고 하지 않는가.'

학교 수업이 끝나면, 많은 학생들은 각기 자기 고등학교 선배가 베푸는 신입생 환영회, 각종 동아리 모임에 몰려다니곤 했다. 그러나 나는 아르바이트를 하며 학교생활과 동시에 직장생활까지 해야 하는 입장이었으므로 각종 모임에 참석하는 그들과는 거리가 멀게 느껴졌다.

그들은 그야말로 자유의 전당에서 젊음을 불사르며 꿈에 부풀어 낭만을 만끽하는 것 같았다. 자유… 내게는 아무리 발버둥쳐도 얻을 수 없는 자유를 그들은 그리 대수롭지 않은 것으로 느끼는 것 같았다. 아마 그들은 자유를 누리고 있다는 의식조차도 하지 않았을지 모른다.

수업을 마치자마자 중앙우체국으로 달려가 근무해야 했던 나는 그들 눈으로 보면 이방인에 다름 아니었다. 그 당시 고려대학교 법과대학에 입학한 체신고등학교 선배는 김영준 전 국회의원 한 사람뿐이어서 그런 느낌이 더 들었는지 모른다.

그러므로 대학생활에서 소개팅이라든지 미팅이라는 말은 나에게는 그저 귓전을 스쳐지나가는 낯선 단어에 불과했다. 61학번 고대 법대생 중에는 미모가 빼어난 여학생들이 꽤 있었다. 당시의 내 모습이 너무 초라해서 나에게 관심을 갖는 사람이 있었으리라고는 기대하지 않았다. 설사 그런 사람이 있고 소개팅 기회가 있었다 해도 나는 시간이 없어서 받아들일 형편도 아니었다. 기억 속에 간직하고 싶은 아름다운 추억 하나 남기지 못하고, 그렇게 낭만을 묻어둔 채 삭막한 대학생활을 보낸 것이다.

2학년 말 아버지께서 병환으로 세상을 떠난 후 우리집 형편은 더 어려워졌다. 어머니와 여러 형제들의 생계까지 더욱 신경 써야 하는 입장이 된 것이다. 잠시라도 '한가롭게 즐긴다'는 개념은 내 머릿속에서 더 멀리 사라져 버렸다.

어쩌다 막걸리 마시며 친교를 나누는 모임이나 가까운 친구들과 당구 게임이 있어 함께해야 할 때면, 미리 중요한 법률용어나 외우기 어려운 영어 단어 등을 메모해 주머니에 넣었다. 오고 가는 도중의 버스 안에서 잠깐이라도 틈이 생기면 그 메모를 꺼내 부족한 공부시간을 보충하곤 했다.

그럴 때마저 완전히 놀아버리면 공부할 시간이 턱없이 모자랐기 때문이다. 네 사람이 당구를 칠 때, 내 차례가 지나면, 다른 친구들이 치는 사이에 얼른 화장실로 갔다. 다음 내 차례가 올 때까지 화장실에서 메모한 것을 머릿속에 정리하기도 했다.

그러니 막걸리를 마시고 기분 좋게 흥건히 취해 보지도 못했고 당구 게임에 빠져 시간가는 줄 모르고 놀아 보지도 못했다. 나는 그들이 마음을 풀어 헤치고 신나게 젊음을 발산하며 흥에 겨워 놀고 있을 때 무언가를 지키는 파수꾼마냥 늘 긴장하고 깨어있어야 했다.

그런 와중에도 내 당구 실력이 150이나 되었다는 걸 어떻게 설명할까. 그것은 중학생이면서도 여러 가지 취미와 재능을 갖고 있던, 내가 공부를 가르치던 학생 덕분이었다.

그 학생이 공부에 싫증을 내는 듯하면, "야, 뭐 재미있는 놀이 없을까? 우리 신나게 놀고 하자"고 제안하여 함께 할 놀이를 찾다가, 그 학생이 당구를 잘하고 아주 좋아한다는 사실을 알게 되었기 때문이다.

그는 자기에게 공부를 가르치는 선생에게 당구를 가르치는 선생이 된 기쁨에 매우 즐거워했다. 내겐 그것 또한 공부를 가르치기 위한 수단이었지만, 아무튼 나로서는 유용한 배움이었다. 그것마저도 할 줄 몰랐다면, 대학시절 당구 게임의 추억마저도 나에게는 없었을 것이다.

내게 당구를 가르쳐 준 그 학생은 재벌회장의 아들이었다. 그 학생과의 인연은 야간근무를 마치고 자정이 다 되어 중앙우체국 앞을 나오다가 청운중학교 3학년 때 옆반 담임이었던 서정기 수학 선생님과의 기적 같은 만남에서 비롯되었다.

서정기 선생님은 내 담임선생님을 통해 내가 어려운 가정사정 때문에 체신고등학교에 가게 된 사정까지 알고 있었다.

그 선생님은 밤늦게 우체국에 근무하면서 고생하는 나의 모습을 보고는 하루에 2~3시간 정도만 학생을 가르쳐주면 우체국 월급보다 3배 이상 되는 보수를 받을 수 있다면서 나를 추천해 주었다.

그뿐이 아니다. 그 선생님은 그 후 나의 아내를 만나게 해준 은인이기도 하다.

어쨌든 그때 그 선생님과의 만남이야말로 '하늘은 스스로 돕는 자를 돕는다'는 속담을 내게 일깨워 준, 그야말로 천우신조였다. 회장 부부의 넓은 배려로 경제적으로 도움을 받아가며 시간적으로도 여유를 얻어 앞이 캄캄하기만 했던 나의 대학생활을 순조롭게 마칠 수 있었다.

평생 뗄 수 없는 제자이자 당구 스승인 그 학생과의 깊은 인연은 생각할수록 우연이 아니라 필연이라고 느껴진다. 나에게 당구뿐만 아니라 바둑까지 가르쳐 준 그 학생은 지금 당당하게 활발한 경제활동을 하면서 이 사회에 크게 기여하고 있다. 그와의 좋은 인연은 지금도 변함없이 진행형이다.

아버지 돌아가신 날

대학 2학년 수업을 모두 마친 1962년 겨울방학 때였다. 아르바이트를 여러 군데 하느라 정신없이 바빠서 차일피일 고향 가는 일을 미루다 그 다음해 설날마저도 쓸쓸히 서울에서 홀로 보냈다. 월급을 받으면 모두 모아서 아버지가 드실 약도 사고, 어머니께 적으나마 용돈을 쥐어드리고 싶은 생각에 정월 대보름에나 내려가야겠다고 마음먹고 있었다. 그런데 정월 보름을 일주일 남겨놓은 음력 1월 8일 오후 해질 무렵 아버지가 위독하니 당장 내려오라는 소식이 날아왔다.

숨이 콱 막히고 하늘이 무너져 내리는 것 같았다. 한동안 멍하니 무엇을 먼저 어떻게 해야 할지 생각이 나지 않았다.

잠시 정신을 가다듬은 후, 낙원동 할아버지 댁으로 달려갔다. 그곳에서 초등학교 6학년이었던 손자와 그 친구들 대여섯 명을 가르치고 있었는데, 며칠 후면 월급을 받게 되어 있었다. 할아버지께 사정을 말씀드리니 얼른 다녀오라고 월급을 선불해 주면서 위로해 주었다.

'진작 내려갔어야 했는데… 내가 도착하기 전에 돌아가시기라도

한다면… 그래서 다시는 영영 뵐 수 없다면… 그 죄를 어찌 한단 말인가.'

한꺼번에 밀려오는 불안을 떨치려 앞을 보지도 않고 마구 신촌역을 향해 뛰었다. 단돈 한 푼이라도 아껴야 하는 습관적인 절박함에서, 그 와중에 차비라도 아껴야 한다는 생각이 번뜩 떠오른 것이다. 그런데 이게 어찌 된 일인가. 갑자기 가슴이 터질듯이 아파오고 머리는 조여드는 것 같았다. 신촌역 근처 건널목 길바닥에 내가 나뒹굴어져 있었던 것이다.

정신을 차려보니 오토바이에 부딪혔던 순간이 어렴풋이 생각났다. 그런데 오토바이는 보이지 않았다. 어디 다친 데가 없나 벌떡 일어나 몸을 흔들어 봤다. 기적처럼 어느 한 군데 벗겨진 데도 없고 멀쩡했다. 이번엔 몇 발짝 천천히 걸어봤다. 아무 이상이 없었다. 아니, 이상이 있었더라도 그 경황에선 감지하지 못했을지도 모른다.

내가 경부선 기차를 타려고 출발역인 서울역으로 가지 않고 신촌역으로 서둘러 가게 된 데는 이유가 있었다. 생각하면 생각할수록 참으로 부끄럽고 어처구니없는 이야기다. 여기서 고백해야겠다. 그것은 무임승차를 하기 위해서였다. 그 당시 서울역에서 출발하는 경부선 기차 중 일부는 허허벌판인 신촌역에서 대기하고 있다가 출발했다. 그 기차에는 역무원이 없었기 때문에 기차표 없이도 승차할 수 있었다. 이런 비밀을 재미있다는 듯이 알려준 고향친구의 말이 떠올랐던 것이다.

나는 컴컴한 철로 위에 대기하고 있던 마지막 부산행 기차에 올라탔다. 정말 아무도 보는 사람이 없었다. 썰렁한 빈 열차칸 한쪽 구석에 잠시 숨어 있으니 기차가 출발했다.

서울역에 도착하자마자, 그 친구의 말대로 승객들이 우르르 승차할 때까지 화장실에 잠시 숨었다. 조금은 떨렸다. 승객들이 승차하자 기차는 아무 일 없다는 듯 다시 출발했고 나는 화장실에서 나왔다. 친구의 말은 정말 틀림이 없었다. 들키지 않고 평택에 도착해 역을 빠져나오는 데까지 성공했으니 말이다. 기차표 한 장값 아끼려고 서둘러 뛰다가 큰일을 당할 뻔했으니 그 대가(?)를 어느 정도 치른 셈이 될 수 있을까?

거기다가 50년의 긴 세월이 흘러 공소시효가 지났다는 변명이라도 하면서 용서를 구하고 싶은 심정이다.

평택에 도착한 시각이 자정쯤이어서 모든 교통편이 끊어져 인중 송담 마을까지 16km 정도를 걸어가야만 했다. 정월 보름이 얼마 안 남았기에 달은 훤하게 비추고 있었다. 좌우가 논밭으로 평평한 평야지대에 넓게 뚫려있는 신작로를 바라보니 그저 막막하기만 했다. 춥기도 하고, 무섭기도 하고, 배도 고팠다.

용기를 내서 불 꺼진 구멍가게를 두드렸다. 소주 한 병과 오징어 한 마리를 사서 양손에 들고 걷기 시작했다. 소주 한 모금 마시고, 오징어 한 입 물어뜯고, 또 한 모금 마시고, 또 씹고 하면서 걸었다.

칠흑 같은 밤이었더라면 어찌할 뻔했을까. 그래도 달빛이 동행하여 한결 위로가 되었다.

아버진 얼마나 위독하신 걸까? 어느 정도 취기가 오르니 왠지 슬픔이 와락 밀려와 눈물이 앞을 가렸다. 미처 닦아내지 못한 눈물과 콧물이 얼굴에서 얼어붙는 것 같았다.

모든 생각을 잊으려고 목청껏 노래를 부르기 시작했다. 외롭고 힘든 객지생활 중 고향을 그리면서 배운 노래다.

"타향살이 몇 해든가 손꼽아 세어보니…

어머님의 손을 놓고 돌아설 때엔…

정든 땅 언덕 위에 초가집 짓고 낮이면 밭에 나가 길쌈을 매고 밤이면 사랑방에….”

두서없이 떠오르는 유행가 구절마다 목이 메어가며 고래고래 불러댔다. 4시간가량 걸었을까, 마을 어귀에 도착하는 순간 어수선한 분위기에 불길한 예감이 들어 정신이 번쩍 들었다. 어머니의 통곡소리가 어렴풋이 들리는 듯했다. 오, 하나님! 대문에 들어서자 사람들이 북적거렸다. 통곡하던 어머니는 나를 보자 부르짖듯 큰 소리로 말했다.

"아이고, 얘야 왜 이제야 왔니, 방금 전에 숨을 거두셨단다. 아이고, 당신 눈 좀 떠 봐요. 지담이가 왔어요. 그렇게 보고 싶어했던 지담이가 왔다고요! 당신 둘째 아들, 지담이가 왔다니까요.”

어머닌 하얀 이불로 얼굴까지 덮인 아버지를 흔들며 절규했다.

이삼일 전부터 아버진 문풍지 소리만 들려도 "지담이 왔나 보다. 어서 나가 봐! 지담이가 온 거지? 그렇지?" 하며, 애타게 나를 기다렸다는 것이다.

나는 이불을 거두고 방금 전 싸늘하게 식어 간 아버지의 얼굴과 몸을 어루만졌다. 돌아가셨다는 것이 믿어지지 않아 눈물조차 나지 않았다.

"아버지, 제가 왔어요. 일어나 보세요. 너무 늦게 와서 죄송해요."

그래도 아버지는 아무 말이 없었다. 금방이라도 일어나 "지담이 왔니? 어서 와라, 왜 이제야 왔니. 누가 너더러 돈 벌어 오랬니?" 하며 반길 것 같은데 아버지는 묵묵부답이었다.

"아버지!"

그때서야 울음이 터졌다. 그 바람에 어머니도 형제들도 동네사람들도 함께 더 크게 울었다. 삽시간에 온 마을이 울음바다가 되어 버렸다. 아버지는 끝내 깨어나지 못했다.

만감이 교차했다. 싸늘해진 아버지의 얼굴을 들여다보니 아버지의 소망을 아무것도 들어드리지 못한 이 불효자를 꾸중하는 것 같기도 하고, 반대로 "이 애비가 너를 고생시켜 미안하구나" 위로하는 것 같기도 했다.

나는 그동안 모아 챙겨온 돈을 장례비용에 쓰라고 어머니에게 건넸다. 그런데 아무리 어렵더라도 돈에 집착하지 말라는 아버지의 마지막 교훈인 것 같았다. 어머니가 너무도 경황이 없던 나머지 그 돈을 어디다 두었는지 기억하지 못하는 바람에 끝내 장례비용에 보탬이 되지 못했다. 어머니는 그 돈을 찾지 못한 것을 두고두고 아쉬워했다.

3일 후 장례가 치러졌다. 아버진 동네사람들이 멘 꽃상여를 타고 마지막 길을 떠났다. 종중산(宗中山)은 마을에서 5리쯤 떨어져 있었다. 가족들은 하얗게 눈 덮인 길을 짚신 발로 오열하며 상여를 따랐다. 1963년 음력 1월 9일 57세의 젊은 나이로 눈을 감으신 아버지. 당신은 그날 그렇게 찬 땅에 묻히시고 만 것이다.

사랑하는 나의 아버지.

나는 아직도 아버지와의 무언 대화 속에 살고 있다.

그의 격려와 편애를 의미 있게 받아들이며, 그의 소망과 기대 속에서, 무엇이 뜻 있고 바른 길인가를 성찰해 가고 있는 것이다.

지금도 내 앞을 비추는 아버지의 빛을 묵묵히 따라가는 중이다.

선택의 기로에서

1964년 6월, 사법시험 본고사를 1년 정도 남겨놓은 시점이었다. 대학 4학년 1학기를 마치면서 나는 중대한 결정을 내려야 했다.

대부분의 사법시험 준비생들은 4학년 2학기부터는 학교수업까지 포기하고 시험준비에 몰두했다.

장충동 재벌회장 댁에서 숙식을 하며 중학교 3학년인 아들을 가르치고 있던 나는 1학기 기말고사를 치른 뒤부터 초조해지기 시작했다. 앞으로 1년 동안 시험준비에만 총력을 기울여도 부족한 때에 이렇게 시간을 빼앗기고 있다니. 회장댁 말고도 다른 곳에 하루 2시간씩 일주일에 3일간 가르치는 아르바이트도 겸하고 있었으니 내 공부할 수 있는 시간은 턱없이 부족했다.

당장이라도 서울생활의 모든 것을 정리하고 고향으로 내려가고 싶었다. 아무도 없는 움막 속에라도 파묻혀 사법시험공부에만 매진할 수 있으면 좋겠다는 생각뿐이었다. 고향에 있는 가족들 생활이 더 어려워지겠지만 무슨 수를 써서라도 결단을 내리지 않으면 안 되는 상황이었다.

이듬해 2월 대학졸업을 하게 되면 입영영장이 나오게 되어 있었다. 7월에 있을 사법시험을 위해 연기신청을 하면 1회에 한하여 입영 연기가 가능했지만 그 시험에서 떨어지는 날이면 판사가 되겠다는 꿈은 아주 날아가 버릴 수도 있다는 생각이 들었다. 3년의 군대 복무기간을 마치고 나면 그나마 공부한 것을 다 잊어버려 처음부터 다시 공부를 해야 하기 때문이다.

이 절박한 사정을 회장 부부께 말했다. 그분들은 아들이 어느 누구보다 나의 가르침을 제일 잘 따르고 있으니 이듬해 2월 고등학교 입학시험을 볼 때까지만이라도 더 있어주면 좋겠다고 했다.

그때까지 8개월이라는 시간은 나에게는 무엇과도 바꿀 수 없는 운명의 시간이다.

"아드님 가르치는 일을 끝내는 2월부터 7월까지 5개월 동안 공부해 가지고는 사법시험에 합격하기 어렵습니다. 그리고 그때 합격을 못하면 저는 바로 군대에 가야 합니다."

이미 오랜 고민 끝에 내린 결심이라 더 이상 미련을 갖지 않도록 분명히 말씀드렸다.

"내년에 합격 못해도 군대복무 기간 동안 자네가 공부하는 방법도 달리 찾아보면 있지 않겠나?"

회장의 말씀이었다.

그 당시 부유층이나 고위층 자녀들이 군대복무를 면제받는 사례들이 있다는 사실을 잘 알고 있는 나로서는 그 의미를 금방 알아챌 수 있었다. 순간적으로 귀가 솔깃했으나 나는 단호하게 말했다.

“아닙니다. 아드님이 고등학교에 합격하는 데 제가 그렇게 큰 힘이 될 것 같지도 않습니다.”

“그래도 상관없네. 그애가 고등학교에 합격하든 못하든 자네의 군대문제는 내가 해결해 주겠네. 자네가 꼭 내년에 사법시험에 합격하길 누구보다도 바라네만, 만에 하나 떨어지더라도, 계속해서 공부할 수 있지 않겠나? 그러니 마음 편히 먹고 우리 애 좀 돌봐주게.”

옆에서 회장과의 대화를 듣고 있던 사모님의 바람은 회장보다 더 강렬했다.

참으로 눈물겨운 제안이었다. 아들만을 위한 것이 아니라 나의 앞날까지 생각한 제안이었다. 말문이 막혔다. 예기치 않았던 고맙고 놀라운 제안에 당장 무어라 답변할 수가 없었다. ‘더 깊이 고민해 보겠습니다’라는 말로 대화를 끝내고 나는 그 자리에서 일어났다.

나는 곰곰이 생각했다. 그분의 말씀대로 하면 돈에 쪼들리지 않고, 느긋하게 사법시험 공부를 할 수 있을 것이다. 거기다 사법시험에 실패한다고 하더라도 군대에 대한 압박감에서 벗어날 수 있으니 이보다 더 좋은 기회가 또 어디 있을까. 이게 바로 내 일생에 다시 없는 큰 행운일 수도 있다. 그런 생각이 들자 종전의 결심이 마구 흔들렸다.

하지만 생각을 다시 바꿔 보았다. 군대문제가 해결되어 시험 볼 기회가 여러 번 있다한들 사법시험에 합격한다는 보장은 없다. 그리고 정말 군대는 안 가도 되는 것인가. 만에 하나 회장께서 약속을 안 지킨다면 어떻게 되나? 그리고 아들이 내년 2월 고등학교 합격에 실패할 수도 있다. 그렇게 되면 나는 무슨 면목으로 그런 큰 혜택을 받지? 별별 생각이 꼬리에 꼬리를 물고 맴돌았다.

이 길도 저 길도 모두 장래가 불확실한 미지의 세계였다. 그야말로 내 일생에서 중대한 선택의 기로에 서게 된 것이다. 가슴이 답답하고 머리가 지끈거렸다.

무작정 회장 댁을 나와 발길이 닿는 대로 걸으며 깊이 생각해 보기로 했다. 을지로 4가 국도극장 앞에 이르렀다. 영화제목이 무엇인지도 보지 않고 무작정 들어갔다.

영화 한 편이 다 끝나도록 멍하니 앉아 있다가 극장을 나와 온 길을 다시 되돌아 걷기 시작했다. '서래관'이라는 식당 간판이 보였고, 그 옆골목 입구에 '지리산에서 45년 수도, 운명감정소'라는 간판이 눈에 띄었다.

순간적으로 '에라! 모르겠다. 점(占)이나 한번 보고가자. 혹시 지금의 고민을 명쾌하게 점괘(占卦)로 풀어주지나 않을까?' 하는 기대감이 일었다.

평소에 상상조차 하지 않았던 일이고 평생 처음 있는 일이었다.

용기를 내서 문을 열고 들어갔다. 방 안 가득히 앉아있던 아주머니들의 시선이 모두 나에게로 향했다. 대학 3년 반 동안 오직 한 벌밖에 없었던 남루하기 그지없는 교복을 입은 대학생이, 그것도 혼자서 그런 곳을 찾았으니 이상하기도 했을 것이다. 하지만 방안 광경에 더 놀란 쪽은 오히려 나였다. 너무 창피하고 부끄러웠다.

얼른 발길을 돌려 나오려는데 부르는 소리가 들렸다.

"학생! 빨리 봐줄 테니까 가지 말고 이리 들어와요."

허연 수염의 점쟁이가 나를 불렀다. 하지만 도저히 부끄러워 아줌마들 틈을 비집고 들어갈 용기가 나지 않았다. 돌아설까 말까 잠시 머뭇거렸다. 이 절박한 처지에 도움을 받을 수 있다면 무엇인들 못하랴 하는 생각이 순간적으로 들었다.

두 눈을 질끈 감고 방 안으로 들어갔다. 도대체 저 도사는 왜 나를 불렀을까. 무슨 영감을 받았거나 어떤 느낌이라도 왔을까? 학생복을 입고 홀로 그곳에 찾아간 내가 너무 불쌍해 보였는지도 모른다.

지긋한 나이에 긴 수염, 맑고 반짝이는 눈과 건강한 혈색을 보니, 그는 정말 지리산 정기를 온몸에 받은 도인처럼 보였다.

그는 나를 자기 앞에 앉게 하더니, 젓가락 크기의 나무막대가 여러 개 들어있는 나무통을 내게 내밀며, 그중 하나를 뽑으라고 했다. 그리고는 이름과 생년월일을 물어 종이에 적으며 책을 펼쳐 보고 붓을 들었다. 순식간에 무언가를 왼쪽에서 오른쪽으로 써내려갔다. 한자로 빼곡히 적었다. 그리고는 붓을 내려놓더니 나를 뚫어져라 바라보고는 "학생. 내 지금까지 학생 같은 사주는 본 적이 없네. 학생은 30대에 명예를 얻고, 40대에는 경제적인 어려움에서 벗어나고, 50대가 지나면 명예가 충천하며, 60대에 가서는 명예와 재물이 다 갖추어질 뿐 아니라 많은 사람으로부터 존경을 받게 되어 대통령 부럽지 않을 거네."

그는 내가 당장 얻고 싶은 점괘(占卦)는 찾아내지 못하고 엉뚱한 내 평생의 운을 점치고 있었다.

"감사합니다. 그런데 죄송하지만 제가 그걸 알아보러 지금 여기에 온 게 아닙니다."

좋은 점괘를 듣고 좋아할 줄 알았는데 내가 실망스러운 느낌을 보이자 그는 깜짝 놀랐다.

"아니, 그게 뭔데? 학생."

"제가 지금 있는 집에서 나와야 되는지, 있어야 좋은지 그게 궁금해서 왔습니다."

그는 잠시 종이에 글을 쓰며 점괘를 다시 풀어가더니,

"나가도 괜찮고, 있어도 좋다"는 것이었다. 얼마나 애매모호하고 무책임한 대답인가. 그 말에 나는 더 이상 물을 필요도 없었다.

"알았습니다. 얼마 드리면 됩니까?"

도사는 너무 기분이 좋으니 그냥 가라는 것이었다. 기분이 나쁘지는 않았지만 괜한 걸음을 했구나, 후회하며 그곳을 빠져나왔다.

답답하고 우울한 마음으로 운명감정소를 나왔는데 뒤에서 누군가가 "학생! 학생!" 하고 불렀다.

"나하고 저기 가서 빵이나 좀 먹으며 얘기 좀 하고 가면 안 될까?"

그 사람은 점집에서 내 사주를 듣고 있던 아주머니들 중 한 분이었다. 50대 중반을 넘게 보이는 어머니 같은 분이었다. 내가 너무 딱한 학생으로 보여서 그러나 보다 생각하며 서래관 건너편 빵집으로 따라 들어갔다.

"학생, 뭔가 어려운 일이 많은가 본데, 지금 있는 집에서 나와야 할 사정이 있어요?"

"아니에요. 그냥 고민 되는 일이 좀 있어서 그래요."

"내 말 오해하지 말고, 그냥 한번 들어봐요."

아주머니가 말하는 요지는 "경제적으로는 여유가 있지만 남편이 바람을 피우는 데다 사업도 차츰 힘들어져서 온 가족이 곧 브라질로 이민가기로 했다. 이민 갈 날짜까지 받아놨다. 대학 3학년에 재학 중인 딸은 여기서 졸업하고 가기로 해서 딸만 두고 가려하는데 좀 불안하고 걱정이 된다. 학생이 우리집에서 공부했으면 좋겠다. 성실한 학생으로 보인다. 학비도 보조해 줄 수 있다"는 것이었다.

군대 문제까지 해결해 주겠다는 회장의 제안을 거절해야 하는지 여부가 고민이 되어 점까지 본 마당에 이 아주머니의 제안은 너무도 엉뚱했다. 그야말로 나로 하여금 정신을 잃게 하고 미쳐버리게 하려는 무슨 하늘의 조화가 아닐까 하는 생각마저 들었다.

그 순간 확실한 답이 머리에 떠올랐다.

그렇지! 이런 제안들은 나의 운명을 내 스스로의 선택이 아닌 그들에게 맡기라는 것들에 다름 아니다. 다른 사람에 의지해서 나의 길을 간다는 것은 어리석은 일이다. 사법시험에 합격하느냐의 여부는 오로지 나 자신의 결단과 노력에 달린 것이다. 사법시험을 포기해도 괜찮다는 결론이 아니라면 그들의 제안은 받아들일 수 없는 것들이다.

그 아주머니의 엉뚱한 제안은 내가 회장의 제안도 거절해야 마땅하다는 결론을 내는 데 크게 작용했다.

"너무 고마운 말씀이지만, 지금 제 형편이 그럴 상황이 아닙니다."

나는 일언지하에 거절하고 그 자리에서 일어섰다. 순간적으로, 이 아주머니가 나를 더 어지럽게 하는구나, 그야말로 나의 신세를 망치려는 제안이구나, 하는 생각이 들더니 갑자기 정신이 번뜩 들었다.

"그래! 맞다. 내 운명은 내 스스로 결정하는 것이다. 내 운명을 남에게 맡길 수는 없다."

그 길로 나는 단호하게 결단을 내리게 되었다. 그날 저녁, 마음먹은 대로 내 길을 가야겠다고 회장 부부께 작별을 고했다. 회장은 못내 아쉬워하면서 공부 열심히 해서 부디 사법고시에 합격하기를 기원한다고 덕담을 해주었다. 그리고 언제든 다시 좋은 인연으로 이어지길 진심으로 바란다고 말했다.

그 집에 있는 동안 나를 자식처럼 대해준 사모님은 나의 옷을 사주고, 적지 않은 돈도 건네주며, 고향으로 떠나는 나를 안타까이 배웅했다.

나는 그때부터 1년간 세상만사를 다 잊어버리고 열심히 공부했다. 하나님이 나를 도와서 이듬해 제5회 사법시험에 합격했다. 사법대학원을 졸업한 후 월남전에 참전해 가며 군법무관으로서 3년의 군복무도 모두 잘 마쳤다.

방랑생활(放浪生活)을 끝내고

대학 4학년 1학기를 마친 1964년 7월 초 서울생활의 모든 것을 정리하고 그리운 어머니와 형제들이 살고 있는 평택군 안중면 송담리 고향 집으로 내려갔다.

따지고 보면 1955년 봄, 14살 나이에 혼자 서울에 올라가 이 집 저 집 다니면서 10년 가까운 방랑생활을 한 셈이었다. 금의환향(錦衣還鄕)이 아니라 맨몸으로 떠나서 가지고 온 것이라고는 책 보따리 1개와 옷 보따리 1개뿐이었으니 초라하기 그지없었다. 그러나 오랜 만에 오순도순 가족과 함께 하니 "아, 여기가 내 집이구나!" 하는 안도감이 느껴졌다.

그것은 아마도 그동안의 서울생활이 너무 고달팠기 때문일 것이다. 농사지을 논이나 밭이라도 있다면 한평생을 시골에서 조용히 살고 싶은 생각도 없지 않았다. 그러나 10년 동안 서울에서 고생하면서 공부한 이유가 어디에 있는가. 훌륭한 법관이 되겠다는 어렸을 때부터의 꿈이 하나의 풋된 감상만으로 희석되어서는 안 된다고 생각했다.

그날 저녁, 내가 집에 내려온 내막을 어머니께 자세히 말했다.

"어머니, 지금보다도 좀더 고생이 되겠지만, 1년만 참으세요. 반드시 사법고시에 합격해서 기쁘게 해드릴게요. 이제부턴 공부에만 매달려야 돼요. 돈 버는 데 시간 뺏겨서는 합격하기 어려워요. 그러니 우리가족 다 같이 보리죽을 먹는 한이 있더라도 1년만 더 참아요. 그래서 말인데요, 아무도 만나지 않고, 아무 신경도 쓰지 않고, 이 근방 조용한 절에 가서 공부하려고 해요."

"얘야, 가족 걱정은 아예 하지 마라. 힘들면 네가 더 힘들 텐데 그게 무슨 소리냐. 어디, 산 입에 거미줄이야 치겠니? 그러나 저러나 보약이라도 먹어야 할 텐데… 네가 너무 야위었구나."

어머니는 가슴속으로 울고 계시는 듯했다.

다음날 아침, 어머니와 함께 현덕면 광덕리에 있는 심복사를 찾아갔다. 지금 95세이신 어머니는 독실한 기독교 신자이지만 그 당시에는 절에 다녔다. 어머니는 음력 4월 초파일에 태어난 나를 잉태했을 때, 목탁을 두드리며 공양미를 구하는 탁발승에게 쌀을 한 되 퍼주는 태몽을 꾸었다 한다.

그런데 심복사에는 혼자 묵을 만한 방이 없었다. 그 다음날 포승면 원정리에 있는 수도사를 찾아갔다. 그곳에도 사정이 여의치 못했다. 할 수 없이 발길을 돌려 절에서 가장 가까운 마을로 내려갔다. 그 마을 뒤에는 나지막한 야산이 있고 앞에는 서해바다가 보였다.

아무 집이든 애들이 없고 식구가 적은 조용한 집을 찾아보기로 했다. 첫 번째 집 문을 두드렸다. 애를 못 낳아 자식이 없는 노부부가 방이 세 개나 딸린 집에서 한적하게 살고 있었다. 바로 내가 찾고 있었던 그런 집이었다. 자초지종을 말하니, "그렇게 높은 공부를 하느냐"고 놀라면서 기꺼이 내 청을 받아주었다.

다음날 동생 지욱이와 매제가 책과 이부자리며 옷가지를 손수레에 싣고 울퉁불퉁한 시골 10리 길에 짐을 날랐다. 나는 눈앞에 펼쳐지는 적막한 시골풍경을 바라보며 그들 뒤를 따랐다.

그로부터 와신상담(臥薪嘗膽)의 시간은 시작되었다. 극복해야 될 대상은 오직 나 자신이라고 생각하며 스스로와의 싸움에 모든 것을 걸었다. 여름이 지나고 가을이 오고 또 겨울이 왔다. 시간은 고독한 나의 싸움에 아랑곳하지 않고 흘러만 갔다.

세수하고 밥 먹는 시간, 화장실에 가는 시간 등을 빼고 매일 새벽 5시부터 밤 12시까지 공부했다. 낮에는 2시간 간격으로 방 안에서 읽은 내용의 요지를 메모지에 정리해 가지고 뒷산을 거닐면서 머릿속에 암기하는 방식을 반복했다. 그러니 매일 적어도 5~6회 이상 산책을 한 셈이다. 경직된 심신에 변화를 주며 가능한 한 최상의 컨디션을 유지하려고 스스로 터득해 낸 나름의 공부방법이었다.

나지막한 산이지만 그 산은 지친 내게 평안과 휴식을 안겨주었다. 때로는 정상까지 올라가 서해바다를 바라보며 이런저런 상념에 젖어보기도 했다.

벌써 12월. 두 달 후면 대학졸업식이 있을 테고 그러면 곧바로 군대에 가라는 입영 영장이 나올 것이다. 7월경에 있을 사법시험을 위해 입영을 연기한다 해도 그 시험에 떨어지면 사병으로 가게 될 것이다. 그러니 2월 말에 있을 공군학사장교 시험에 꼭 합격해야 한다. 그래야 사법시험에 떨어지더라도 월급을 받아가며 군복무를 하면서 틈틈이 공부를 계속해 사법시험에 다시 도전할 수 있는 것이다. 이런 저런 생각에 잠기는 사이 저 멀리 수평선 위로는 물안개가 띠를 이루며 피어오르고 있었다.

유난히도 혹독한 추위 속에 해가 바뀌어 2월이 되었다.

공군학사장교 시험은 서울 대방동에 있는 공군사관학교에서 치러졌다. 다행히 나는 국어, 영어, 역사, 전공(법률) 등 1차 필기시험에 아주 좋은 성적으로 합격했다. 신체검사만 통과하면 공군장교로 임명되기까지는 상당한 시간 여유가 있었다. 7월에 있을 사법시험에서 실패하더라도 최악의 상황은 면할 수 있게 되는 것이다.

드디어 신체검사가 시작되었다. 눈, 귀 검사를 비롯해 혈압, 맥박 등에서도 무난히 통과했다. 그런데 내 신장을 재던 시험관이 고개를 갸우뚱거렸다. 합격 최저기준에 좀 못 미치는 수치로 측정된 모양이었다. 나는 그때 공군장교의 최저 신장이 얼마인지도 몰랐다. 원래 키가 작은 데다가 영양부족 상태에서 너무 앉아서만 공부해 그 사이에 그나마 더 작아졌는지도 모를 일이다.

그는 계속 안타까운 표정을 짓더니, 시험장 한쪽에 앉아 있던 시험 감독관에게 가서 내 필기시험 합격성적표를 내보이며 의논하는 것이었다. 짐작건대 필기시험 성적이 너무 좋은데 신장이 몇 mm 모자라니 너무 안타깝다는 대화 같았다.

그들은 진지한 의논 끝에 신장이 약간 못 미치는 사실을 눈감아 주기로 했는지 나를 통과시켜 주었다. 정말 황천길에서 탈출한 기분이었다. 마지막으로 치과검사가 있었다. 시험관 앞에서 입을 벌린 나는 그 즉시 돌이킬 수 없는 불합격의 판정을 순순히 받아들여야 했다.

공군장교가 되려면 이가 하나라도 없으면 안 된다는 사실을 나는 모르고 있었다. 고등학교 때 딱딱한 음식을 씹다가 어금니를 하나 다쳐서 여러 번 치료를 받아야 했었다. 그때 신경을 살려가며 치료하자는 의사의 권유를 뿌리치고 치료비가 아까워 싼 비용으로 한 번에 마취하고 빼어버린 것이 불합격의 결과로 이어진 것이다. 초췌한 모습으로 고향집으로 내려왔다.

7개월 동안 묵었던 원정리 노부부 집에서 이미 짐을 모두 옮겨 놓았던 터라 이번에는 집 근처 조용한 곳을 물색했다. 다행히 집에서 15분쯤 걸어서 뒷산만 넘으면 되는 곳에 화전민 아저씨가 혼자 살고 있는 아주 허름한 흙벽돌집을 찾았다.

사법시험이 임박한 시점에 갑자기 병이라도 나면 돌봐줄 가족이 옆에 있어야 되지 않겠나 하는 생각에서 어머니가 있는 집 가까이에 있기로 결정한 것이다.

결전의 날을 4개월가량 남겨 놓고 있었다. 아무 데도 기댈 곳이 없고 한 치도 물러설 수 없는 상황이 되었다. 고등학교 때 돈이 없어서 치료받는 것을 포기하고 아예 어금니를 빼어버리게 한 것도, 그래서 공군학사장교 시험마저 낙방한 것도 다 이유가 있다고 생각하기로 했다. 모두 나를 막다른 상황으로 몰아서 기필코 법관의 길을 가게 하려는 하나님의 뜻이라고 믿기로 했다.

아침과 저녁은 운동 삼아 집에 가서 먹고 점심은 내가 좋아하는 손칼국수를 어머니와 누이동생 지청이가 정성스럽게 해가지고 교대로 가져왔다. 4개월간 그 쓸쓸한 외딴집에 발걸음을 한 사람은 그 두 사람뿐이었다.

최후의 승전고(勝戰鼓)는 목숨을 걸고 싸워서 최악의 상황을 이겨낸 사람이 울린다는 확신 속에 1분 1초도 쉬지 않고 계속 책장만을 넘겼다.

제5회 사법시험장

제5회 사법시험은 1965년 7월 27일부터 4일 동안 서울 종로구 청운동에 있는 청운중학교에서 치러졌다. 10년 전 경기중학교 입학시험에서 실패하고 2차 시험에 합격해 수석으로 졸업한 청운중학교 교실에서 사법시험을 보게 된 것이다. 1등으로 졸업하고도 졸업식 때 축하해 줄 수 있는 가족이 한 사람도 없어 홀로 쓸쓸히 걸어 나왔던 바로 그 교정이었다.

지금 생각해 보면 내가 초등학교 시절부터 꿈꾸어 왔던 법관의 길이 청운중학교에 입학할 때부터 이미 열려 있었던 것이 아닌가 하는 신비감을 느낀다.

그러나 군대문제를 해결해 주겠다는 장충동 회장의 제의와 학비를 도와줄 테니 마음 놓고 자기 집에 와서 공부하라는 운명감정소에서 만난 아주머니의 제의를 모두 사양한 내가 아닌가.

오직 사법시험공부에 전념하기로 결심하고 마지막으로 최악의 상황에 대비하고자 했던 공군학사장교의 길마저 무너져 버린 마당에 내가 앞으로 숨을 쉴 수 있는 유일한 길은 사법시험에 합격하는 것뿐이었다. 그렇기 때문에 그때에는 청운중학교에서 사법시험을 치르게 된 것에 대해 어떠한 신비감을 느낄 만한 여유조차 없었다.

사법시험을 이틀 앞두고, 1년 동안의 은둔에서 기지개를 켜고 막상 서울에 올라와 보니 시험을 치를 4박 5일 동안 마음 편히 묵을 만한 곳이 없었다.

궁리 끝에 용산에서 여관을 운영하던 지찬 형님 친구에게 방을 하나 부탁해 그곳에서 묵기로 했다.

시험과목은 헌법, 민법, 형법, 상법, 행정법, 민사소송법, 형사소송법 등 7개 과목으로 오전과 오후로 나누어 하루에 2과목씩 3일간, 그리고 마지막 4일째는 1과목만을 치르게 되어있었다.

나는 여관에 틀어박혀 매일 밤을 거의 새우다시피하며, 그동안 공부했던 것을 머릿속에 모두 정리한 뒤 다음날 아침 시험장으로 향했다.

시험 시작종이 울리기까지 수험생들은 복도 이곳저곳에서 웅성거리며 예상되는 출제문제를 저마다 점치면서 무엇인가를 확인하느라 열을 올리고 있었다. 서로 정보를 교환해 가며 그룹을 이루어 시험준비를 했던 것 같기도 했다.

나는 미련할 정도로 예상문제를 골라가며 공부하지 않았다. 무조건 처음부터 끝까지 한 자도 빼놓지 않으려고 노력했기 때문에 그들의 주고받는 대화에 신경 쓰지 않기로 마음을 굳건히 다졌다.

예상문제를 골라가면서 합격의 요행을 기대해도 괜찮을 만큼 여유로운 처지가 아니었기 때문이다.

다행히 모든 시험과목마다 평소에 충실히 이해하고 전날 밤 요점을 정리해 봤던 문제들이 출제되었다. 주어진 짧은 시간에 요구하는 분량의 답안을 정성껏 써내려갔다. 지나간 시험은 그때그때 깨끗이 잊어버리고 항상 홀가분한 마음으로 다음 시간을 기다렸다.

그렇게 3일째의 2과목까지 무난히 치렀다. 그런데 내가 가장 자신 없어했던 4일째의 민사소송법이 문제였다. 아무리 6과목을 잘 보았더라도, 7과목 중 어느 한 과목이라도 과락(40점 이하)이 되면 합격할 수 없기 때문이다.

마지막 밤, 민사소송법에서 과락을 받지만 않는다면 합격할 것 같은 확신이 서고 보니 긴장이 이만저만이 아니었다. 최소한 과락이라도 되지 말아야 할 텐데 하는 불안감이 엄습해 오면서 지난 1년 동안의 은둔의 고초가 주마등처럼 떠올랐다.

흔들리는 마음을 평정하려 안간힘을 쓰고 마지막 민사소송법 교과서를 통째로 삼키며 밤을 꼬박 새웠다.

마지막 시험을 알리는 종이 울렸다.

눈을 감고 운명의 순간을 초조히 기다리고 있을 때, 시험관이 칠판에 두 개의 문제를 크게 써 내려갔다. 첫째 문제는 '판결의 종류를 약술하라'였고, 둘째 문제는 '청구취지와 청구원인을 논하라'였다.

오! 하나님! 감사합니다. 모르는 문제가 아니었기 때문에 적어도 과락을 받을 염려가 전혀 없다는 안도의 기쁨에 마음이 편안해졌다. 신중하고 침착하게 답안지를 빼곡히 써내려갔다.

시험이 끝난 후 4학년 1학기 때까지 함께 공부했던 고려대학교 친구들을 찾아보려고 운동장을 둘러보니, 중학시절 그렇게도 넓어 보였던 운동장이 아주 자그마하게 느껴졌다.

여기저기서 친구들이 자연스럽게 하나둘 모여들었다. 모두들 결과야 어찌되었든 시험이 끝난 홀가분한 마음으로 서로의 얼굴을 제대로 바라보며 반가워했다.

친구들은 찻집에 모여 1년 동안 각자가 시험 준비로 고군분투했던 시간들을 회상하며 이야기꽃을 피웠다. 그러나 각자의 마음 한 구석은 그동안 치른 시험답안지에 계속 머물러 있는 것 같았다. 그런데 그때 찻집에서 이야기를 나눈 친구들은 스스로의 시험결과에는 자신이 없다면서도 이구동성(異口同聲)으로 나는 합격할 것 같다고 점치는 것이었다.

그들은 나의 얼굴에서 평안함이 느껴진 모양이다. 사실 나는 내가 할 수 있는 모든 노력을 다했고 내가 가지고 있는 능력을 유감없이 발휘했다. 진인사대천명(盡人事待天命)이라고나 할까? 만약에 이번에 떨어지면 내 머리로는 아무리 공부를 한들 그 이상은 할 수 없을 것 같았다. 이번 시험에서 낙방한다면 다시는 사법시험을 보지 않고 다른 방향으로 진로를 바꾸어야 한다고 스스로를 진단했다.

합격자 발표일이 9월 15일임을 확인하고 시험이 끝난 다음날 서울역에서 평택행 기차에 올랐다. 서울에 더 이상 머물고 싶지 않았고 또 편히 머물 곳도 없었기 때문이다.

합격자 발표가 있는 날까지는 아무 생각 없이 긴 세월 움츠렸던 가슴을 마음껏 풀어헤치고 여유를 갖고 싶었다. 덜컹거리는 기차에 몸을 싣고 차창 밖에 펼쳐지는 녹음 우거진 산천을 바라보며 태어나서 처음으로 편안하게 깊은 명상에 잠겼다. 윤선도(尹善道)의 연시조 〈오우가〉(伍友歌)가 떠올랐다.

내 버디 몃치나 하니 水石과 松竹이라
東山의 달 오르니 긔 더욱 반갑고야
두어라 이 다삿 밧긔 또 더하야 머엇하리.
(내 벗이 몇이나 하니 수석과 송죽이라 동산에 달 오르니 그것 더욱 반갑구나. 되었다. 이 다섯밖에 또 더하여 무엇하리.)

그 옛날, 윤선도는 은둔의 외로움을 자연과 벗하며 달랬으리라. 물, 돌, 소나무, 대나무, 달을 가리켜 그의 벗이 다섯이라 하였던가. 또한 구름이 흘러가면 구름을, 바람이 불면 바람을, 꽃이 피면 꽃을 보며 삶의 덧없음을 홀로 노래했던가.

구룸 빗치 조타 하나 검기랄 자로 한다.
바람 소래 맑다 하나 그칠 적이 하노매라.
조코도 그츨뉘 업기난 믈뿐인가 하노라.

(구름 빛이 좋다 하나 검기를 자주 한다. 바람 소리 맑다 하나 그칠 적이 너무 많아라. 좋고도 그칠 적 없기는 물뿐인가 하노라.)

고즌 므스 일로 퓌며셔 쉬이 디고
플은 어이하야 프르난닷 누르나니
아마도 변티 아닐산 바회뿐인가 하노라.
(꽃은 무슨 일로 피면서 쉬이 지고 풀은 어이하여 푸르는 것 같더니 누렇게 되나니 아마도 변치 아니 할 것은 바위뿐인가 하노라.)

아니, 내가 지금 무슨 생각을 하고 있는 거지? 이렇게 여유가 있어도 괜찮은 건가? 그런 생각이 들자 웃음이 나왔다.

제비가 전해준 소식

사법시험을 그런대로 치르고 기차를 타니 어디론가 먼 여행을 떠나는 듯한 홀가분한 기분이었다. 혹시나 내가 1등으로 합격하지 않을까? 엉뚱한 생각이 들기도 했다. 기자가 수석합격을 취재하러 우리집에 오려면 너무 촌구석이라 멀어서 고생 좀 하겠네. 이런저런 주제 넘는 생각을 하며 평택에서 버스로 갈아탔다. 그때는 사법고시에 수석으로 합격하면 거의 모든 신문이 이를 대서특필하여 보도했다.

금의환향(錦衣還鄕)이라도 하는 양 들떠 있는 고시생에게 맞장구라도 치려는지 버스는 울퉁불퉁한 비포장 길을 쿵쾅거리며 달렸다. 나를 이처럼 흔들어 대는 이유가 행여 꿈에서 깨고 정신차리라는 의미는 아닐까? 하는 생각도 잠시 들었다.

고향집에 닿으니 기다리고 있던 가족들 모두가 내 표정을 읽고 안심하는 듯했다. 합격자 발표일까지는 한 달 반 이상이 남아 있었다. 그 기간 동안 평생 처음으로 아무것에도 방해받지 않는 평안한 휴식을 취했다. 7, 8월 한여름의 더위나 지루한 장마도 장원급제의 꿈을 꾸고 있는 나를 방해하지 못했다. 비록 그것이 착각이나 망상

속에 이루어진 것이라 해도.

힘들었던 10년의 학창시절을 회상하면서 미래의 희망을 구체적으로 펼쳐도 보았다. 혼자 여유롭게 자연을 벗 삼아 산을 오르기도 했다. "누가 너더러 공부하랬지, 그런 일 하랬냐?" 하며 불호령을 내렸을 아버님이 세상을 떠났으니 마음 놓고 어머니 일을 도와드릴 수도 있었다.

꿈같은 시간은 빠르게 흘러갔다. 9월의 문턱을 넘어 합격자 발표일인 15일이 코앞에 다가오자 불안한 마음이 엄습해 오기 시작했다. 발표일을 하루 앞둔 14일 밤까지 아무 소식이 없었다. "장원급제했다"는 기쁜 소식을 가지고 기자가 찾아와 인터뷰 요청을 하기는커녕 꼴찌로라도 합격되었다는 소식을 전해주는 사람이 없었다.

혹시라도 떨어진다면 앞으로 나는 어찌해야 한단 말인가. 그럴 경우 어머니와 동생들은 다 어찌 되는 건가. 나는 이런저런 불길한 생각에 뜬눈으로 밤을 새웠나.

드디어 발표일 아침을 맞았다. 어머니는 아침도 거른 채 툇마루에 누워있는 나의 눈치만을 살피며 초조하게 마당으로 부엌으로 이리저리 서성거렸다.

9시쯤 되었을까. 갑자기 하늘에서 제비떼가 줄지어 마당으로 날아들어와 처마 밑을 한 바퀴 휙 돌고는 춤을 추듯 하늘로 날아올라 갔다. 그러더니, 잠시 후 온 동네 제비라는 제비는 다 왔는지 더 큰 무리를 지어 마당으로 마루로 온 집안을 휘돌다가는 다시 하늘

로 올라갔다.

이 기이한 광경에 어머니는 "이게 웬일이지? 이게 웬일이여!" 하고 놀라기만 할 뿐이었다. 그러나 제비들은 다시 더 큰 구름떼를 이루어 들어오더니 마루 끝에 초조하게 걸터앉아 있던 내 어깨며 머리 위를 휘돌아 감으며 다시 하늘 높이 솟구쳐 올라갔다.

"아이고, 세상에나! 이렇게 많은 제비가."

어머니는 그 광경을 보며 놀라워했다. 어머니가 올봄 심한 비바람에 갓 부화된 제비새끼들이 들어있는 제비집이 떨어진 것을 짚으로 엮은 바구니에 담아 처마에 매달아 준 일이 있었다. 나는 그 제비새끼들이 성장해서 강남 가기 전에 친구들까지 모두 불러 모아 작별인사라도 하려는 건지도 모른다는 생각이 들었다.

어머니는 연신 놀라워하면서도 신기해했다. 흔히 사람들은 제비를 보은(報恩)과 복(福)의 상징인 길조(吉鳥)라고 여기는데 행여 좋은 소식이라도 전해 주려는 징조는 아닐까 그런 생각을 하시는 것 같았다.

그때였다.

갑자기 꽝! 꽝! 발길로 대문을 부수는 듯한 소리가 들렸다.

"지담아! 만세 불러라. 만세!"

안중에 사는 사촌형님이 헐레벌떡 뛰어들어 왔다.

"네? 형님. 합격이에요?"

"그래. 합격이다. 합격! 춤을 추어라."

얼마나 기다렸던 소식인가. 기쁨에 어쩔 줄 몰라 하시는 어머니를 부둥켜안으니 눈물이 울컥 북받쳐 올랐다. 가슴이 터질 듯한 감정을 주체할 수가 없어 대문을 박차고 뛰어나가 뒷동산으로 달려갔다. 그리고는 지난 몇 개월 동안의 은둔처였던 화전민 외딴집 쪽을 향하여 야호! 야호! 하고 천지가 울리도록 마음껏 소리쳤다.

방금 선 한바탕 세비들의 향연이 벌이졌던 하늘은 이무 일도 없었던 것처럼 너무도 조용했다. 가슴이 떨려왔다. 제비가 전해 준 사법시험 합격소식은 오랜 세월 고난의 삶을 살아온 우리가족에게는 축복이었다. 어둠의 장막을 헤집고 내리비친 한줄기 빛 그것이었다.

저녁나절에는 이 집 저 집에서 마련해온 음식과 술로 푸짐한 잔칫상이 차려졌다. 아랫마을 윗마을 사람들 거의 모두가 참석한 축하잔치는 떠들썩했다.

어머니는 이 사람 저 사람한테 축하인사를 받으며 그동안의 고난과 서러움을 한꺼번에 보상받은 듯 의기양양 즐거워했다. 아버지가 살아계셨더라면, 오늘의 이 기쁨 함께 나눌 텐데….

‘지담아! 장하다. 내 아들!’

집안 어딘가에서 아버지의 음성이 들려오는 듯했다. 툇마루에 걸터앉아 긴 장죽에 담배 연기를 뿜던 아버지의 모습이 떠올랐다.

감사합니다. 아버지, 결코 당신의 기대에 어긋나지 않는 아들이 되겠습니다. 사랑합니다.

영광의 얼굴들

어릴 때부터 가슴에 품어온 꿈의 실타래가 풀리게 된 1965년 9월 15일, 사법시험 합격의 감격과 흥분 속에서 잠을 이루지 못하는 가운데 앞으로 전개될 내 인생의 크고 작은 장(章)들을 하나씩 펼쳐보았다.

학창시절 10년 동안 겪어온 것과 같은 종류의 어려움은 더 이상 없을지 모르지만 그렇다고 하루아침에 무엇이 달라지겠는가. 달라진다 해도 우리가족 모두가 경제적 어려움에서 벗어나기란 여전히 요원한 일이라고 생각하니 저절로 흥분이 가라앉으며 평정심이 찾아왔다.

다음날, 가족과 온 동네 사람들의 따뜻한 환송을 받으며 고향집을 떠나 서울로 올라왔다. 그동안 나를 격려해 주고 물심양면으로 도움을 주었던 고마운 분들 한분 한분께 합격소식과 함께 감사의 뜻을 전했다.

청운중학교 강군식·서정기 선생님, 고등학교 때부터 대학 때까지 한가족처럼 나를 보살펴 주었던 이문동 아르바이트집, 장충동 회장댁, 물지게를 지며 중학교 시절을 힘들게 보냈던 사촌형님댁,

고등학교 때 잠시 자취생활을 함께 했던 이관규 외사촌형님, 그리고 기억에 떠오르는 순서대로 중학교, 고등학교, 대학교 친구들을 일일이 찾아 축하와 감사를 주고받았다. 참으로 흐뭇하고 즐거운 나날이었다.

전과 마찬가지로 묵을 곳이 어디 한 곳 정해져 있진 않았지만 달라진 점이 있었다. 가는 곳마다 융숭한 대접과 함께 언제든 기꺼이 자기집에서 묵기를 환영하는 것이었다. 언제나 남의 집에 얹혀 신세지는 기분으로 살아온 나로서는 하루아침에 당당하게 대접받는 처지로 변했고 어디를 가나 내집 같았다. 사법시험에 합격했다는 소식을 전해들은 것만으로도 그동안 내가 진 빚에 대한 보상을 모두 받고도 남은 것처럼 대해 주었다.

홀로 어렵게 공부하느라 학창시절 친구들과 함께 추억을 만들어가며 우정을 나누지 못했던 아쉬움도 전화 한 통화나 한 번의 만남으로 사라져 버리는 것 같았다. 앞으로는 메마른 생활에서 벗어나 소중한 사람들과 기쁨을 함께 하고 슬픔을 나누며, 정신적으로나 물질적으로나 열린 마음으로 보다 여유 있는 삶을 살아야겠다고 생각했다.

가을이 한창 무르익던 1965년 10월, 제5회 사법시험에 합격한 16명 중 13명이 서울대학교 사법대학원에 입학했다.

나는 입학식날 이 중에서 누가 1등으로 합격했는지가 너무도 궁금했다. 그런데 나중에 알고 보니 대구대학교 출신인 배기원 전 대법관이었다. 세상에나! 저 친구가 1등을 했구나. 더욱 놀란 것은 1등과 나 사이에 나보다 시험성적이 우수한 친구가 두 명이 더 있다는 것이었다. 그뿐이 아니었다. 얼마 지내다 보니 합격자들 모두가 여러 면에서 너무도 우수했고 존경스러웠다.

사법대학원을 졸업한 후, 13명의 동기생들 중 나를 포함해서 김영일, 배기원, 변정일, 석용진, 이보환 등 6명은 판사로, 김영수, 김영준, 안길수, 이원성, 이종욱, 주광일, 현경대 등 7명은 검사로 출발했다. 그중에서 헌법재판관 1명, 대법관 2명, 장관 1명, 국회의원 3명이 탄생했다.

1등으로 합격할 것으로 착각하며 고향으로 내려가면서 취재 기자가 나를 찾아올 것으로 기대했던 나. 그 오만과 어리석음이 부끄러워 고개를 들 수가 없었다. '우물 안의 개구리'가 바로 나로구나, 라는 생각이 들었다.

그 후로 내 마음 속 어딘가 똬리를 틀고 숨어있는 교만을 머리 숙여 땅에 내려놓기 시작했다. 겸양을 내 삶의 중요한 덕목으로 삼고 삶의 순간순간 그것을 실천하기로 마음을 굳혔다.

내 인생에 실로 중대한 깨달음을 준 그렇게 수치스러웠던 오만한 착각. 그런 깨달음의 기회가 없었더라면 나는 어떤 사람이 되어 어떤 삶을 살았을까 생각해 본다.

영광의 얼굴들, 훌륭한 그 동기생 친구들에게 잠시나마 크나큰 착각을 한 것에 대해 깊이 사과하는 마음이다.

잃어버린 낭만을 찾아서

사법대학원 시절에는 동숭동 서울대학병원 구내의 대학원 기숙사에서 숙식을 했다. 1인용 침대에 작은 탁자와 옷장이 있는 세 평 남짓의 조촐한 공간이었다.

은둔생활을 하며 사법시험을 준비하던 때를 제외하고는 평생 처음으로 누구의 눈치를 살피거나 방해도 받지 않고 마음대로 행동할 수 있었다. 또 시간에 쫓기지도 않아 조용히 사색에 잠겨볼 수 있는 여유도 가져 보았다. 그야말로 그 작은 공간 하나만으로도 삶의 큰 자유를 얻은 기분이었다.

고려대학교 입학식장에서, 꿈과 낭만에 들떠 있던 신입생 친구들을 바라보며, 나 홀로 험난한 바다를 향해 또 다른 돛을 올리리라 다짐했던 기억이 떠올랐다.

그렇게 젊은 날의 시간들을 송두리째 바친 대가로 얻은 이 꿈같은 자유! 그런데 풍랑을 헤치고 돌아온 항구에 화려한 축제는 이미 끝나고, 덩그러니 나만 홀로 빈 배에 있는 느낌이 들었다.

그러나 잃어버린 낭만을 찾아 늦게나마 찾아온 나에게도 행운은 기다리고 있을지도 모르는 일이다. 나는 가슴속 깊은 곳에 묻어둔

청춘의 불씨를 의식하며, 그런 희망을 가져 보았다.

누군지 모를 일이지만 어느 얌전하고 순진하며 성실한 여인을 그리는 건 그와 같은 희망의 한 가닥일 것이었다.

그 당시 사법대학원생들은 대학원 졸업과 동시에, 예외 없이 판사나 검사로 발령받게 되어 있었다. 그러니 혼기에 접어든 처자를 둔 집안에서는 모두 신랑감으로 눈독을 들일 만한 대상들이었다.

그래서 그런지 다른 친구들은 사법시험에 합격하자마자 일가친척이나 친지들이 물색해 놓은 쟁쟁한 집안의 규수들이 줄지어 신붓감으로 대기하고 있는 듯했다. 나는 그들이 부럽기도 했지만 조금도 개의치 않기로 마음먹었다. 대학 4년을 미팅이나 소개팅 한번 못해 보고, 같은 과 여학생들에게도 말 한번 제대로 못 붙여본 나였지만 서두르지 않기로 마음먹었다.

아르바이트 자리에 이어 나에게도 하나둘 신붓감이 나타나기 시작했다. 혼기에 찬 규수가 있는 어느 댁에선 부모들이 노골적으로 딸과 데이트하기를 권유하기도 하고, 어느 댁에선 은연중 사위가 되어 주었으면 하는 뜻을 내비치기도 했다. 잃어버린 낭만을 찾을 기회의 문이 열리는 것처럼 느껴졌다. 그야말로 순풍에 돛을 달고 가는 격이었다. 가슴이 떨렸다.

재벌집 딸과 데이트할 기회도 있었다. 그러나 결혼을 전제로 한 부모의 허락 하에 이루어지는 만남이라 그런지 내가 기대했던 순수한 낭만은 가슴에 와 닿지 않았다. 주로 현실적인 대화가 오가는 바람에 분위기는 딱딱하고 어색하기만 했다.

다른 만남도 거의 비슷했다. 그녀들은 내가 살아온 삶과는 너무도 다르다는 것을 새삼 깨닫게 되었다. 여러 면에서 사고방식이 다르고 생활양식도 달랐다. 내게는 목숨보다 소중한 가치를 그들은 너무도 하찮은 것이라고 취급하는 것으로 느껴질 때는 당혹했다.

대학원 1학년 때였다. 어느 봄날, 고등학교 친구로부터 전화가 왔다. 그는 훤칠한 키에 잘생긴 외모와 세련된 매너를 갖추고 있었다. 월급도 많이 주는 외국회사에 다니고 있어서 많은 여자들로부터 인기를 얻고 있는 친구였다. 교제하고 있는 이화여자대학교 불문과 여학생을 만나러 가려는데 나더러 동행해 달라는 것이었다.

그런데 나와 동행하려는 이유가 참으로 희한했다. 이화여대는 정문에서 수위가 남학생을 누구도 들여보내지 않지만, 사법대학원생이 이태영 법과대학장을 면회하러 왔다고 하면 무사통과라는 것이었다. 그래야 자신도 그 틈에 함께 들어가 여자친구를 만날 수 있겠단다. 그것도 내가 대학시절에 경험하지 못한 낭만의 일종이겠구나, 하는 생각이 들었다. 친구의 소원을 들어줄 겸, 호기심도 발동하여 기분 좋게 동행해 주었다.

정문 수위실에 도착해서 친구가 시키는 대로 사법대학원생인데 법대학장을 면회왔다고 하니까 수위가 내 가슴에 붙어있는 사법대학원 배지를 보더니 두말 않고 정문 안으로 들여보내주었다.

우리는 불문과 수업이 있는 건물 앞 벤치에 앉아 수업이 끝나기를 기다렸다. 아무리 친구와 함께라고 해도 여학생들만 있는 이런 곳엘 다 오다니.

얼마나 시간이 지났을까. 수업이 끝난 불문과 여학생들이 우르르 떼를 지어 몰려나오더니 벤치에 앉아있는 두 사람을 발견하고는 거침없이 다가오는 것이었다. 친구가 자기 여자친구를 찾느라 정신없이 이리저리 두리번거리는 사이 나는 몰려든 여학생들에게 빠져나갈 틈도 없이 순식간에 포위된 신세가 되어버렸다.

"어! 귀한 분 오셨네! 사법대학원생이잖아. 얘! 얘들아, 사법대학원생이야! 어떻게 여길 오셨나요? 우리 차라도 한잔 할까요?"

나는 얼굴이 홍당무가 되어 이리저리 빠져나갈 틈을 찾으려고 애를 썼다. 그럴 때마다 그녀들은 포위망을 더 조여 오며 앞을 가로막는 것이었다. 다리가 풀리고 기절할 것 같았다. 당황하는 나의 모습을 보고 그녀들은 더 신나서 재잘거렸다.

"왜 빨리 가려 하세요? 우리 언제 정식으로 사법대학원생들과 클럽미팅이라도 해볼까요? 그래요. 네?"

나는 가까스로 벌떼 같은 여학생들 틈을 비집고 빠져나와 줄행랑을 쳤다. 수업에 나오지도 않은 여자친구를 찾느라 코가 석자는 빠져있던 친구가 놀라서 나를 쫓아왔다. 나는 정문을 한참 빠져나온 후에야 한숨을 돌렸다.

이럴 수가 없었다. 한 총각은 임을 찾으려다 만나지도 못하고, 다른 한 총각은 잃어버린 낭만을 찾으려다 여인군단에 포위되어

뼈도 못 추릴 뻔했구나 생각하니, 너무도 어이가 없어 웃음이 절로 터져 나왔다.

지성의 전당에서 공부하는 여학생들에게 얼떨결에 무자비하지만 행복한 곤욕을 치렀다. 기분이 묘했다. 대학시절 경험해 보지 못했던, 그래서 아직도 내겐 아쉬움이 남아있는, 감미로운 느낌의 낭만이란 것이 이런 것일까?

하지만 그때 내가 기대했던 낭만은 실현성이 희박한 이상에 불과한 것이었는지 모른다.

법조인의 아내가 된다는 생각을 해본 적 있어요?

사법대학원 1학년. 항상 내게 좋은 인연을 맺게 해주었던 서정기 선생님으로부터 또 하나의 아르바이트 자리를 소개받았다.

서민적이고 평범한 집안이었다. 여기저기서 좋은 조건의 아르바이트 자리가 쇄도하는 상황이라 썩 내키지는 않았다.

그러나 대학시절 가장 힘들었을 때 구세주처럼 나타나 도움을 주었던 선생님 말씀인 데다가 평범한 집안의 가정이 부담 없게 느껴져 그 권유를 받아들였다.

중구 남산동에 위치한 그 집은 40평 남짓한 일본식 풍의 옛날 목조가옥이었는데 얼마나 정성들여 가꾸었는지 집안 전체 분위기가 반짝반짝 빛이 날 정도로 깔끔하게 잘 정돈되어 있었다. 학생의 어머니 모습을 뵈니 그 우아한 자태와 공손한 말씨가 집안 분위기와 잘 어우러지는 걸 느꼈다.

나는 일주일에 두세 번 그 집을 방문해 2시간씩 고등학교 3학년인 아들을 가르쳤는데 갈 때마다 그 집의 특이한 분위기가 마음에 와 닿았다. 집안에 사람이 여럿 있음에도 의아할 정도로 말 한마디 웃음소리 하나 흘러나오지 않고 조용하여 마치 깊은 산중 절간에 와 있는 느낌이었다.

더욱 묘한 매력을 느끼게 했던 것은 내가 공부를 가르칠 때마다 한복을 곱게 차려입은 그집 딸이 미닫이문을 스르르 열고 정성스레 끓인 차를 책상 위에 얌전히 올려놓고는 한마디 말도 없이 나가는 것이었다. 매번 끓여오는 차의 종류가 바뀌었는데 그렇게 얌전한 여인은 처음 봤다.

갈수록 그녀에 대한 호기심이 더해 갔다. 그러던 어느 주말, 그집 어머니가 마련한 특별한 저녁초대를 받았다. 그때 그녀가 숙명여대 식품영양학과 4학년에 재학 중인 첫째 딸이라는 사실을 알게 되었다.

어머니의 말로는 딸이 너무 수줍음을 많이 타 대학 4년을 다니면서 어느 남자하고도 데이트 한번 못해 봤다는 것이었다. 말을 듣고 보니 그녀는 정말 그즈음 내가 만나고 있었던 개방적이고 당돌한 부잣집 딸들과는 다른 세계에서 살고 있는 순박한 조선시대 여인 같았다.

잃어버린 낭만을 찾아 이곳저곳을 배회하고 있는 나에게 행운의 기회가 다가온 것인지 모른다. 내가 늘 마음속에 그려오던 그 여인이, 바로 이 여인이 아닐까 하는 생각이 들기 시작했다.

어느 날, 학생이 공부하다 잠시 화장실에 간 사이, 여느 때처럼 한복차림으로 책상 위에 차를 갖다 놓고 말없이 나가려고 했다. 내가 처음으로 말을 걸어 보았다.

"차가 너무 맛있어요."

"뭘요."

"차 끓이는 솜씨가 정말 대단하세요."

"학교에서 배운 대로 실습하는 거예요."

"졸업반이라 들었는데, 바쁘겠어요."

"바쁘긴요."

이것이 그녀와 처음 나눈 간단한 대화였다. 그 이후로도 그녀는 내가 말을 시키기 전까지는 한결같이 차만 나르고 침묵할 뿐이었다.

몇 차례 그집 온가족과 함께 저녁식사를 했는데, 언제나 그녀는 묻는 말에 대답하는 것 이외에는 별로 말이 없었다.

말뿐만 아니라 그녀의 얼굴에서는 어떠한 감정표현이 나타나지 않아, 도대체 무슨 생각을 하고 있는지 어떠한 느낌을 갖고 있는지 좀처럼 읽기 어려웠다. 다만 그녀 어머니가 하는 말이나 그녀의 조용한 행동을 통하여 그녀의 생각이나 느낌을 내 나름대로 추측할 수 있을 뿐이었다.

어느 날, 내 마음을 드러내는 질문을 던져 보았다.

"법조인에 대해 어떻게 생각하세요?"

"다들 머리 좋고 훌륭한 분들이시지요."

"그럼, 법조인과 사귀고 싶다는 생각을 해 보신 적 있으신가요?"

"제가 어떻게…."

지극히 겸손하고 수줍어하는 대답이었다. 그때 나는 그녀를 나의 어머니께 소개해야겠다고 마음먹었다.

그녀를 본 어머니는 첫눈에 더 생각할 것도 없이 복스럽게 생긴 맏며느릿감이라고 매우 흡족해 했다. 데이트를 하는 중에도 그녀는 환하게 웃는다거나 기분 나쁜 표정을 하는 경우가 거의 없었고, 즐겁다거나 반갑다는 감정도 잘 드러내지 않았다. 시간이 지날수록, 과묵하고 감정의 동요가 없는 훌륭한 법조인의 아내가 될 수 있겠구나 하는 생각이 들었다.

그러나 마음 한편으론 여유 있고 자신감 넘치고 발랄한 여인들에 대한 미련도 남아있어 그녀들과의 데이트도 계속 병행하고 있었다. 아무리 신중에 신중을 기해도 지나침이 없는 내 일생에 가장 중대한 선택의 순간이라는 생각이 들었기 때문이다.

사법대학원 기숙사 교정에 단풍이 들기 시작한 어느 가을날이었다. 친구들과의 모임 끝에 술에 취해 늦게 기숙사에 들어와 보니 탁자 위에는 화병에 꽃이 꽂혀 있었고 침대 위에 깔려 있던 담요가 사라진 대신 화려하고 푹신한 이불이 덮여있었다.

웬일인가 놀라 방을 잘못 들어왔나 확인해 보니, 틀림없는 내 방이었다. 누군가가 다녀갔구나. 그렇다면 그녀나 그녀의 어머니였을 것이다.

나는 옷도 벗지 않은 채 침대 위에 그대로 벌렁 드러누웠다. 세상에, 이렇게 편안하고 푹신할 수가 있을까. 그날 밤, 사랑하는 여인의 품속도 이렇게 아늑할까 상상하며 세상에 태어나서 제일 편안하고 깊은 잠을 잤다.

그 후 나는 그녀가 원한다면 아내로 맞이하기로 마음을 거의 굳혔다.

"법조인의 아내가 된다는 생각을 해본 적이 있어요?"

"제가 그렇게 생각해도 될까요?"

그것이 그녀가 나의 청혼을 받아들인 결정적인 대답이었다. 그리하여 나는 1967년 4월 8일, 낙원동 천도교 예식장에서 이항녕 고대 법대 학장의 주례로 평생 배필을 맞이했다.

사실 나는 군법무관까지를 마친 뒤에나 결혼할 예정이었다. 사법대학원에 적(籍)을 두고 있는 입장이어서 모처럼의 자유롭고 여유로운 시간을 조금만이라도 더 가져보고 싶은 미련도 없지 않았다. 그러나 무엇보다 신부를 맞아들일 보금자리는 말할 것도 없고, 번듯한 결혼반지 하나 마련하기 어려울 정도로 경제적으로도 여유가 없었기 때문이다.

그러나 "모든 걸 다 이해하겠네. 결혼패물 같은 게 무슨 대수라고…. 아예 그런 걱정은 말게.” 위로하는 신부 아버지의 배려가 따뜻하게 느껴졌다. 거기다가 “법무관으로 군복무를 마친다고 해서 내 형편이 크게 달라질 게 없다”는 스스로의 판단도 들어 양가가 추진한 일정 그대로 결혼식을 올리게 된 것이다.

그러나 결혼반지 하나 신부에게 건네지 못한 채 혼례를 올린 내 기분은 두고두고 떨떠름했다. 그런 것 때문에 아내로부터 불평불만이라도 들었다면 오히려 미안한 마음이 덜하련만, 결혼 전이나 결혼 후나 그런 얘기를 단 한 차례도 들은 적이 없다.

그러던 차에 1979년 6월 25일부터 8월 6일까지, 법관 해외연수 과정으로 네덜란드 헤이그에 있는 국제사법재판소를 방문하는 기회를 갖게 되었다. 결혼한 지 12년이 지난 때였다.

난생 처음으로 맞은 해외여행으로 영국의 런던과 이탈리아의 로마 그리고 프랑스의 파리에 2~3일씩 체류한 뒤 현지에 닿는 일정이었다.

로마를 떠나기 전날, 한국인 관광 가이드가 안내한 어느 상점에서 나는 무언가를 찾으며 계속 두리번거렸다. 결혼반지를 못 해준 데 대한 미안함을 ‘꿩 대신 닭’으로라도 뒤늦게 갚기 위해서였다.

그런데 물건 고르는 데는 아주 숙맥이라 도대체 어떤 것을 선택할지가 막막했다. 할 수 없이 여자 점원에게 다가가 딱한 사정을 얘기했다.

“결혼한 지 10년이 됐습니다. 아내에게 결혼반지 하나 못 해준

게 늘 마음에 걸려 가죽코트와 핸드백을 사고 싶은데, 디자인이나 품질 등 아는 게 없으니 좀 도와주세요."

점원은 간절히 부탁하는 나를 보고 '아내를 지극히 사랑하는 순박한 남자'로 생각하는 것 같았다. 이 코트 저 코트를 입어보고, 이 핸드백 저 핸드백을 들어 보이는 등 자진해서 모델 역할을 하며 나더러 선택하라는 것이었다.

그래도 나는 그게 그것일 뿐 감을 잡을 수 없었다. 하는 수 없이 '댁이라면 어떤 물건을 남편으로부터 받고 싶은지, 또 한국여성들이 선호하는 물건은 어떤 것인지를 고려해서 추천하라'고 말했다.

다행히 그 점원은 나이나 체격이 아내와 엇비슷해 보였다. 다시 몇 차례 이것저것을 고르더니 베이지색 가죽코트와 명품 핸드백을 내 앞에 놓는 것이었다. 최종적으로 그녀가 골라낸 것들은 모두 괜찮아 보였다. 값이 좀 비싸기는 했지만 그 선물을 받고 기뻐할 아내를 생각하니 마음은 하늘을 나는 기분이었다.

네덜란드 헤이그에서 소정의 연수과정을 마치고 암스테르담 공항에서 미국 뉴욕으로 향했다. 뉴욕에 사는 처제를 만나본 후 LA로 가서 생업에 바쁜 두 동생들을 격려하고 미리 가 계신 어머님을 뵙기 위해서였다.

그런데 이 무슨 낭패인가. 암스테르담에서 부친 짐가방이 뉴욕 케네디공항에서 보이질 않았다. 밤늦은 시각 마지막 비행기까지 5시간이나 기다려 봤지만 가방은 눈에 띄지 않았다. 그 가방 속에는 연수받으면서 챙겼던 서류는 물론이고 여행하면서 찍은 사진과 각종 선물이 들어 있었다. 어디 그뿐인가. 무엇보다도 사랑하는 아내에게 줄 가죽코트와 핸드백이 그 가방 속에 있지 않은가.

처제집에 와서도 줄곧 잃어버린 가방 생각뿐이었다. 새벽녘이 되도록 잠이 오지 않았다. 애써 골랐던 선물을 받고 얼굴에 환한 미소를 지을 아내를 생각하니 분노가 치밀었다. 뭐가 어떻게 됐기에 이런 일이 일어났을까. 하필이면 내가 왜 이런 일을 당해야 하나.

뜬눈으로 밤을 새워 눈은 푸석푸석했고 혀가 깔깔해서 아침식사도 못했다. 나를 위해 처제가 짜놓은 여행일정엔 전혀 관심이 없었다. 나는 처제의 만류를 뿌리치고 다시 케네디공항으로 향했다. 기적이라도 일으켜 반드시 가방을 찾아내고 싶었던 것이다.

분명 공항에는 분실된 가방을 모아서 보관하는 장소가 있을 터였다. 그곳이 어디인가를 공항 근무자에게 물어보려는 순간이었다. 몇 발자국 떨어진 곳에서 짐 가방을 무더기로 싣고 차량이 지나가는 것이었다. 그런데, 정말 이게 웬일인가. 눈에 익숙한 가방이 스쳤다. "Stop! Stop, there!" 외마디 소리를 치르며 나는 달려갔다.

내 가방이 틀림없었다. 찾아낸 것이다. 애타게 기다렸던 내 가방을. 그 순간, 그곳에서 내 가방이 바로 내 눈에 띄다니 정말 기적이었다.

어제 분실(사고)신고를 했지만 세계 각 공항을 돌고 돌다가 언젠가는 다 찢어진 상태로 서울의 내 주소로 찾아올지 모르고 영영 안 돌아올 수도 있는 가방이었다.

어떤 대상을 간절히 원할 경우 그 바람이 현실로 이루어진다는 피그말리온 효과(Pygmalion effect)라는 말이 있다. 우리 속담의 '지성(至誠)이면 감천(感天)'과 맥을 같이하는 의학용어다.

나는 '기적'을 믿는 입장이다. '끊임없는 노력과 열정을 지니고 있는데 기적이라고 어찌 침묵만을 지키겠는가?'라는 믿음이 있어서이다.

사랑하는 나의 아내. 나는 지금도 그녀를 아내로 맞이한 나의 직관적 선택에 만족한다. 평생 말이 적은 그녀는 내 마음을 어지럽히는 감정 섞인 표현을 해본 적이 없다. 자식에 관한 문제든 경제적인 문제든 자신의 본분에서 최선을 다하며 살아왔다. 내가 가정에 신경 쓰지 않고 오직 공직에 전념할 수 있도록 최선의 배려를 하느라 혼신을 기울여 왔다.

아내는 내가 법관으로서 취급하는 사건에 대해 어느 누구로부터 부탁을 받거나, 그 스스로 내게 부탁해 본 적이 평생 단 한 번도 없다.

넉넉하지 못한 살림에 내가 혹 어머니와 형제자매들에게 지나칠 정도로 신경을 써도 불평 하나 하지 않고, 알뜰살뜰 살림 잘 하고 아이들을 잘 키운 그야말로 모범적인 현모양처 그대로이다.

좀처럼 남들과 시끄럽게 어울리기 싫어하고, 다른 사람들의 화려한 삶에 자신을 비교하지도 않는다. 사치품을 사 주기를 바라거나, 호화로운 여행을 가자고 졸라 댄 적이 한 번도 없다.

어찌 보면 그렇게 오직 자신만의 세계에 갇혀, 다른 사람들이 사는 세계에는 관심 없는 것 같은 비사교적인 아내의 삶이 지금의 나를 만들어 내지 않았나 생각한다.

때론 매사에 무덤덤하게 보이는 성격 때문에 가슴 태운 적도 없지는 않았지만, 아내의 내조가 아니었더라면 세상의 유혹에 빠져들지 않고 법조인으로서의 공직 35년을 무사히 마감할 수 있었을까 하는 생각을 해본다.

어찌 보면 아내는 오직 나만을 위해 태어난 사람 같다. 사랑하는 나의 아내여, 나의 반려자가 되어 주었음에 지금도 감사하는 마음이다.

존경스런 훈련소 구대장

1967년 10월. 사법대학원 과정을 모두 마친 13명의 동기생들 중 이미 군복무를 마친 한 사람을 뺀 나머지 12명은 법무장교 후보생이 되어 광주 보병학교에서 훈련을 함께 받았다. 법무장교 후보생뿐만 아니라 그 훈련과정에는 의무장교, 군목장교, 그 밖의 특수병과 장교후보생들이 포함되어 있었다.

훈련소 정문에 들어서는 순간부터 그때까지 살아온 세상과는 분리된 아주 다른 특별한 세계에 와 있다는 것이 피부로 느껴졌다. 군대훈련의 주된 목적이 일반인의 상식기준으로만 살아온 사고방식을 송두리째 뽑아버리는 데 있는 것 같았다. 계급과 명령체계에 따라 일사불란하게 즉각 반응하도록 정신적 육체적으로 인간을 개조하는 일이라는 느낌이 들었다.

군대 밥을 한 그릇만 늦게 먹었어도 이유 여하를 불문하고 복종해야 하는 비합리적이고, 어떠한 변명도 통하지 않는 세계 같았다.

군대훈련은 누구라도 견디기가 고통스럽겠지만 나는 더했다. 신체적 동작이 남보다 민첩하지 못하고 머리 회전이 약삭빠르지 못한 나로서는 그야말로 혹독한 고행이었다.

동작이 느려 보급품을 수령하는 장소에 늦게 도착한 나는 다른 후보생들이 선착순으로 골라가고 남아 있는 녹슨 총을 소지하고 훈련을 받아야 했다. 그래서 아무리 닦아도 윤이 나질 않아 점호를 받을 때마다 총기 정비불량으로 지적받아야 했다.

나는 떳떳하지 않은 경쟁방식으로 남을 제쳐가며 자신의 목적을 성취하는 성격과는 거리가 멀다. 행동이 민첩하지 못한 탓으로 다른 사람들이 다 골라 신고 남은 군화가 내 차지일 수밖에 없었다.

그래서 나는 발에 잘 맞지 않는 군화를 신고 훈련을 받아야 했다. 그 당시에는 지금과 달라 그런 사정을 정당한 절차에 따라 호소해도 제대로 반영되지 않았다. 발의 크기를 재가며 일일이 맞춰 군화가 보급되는 것이 아니라 후보생의 숫자와 발 크기의 평균 수치를 어림잡아 군화가 보급되었기 때문일지 모른다. 예상했던 발 크기의 평균수치가 어긋날 때에는 누군가는 발에 맞지 않는 군화를 신어야 했다.

오죽하면 군대에서는 신발을 발의 크기에 맞추는 것이 아니라 발을 신발의 크기에 맞춰야 한다는 말까지 있었겠는가. 발에 맞지 않는 큰 군화 때문에도 나는 민첩하게 행동하지 못했고, 그래서 이래저래 다른 후보생보다 더 기합을 받아야 했다.

어느날, 점호시간에 내 총은 아무리 닦아도 윤이 날 수 없는 녹슨 총이라는 사실을 구대장이 알아채고는 나를 기합주지 않고 직업하사관으로서 군대경험이 많아 노련한 내 옆에 있던 후보생에게 '협동심 불량'이라는 이유로 기합을 주었다. 그런 일이 있은 후부터는 그 후보생이 매일같이 내 총을 열심히 닦아주어 더 이상의 곤욕을 면하게 되었다. 나는 그 친구에게 미안했다.

구대장이 기합을 주는 이유가 상식적으로나 논리적으로나 반드시 합당한 것은 아닌 것 같았다. 이유 없는 기합 그 자체가 바로 철저하게 명령에 복종해야 한다는 군대정신을 불어넣기 위한 훈련이라는 생각도 들었다. 전쟁에서는 이유여하 없이 승리하는 것만이 목적이기 때문이다. 대답을 크게 해도 기합, 작게 하면 작게 한다고 기합, 웃어도 기합, 웃지 않아도 기합, 잘 해도 기합, 못해도 기합, 용서를 빌어도 기합, 용서를 빌지 않아도 기합인 것 같았다.

때문에 구대장이 기합을 멈추기로 마음먹기 전까지는 기합을 면할 수가 없다고 생각되었다. 그의 말이 곧 하늘의 법이고 땅의 법이었다. 그러한 그의 막강한 권한으로 '협동심 불량'이라는 애매한 이유로 나의 잘못을 옆에 있는 후보생에게 뒤집어씌움으로써 6주 내내 내가 받아야 하는 기합을 면케 해준 셈이다.

나는 내심 내게 그렇게 큰 아량을 베푼 그의 억지논리에 은근한 미소를 보냈다. 그 미소는 내가 기합을 면해서 기분이 좋았기 때문만은 아니었다. 훈련 중의 군대기합이라는 것이 대부분 쪼그려 뛰기 50번이라든지, 팔굽혀펴기 30회 또는 연병장 5바퀴 선착순 달리기 같은 것이었다. 그것 자체도 체력단련을 위한 훈련에 다름 아니라고 생각됐기 때문이다.

어쩌다 '연병장 선착순으로 한 바퀴 돌기'라는 단체기합이 있으면 나는 뒤처져서 두 바퀴, 세 바퀴 다시 뛰는 한이 있더라도 다른 사람보다 앞에 뛰려고 애쓰지 않았다.

어차피 뒤처져서 다시 뛰는 사람이 있게 마련이고, 힘을 다해 빨리 한 바퀴 도는 것이나 천천히 두세 바퀴 도는 것이나 별로 다를 것도 없을 뿐 아니라 기합받는 것을 일찍 끝낸다고 하여 그 사람에게만 더 좋은 일이 기다리고 있는 것도 아니기 때문이다.

가혹한 훈련에 박차를 가했던 맹훈련이 무르익을 무렵, 엄격하기로 악명 높은 구대장 이강령 소위의 인솔로 12명의 법무장교 후보생들만 신체검사를 받으러 훈련소 밖에 있는 일반병원으로 나간 일이 있었다.

누가 처음 주동했는지는 기억나지 않는다. 훈련을 편하게 받기 위해 구대장을 매수할 절호의 기회라고 술렁이며 은밀하게 모의했다. 돈을 조금씩 걷어 담배 두 다스를 샀다. 모두가 숨을 죽이다 적당한 기회를 틈타 뇌물(?)로 건넨 것이다.

그는 한마디 언급도 없이 태연하게 받기를 거절했다. 우리들의 시도는 성사되지 못했다. 그런데 다음날 새벽, 곤히 자고 있던 모든 후보생들에게 날벼락이 떨어졌다. "전원 완전무장하고 10분 내 연병장 집합!"이라는 명령이 떨어진 것이다.

구대장은 집합이 완료되자 아무런 영문도 모르는 모든 후보생들에게 "여기에 정신상태가 불량한 후보생들이 있다"면서 온갖 종류의 혹독한 기합을 주는 것이었다. 우리 12명의 법무장교 후보생들은 이 날벼락이 어제의 담배 뇌물(?)사건 때문이라는 것을 알아챘지만 그 이외에 다른 후보생들은 끝까지 그 이유를 알지 못했다. 구대장도 그 이유를 끝내 공개하지 않았다.

기합을 다 받은 후, 우리 12명 중 누군가가 훈련이 다 끝나서 우리가 중위계급장을 다는 날 저 소위 구대장 놈을 혼내주자고 제안했다. 보통의 구대장 같으면, 그러한 사정을 생각해서라도 법무장교 후보생들의 소행이 불량했다는 이유로 그렇게 가혹하게 기합을 주지는 않을 수도 있었을 것이다.

그러나 그는 실로 정신상태가 똑바르고 용기 있는 군인임이 틀림없었다. 앞으로 사회에 나가 공평무사하게 사회정의를 구현해야 할 법무장교 후보생들이 저지른 형편없는 행동에 '정신상태 불량'이라는 이름으로 매서운 경종을 울렸으니 말이다.

나는 그런 그가 조금도 밉지 않고 오히려 존경스러웠다. 옳은 일이라면 누가 해도 옳은 것이고, 잘못된 일은 누가 해도 잘못된 것이다. 공평하게 받아야 할 훈련을 피하고자 한 행동이니 분명 법무장교 후보생들이 잘못한 것이다. 내편이 하면 나쁜 행동이라도 괜찮고, 상대편이 하면 좋은 일을 해도 비난하는 그런 세상은 희망이 없는 세상이다. 스스로의 잘못을 반성하는 행동은 항상 옳은 주장만을 하는 행동 못지않게 옳은 일이므로 무엇보다도 반성하는 자세 그 자체를 긍정적으로 받아주는 세상이어야 한다. 반성하는 사람에게 반성할 점이 더 많다는 이유로 비난한다면 그런 세상은 조금도 잘못을 반성할 줄 모르는 철면피한 사람들만이 더욱 기세를 부려 영원히 평화가 없는 세상이 될 것이다. 훈련이 모두 끝나고 우리가 중위 계급장을 달았지만 어느 누구도 그를 혼내 주기는커녕 모두가 환한 얼굴로 그와 작별했다. 구대장을 혼내 주자고 제안했던 후보생의 생각도 내심으로는 그의 정신자세가 훌륭하다는 내 생각과 일치했던 것 같다.

내 옆의 후보생에게 협동정신을 발휘하라고 명령하고, 법무장교 후보생들의 그릇된 정신상태를 크게 꾸짖은 그 구대장의 군인정신이 너무 훌륭했다는 생각이다.

두 번째 고비

1967년 11월 중순 광주 보병학교에서 훈련을 마친 나는, 법무장교 중위로 임관해 경기도 전곡에 있는 20사단에서 근무하라는 명령을 받았다.

부대 근처에 월세방을 한 칸 얻어 신혼살림을 하며 군검찰관으로 근무를 시작했다. 한 달 반 정도 근무한 다음 그해 12월 말, 일주일가량의 휴가를 받아 연말을 서울에서 보내고 다음해 1월 3일 셋집으로 돌아왔다.

여러 날 동안 연탄불이 꺼져 있었기 때문에 방바닥은 얼음장같이 차가웠다. 아내가 서둘러 주인집에서 불씨를 얻어 연탄불을 지폈다. 경험해 본 사람은 다 알겠지만, 추위에 살짝 언 연탄을 지피기란 여간 곤혹스러운 일이 아니다. 우리는 겨우 꺼지지 않을 정도로 불이 붙은 것을 확인하고는 연말 연초의 바쁜 일정에서 쌓였던 피로가 한꺼번에 몰려와, 방이 따뜻해지기도 전에 깊은 잠에 빠져들었다.

새벽 3시쯤 되었을까? 비몽사몽간에 가슴이 울렁거리며 위로는 토할 것 같고, 밑으로는 설사를 할 것 같기도 해 갑자기 견딜 수 없이 고통스러웠다.

"아이고, 나 죽겠네!"

신음소리를 내며 몸부림쳤다. 몸을 일으키려 애를 써 봐도 몸을 가눌 수가 없었다.

"어, 내 몸이 왜 이러지?"

나의 신음 섞인 비명에 옆에서 자고 있던 아내가 놀라서 일어났다.

"여보, 왜 그래요? 왜 그래요?"

"모르겠어. 토할 것 같기도 하고 배도 더부룩하고 숨도 가빠."

문밖으로 나가야 할 것 같은데 문이 어느 쪽인지 방향감각도 없었다.

"나 좀 나가야겠어."

몸을 일으키려다 푹 쓰러지고, 다시 일어나려다 또 쓰러지는 나를 아내가 일으켜 문 앞까지 잡아끌었다. 문지방을 넘어 툇마루로 고개를 내미는 순간, 둘은 약 70센티미터 아래 콘크리트 바닥으로 굴러 떨어져 버렸다. 매서운 찬 공기를 들이마시자마자 나도 아내도 의식이 몽롱해졌던 것이다. 연탄가스 중독이었다.

다행히 건강한 아내가 나보다는 덜 중독됐는지 문지방을 넘는 순간 나는 의식을 잃었으나, 아내는 의식까지 잃지는 않았던 모양이다.

"아이고, 이걸 어떻게 해! 당신 귀 찢어졌어, 귀가 찢어졌어요!"

어렴풋이 아내의 울부짖는 소리가 들리더니, 점점 소리가 까마

득히 멀어지며 내 의식은 더욱 혼미해졌다.

비명소리에 달려온 주인집 사람들의 얘기에 의하면, 나는 의식을 잃은 것 같았는데 머리 부분이 옆으로 떨어져 콘크리트 모서리에 부딪히면서 오른쪽 귀가 반으로 갈라졌다는 것이다. 아내는 나를 붙잡은 채 앞으로 넘어지면서 왼쪽 눈썹 밑이 갈라진 것 같은데 나보다 더 많은 피를 흘리고 있었다고 한다. 그런데도 아내는 자기 자신이 다친 줄은 모른 채 내 걱정만 하더라는 것이었다.

얼마 안 떨어진 곳에 법무참모가 살고 있었다. 이 소식을 전해들은 그가 부대에 급히 연락을 하여 우리는 부대 의무실로 호송되었다. 얼굴에 피범벅이 된 아내, 귀가 덜렁덜렁 찢어져 피를 줄줄 흘리고 있는 나, 그야말로 눈뜨고 볼 수 없는 참상이었다는 것이다.

군의관의 응급조치로 나는 의식을 되찾았으나 아내의 의식은 더 몽롱해지는 것이었다. 군의관의 제안으로 우리는 군병원시설이 아닌 일반병원에서 수술을 받기로 해 서울 명동에 있던 성모병원 응급실로 긴급히 옮겨졌다.

수술이 시작되었다. 바늘로 귀를 쿡! 찌르더니, 쓰윽! 하며 실이 귀를 뚫고 통과하는 소리가 들렸다. "으악!" 비명소리가 절로 나왔다. 마취도 하지 않고 반으로 동강난 너덜너덜한 귀를 생으로 꿰매는 것이었다.

옆 침대에서는 아내의 비명소리가 났다. 아내 역시 찢어진 눈썹 밑 상처를 생으로 꿰매고 있었다. 나는 숨이 끊어질 것 같은 아픔을 참으며 아내가 잘 견뎌내길 기도했다. 아내의 뱃속엔 5개월 된 아이가 있었다. 혹여 연탄가스 중독이나 수술의 고통이 태아에게 나쁜 영향을 주지나 않을까, 갑자기 불길한 생각이 엄습해왔다. 그 때문일까. 아픔도 덜 느껴졌다. 악몽 같은 시간이었다.

아내는 곧바로 산부인과로 옮겨져 검사를 받았다. 천만다행으로 검사결과 태아에게는 아무 이상이 없다고 했다. 감사하기 그지없었다. 죽지 않고 산 것도 감사하고, 태아가 무사한 것도 감사했다. 상처야 시간이 가면 아물 것이 아닌가.

초등학교 때 고향 저수지에 빠져 첫 번째로 죽을 고비를 넘긴 적이 있는 나는 연탄가스 중독에 의한 두 번째 죽을 고비를 넘기는 것으로 1968년 1월 4일, 새해 시무식을 치른 셈이 되었다.

'나는야 용감한 베트남 참전용사'

1968년 3월 초, 전곡에 있는 제20사단에서 비교적 편안한 군복무 생활을 4개월째 하고 있던 내게 뜻밖의 소식이 날아왔다. 그때 나는 부대 근처에 셋방을 얻어 신혼생활을 하며 군복무를 하고 있었고, 허니문 베이비 출산을 기다리고 있었다. 그런데 베트남 퀴논에 있는 맹호부대 군검찰관으로 복무하라는 전출명령이 내려졌다.

말로만 전해 듣던 베트남전쟁은 나와는 무관한 일이라고 생각했었다. 전후방 구별할 것 없이 밤낮으로 위험이 도사리고 있는 '전선 없는 전쟁터'라는 것만 알고 있을 뿐이었다.

전출명령을 받고 나서도, 나는 위험한 전쟁터에 간다는 두려움보다는 그저 담담한 심정이었다. 맹호부대 사령부에서 근무하므로 직접 전투에 참여하지 않는다고 했다. 장교월급 이외에 전투수당 등 경제적 혜택이 따르는 점도 도움이 될 터였다. 그러나 그보다 전투부대에 참전하는 경험이 내 생애에 좀더 자랑스럽고 뿌듯한 그 무언가가 있을 것 같았다.

사실 직업군인들 중에는 전투경험이 승진 등 여러 면에서 유리한 혜택이 주어지기 때문에 그 당시 베트남 참전을 스스로 지원하

는 젊은 군인들이 많이 있었다.

나는 베트남 참전이 어쩌면 내 인생에 커다란 변화를 가져다줄 수도 있다고 생각했다. 비록 목숨을 담보로 하는 전출명령이라 할지라도 기꺼이 응하기로 마음먹었다.

예정일보다 보름 정도 빠른 1968년 3월 23일에 큰아들 도현이 태어났다. 나는 큰아들이 태어난 것을 보고는 곧바로 강원도 화천군 오음리에 가서 월남참전에 대비한 훈련을 받았다. 상하(常夏)의 나라에 가는 것에 대비하기 위해 신체검사를 받고 말라리아 예방주사도 맞았다.

전쟁터에 가는 것이므로 혹시 위험하다는 생각에서였을까.

"조심해서 다녀와요."

아내는 떨리는 음성으로 울먹였다. 사랑하는 아내와 갓 태어난 아들 그리고 어머니와 형제들을 서울에서 작별한 나는 1968년 4월 14일 수많은 장병들과 함께 부산항에서 월남 퀴논으로 향하는 큰 배에 올랐다.

군함이 아니라 상상도 못해봤던 거대한 호화 유람선 같았다. 깨끗한 침실, 풍성한 식탁, 화려하고 편리한 각종 시설, 그 모든 것들이 내겐 낯설기만 했다. 마치 목숨 걸고 공산 베트콩과 맞서 싸울 용사들의 사기를 진작시키려고 베풀어 놓은 파티장소인 것 같았다.

갑판에 나와 끝없이 펼쳐진 망망대해를 바라보니 부산항에서 승선할 때 그렇게도 거대하게 보였던 군함이 금방이라도 파도에 휩쓸려버릴 만큼 아주 작고 미약한 존재로 느껴졌다.

며칠이 지났는데도 배는 여전히 한 곳에 머물러 있는 것만 같았다. 어쩌면 생사를 다투는 전쟁보다 더 두려운 존재가 대자연의 위력일 것 같다는 생각도 들었다. 언제 파도가 크게 성이라도 낸다면 이 배는 아무런 힘없이 빠져버리지 않겠는가. 갑판에 손을 얹고 눈을 감았다. 그리고 이 원정길이 무사하기를 빌었다.

승선한 다음날 아침식사 때였다. 실로 내겐 '문화쇼크'라고 말할 만큼 충격적인 일이었다. 장교 식당에는 항상 얼마든지 먹고 싶은 대로 먹어도 될 만큼 충분한 양의 빵과 과일이 담긴 바구니가 식탁 위에 놓여 있었다.

그날도 미국식 조찬으로 빵과 우유, 달걀 등을 맛있게 먹었다. 그리고는 오렌지 하나를 먹으려고 과일 바구니에서 집어들다가 그만 놓쳐 식탁 아래로 굴러 떨어졌다. 내가 허리를 굽혀 그 오렌지를 집으려는 순간, 저쪽에서 서빙을 하던 흑인 웨이터가 달려왔다.

"장교님, 건드리지 마세요!(No, Officer!)"

그는 오렌지를 집지 못하게 했다. 깜짝 놀라 내가 멈칫하는 사이, 그는 오렌지를 집어 주저 없이 쓰레기통에 버리는 것이었다. 껍질에 손톱자국도 나지 않은 온전한 오렌지였다. 단지 집다가 미끄러져 바닥에 굴러 떨어진 것뿐이었다.

나는 그의 행동에 다시 한 번 놀라 '왜 그러느냐?'는 표정으로 그를 쳐다보았다. 당신은 장교니까 바닥에 굴러 떨어진 음식은 먹어서는 안 된다는 설명이었다.

그는 내게 장교로서의 품위를 지키는 식탁예절을 가르쳐 주었던 것이지만 아무리 그래도 그렇지, 이해가 가지 않았다. 가난과 굶주림을 뼈저리게 체험해 본 나로서는, 버려진 오렌지가 그렇게 아까울 수가 없었다. 그것은 먹고 살기 위해 어떤 일이든 해야 했던 내게 많은 것을 생각하게 한 '문화쇼크'였다.

5박 6일의 항해 끝에 목적지에 무사히 도착했다. 곧바로 나는 퀴논에 있는 맹호부대 사령부로 갔다. 전쟁터임을 실감나게 하는 것은 별로 눈에 띄지 않았다. 비교적 안전지대였기 때문일 것이다.

하지만 베트남 전쟁은 전·후방 구별할 것 없는 위험한 전쟁터였다. 낮에는 베트남 민간인이면서 밤에는 공산 베트콩으로 언제 변신할지 모르는 예측불허의 돌변상황이 벌어지기도 했다. 따라서 직접 전투에 참여하지 않았다고 해 안전한 것은 아니었다. 항상 긴장 속에서 지내야만 했다.

1969년 2월 15일 귀국할 때까지 그곳 사령부에서 10개월을 군검찰관으로 복무하는 동안 목숨을 위태롭게 했던 사건이 나에게 한 번 있었다. 그것은 적과의 전쟁상황에서가 아니라 참으로 엉뚱한 데서 발생했다.

비둘기부대에서 복무 중이던 사법대학원 동기인 김영일 중위가 나를 찾아 맹호부대를 방문했다. 우리는 오랜 만에 만난 반가움에 퀴논 시내에서 저녁식사를 마치고 늦은 시각 부대로 돌아오는 길이었다.

전투경험이 없고 겁 많은 운전병의 운전미숙으로 지프차가 그만 전복해 길옆 약 4미터 아래 논으로 굴러 떨어졌다. 눈 깜짝할 사이에 차는 서너 바퀴나 굴러 논으로 곤두박질친 것이다.

나는 앞자리에 선임탑승을 했기 때문에 차가 기울기 시작하는 순간 잽싸게 옆으로 뛰어내릴 수 있었다. 땅바닥을 몇 바퀴 구른 후 정신을 차려 주위를 살펴보았다. 칠흑 같은 밤이라 시야가 잘 보이질 않았지만 앞에 서 있는 검은 물체가 김영일 중위였다.

"아이고, 영일아! 살았구나!"

저절로 고맙다는 표현이 터져 나왔다. 뒷좌석에 타고 있어서 뛰어내리기가 쉽지 않았을 텐데 워낙 운동신경이 예민하고 동작이 민첩했던 친구라 번개같이 탈출한 것 같았다.

"어디 다친 데 없니?"

"그래, 이상 없어. 그런데 지담아, 너는?"

"나도 괜찮아. 그런데 운전병은?"

운전병이 보이질 않았다. 그 경황에 김영일 중위는 주머니에서 권총을 빼들고 만일의 사태에 대비해서 사격할 자세를 갖추고 있었다. 혹시라도 어디에선가 베트콩이라도 나타날지 모른다는 판단에서 나온 행동이었다. 매사에 완벽한 친구다웠다.

운전병은 지프차와 함께 구른 것 같았다. 둘은 겁에 질려 지프차 밑에 깔린 운전병을 큰 소리로 불렀다.

"김 병장! 김 병장!"

걱정을 태산같이 하면서 숨을 죽이고 차 밑을 보고 있는데 운전병이 슬슬 기어 나오는 것이었다. 멀쑥하니 놀라서 일어난 그를 여기저기 만져 확인해 보았다. 기적같이 아무 데도 다친 데가 없었다. 세 사람 모두 털끝만 한 상처도 입지 않았으니 하늘의 도움이 아니고는 그럴 수가 없었다.

그런데 문제는 사령부까지 어떻게 가느냐 하는 것이었다. 너무 늦은 밤이라 지나가는 차도 별로 없었다. 혹시 있더라도 더 심각한 문제는 그 차가 아군의 차인지 적군의 차인지 분간할 수 없다는 점이었다. 그렇다고 그곳에서 뜬눈으로 밤을 새우면서 베트콩이 습격오기를 마냥 기다릴 수도 없는 노릇이 아닌가.

한참을 궁리해 봐도 뚜렷한 방법을 찾을 길이 없어 어둠 속에서 달려오는 차를 무작정 세워 보았지만 차는 멈추지 않고 그대로 지나가 버렸다. 차를 세울 때마다 긴장이 되어 간담이 서늘했다. 그렇게 몇 대를 놓친 후 운 좋게 지나가던 아군의 헌병대 차를 탈 수 있게 되어 기적같이 부대로 돌아왔다.

월남 전쟁터에서의 이 사건은 내가 어릴 때 동네 저수지에서 놀다가 물에 빠진 사건과 제20사단에 근무할 때 셋집에서 연탄가스에 중독되었던 사건에 이어 세 번째로 죽을 고비를 넘긴 위기였다.

이 사건은 야간에 차량운행을 금지하라는 사단장의 명령을 어긴 점에서 분명한 징계처분 감이었다. 그런데 헌병참모부와 병참참모부에서 침묵을 지켜주어 상부에 보고조차 되지 않았고 게다가 병참참모부에서는 나에게 새 지프차를 내어주기까지 했다. 생각할수록 운이 좋았고 나로서는 더할 나위 없이 다행스러운 일이었다.

그 후 남은 복무를 모두 무사히 마치고 귀국했으니 아마도 그 사건은 베트남 군복무 중에 나에게 있을지도 모를 모든 액운을 대신한 것이 아닌가 생각되기도 한다.

인류역사의 한 페이지를 크게 장식하고 있는 베트남 전쟁. 그것이 언제부터 시작되었으며 언제 끝났는지, 그리고 그 전쟁의 성격을 무엇이라고 부르는지 등에 관해 갖가지 의견이 분분하다. 하지만, 미국과 사이공정권을 한편으로 하고, 북베트남과 남베트남해방민족전선(베트콩)을 다른 한편으로 해 10여 년에 걸쳐 치러진 전쟁인 것만은 사실이다.

대한민국은 1964년 의무중대 파병으로 시작해 십자성부대, 비둘기부대, 맹호부대, 백마부대, 청룡부대 등 연인원 30여만 명의 군인들이 베트남 전쟁에 파병되었다. 우리나라 국군의 월남파병에 대해 일부 비판적인 견해가 없는 것은 아니지만, 그것이 우리나라 경제발전과 군 현대화에 지대한 긍정적 영향을 미친 사실을 부인할 수는 없을 것이다.

나 자신에게 있어 이 참전에 의미를 둔다면 내가 그 역사적인 베트남 파병 대열의 일원이었고, 목숨을 담보로 달려간 전쟁터에서 무사히 살아 돌아온 참전용사라는 점이다.

1968년 4월 14일부터 1969년 2월 15일까지 10개월 동안 복무한 나의 베트남 참전은 국가와 민족을 위해 바친 자랑스러운 경력이라고 생각하고 싶다. 그 덕에 나는 국가유공자로서 국가보훈처장이 발급한 NO12-02679호의 참전유공자증을 소지하고 있으며, 매월 참전용사에게 지급하는 일정액의 수당을 받고 있다. 또한 평생 동안 국립공원 무료입장허용 등 국가가 제공하는 각종 혜택도 누리고 있다.

사실 전공(戰功)으로 내세울 만한 것이 아무것도 없는데 그렇게 많은 혜택을 누리다니 정말 내가 용감한(?) 베트남 참전용사인지 때로는 쑥스럽게 느껴지기도 한다.

4부 법복을 입고서

– 판사·대법관·중앙선거관리위원회 위원장 시절 –

법복(法服)은 대법원에서 맞춰주지 않습니까?

대법원이 서소문에 자리 잡고 있던 1970년 10월 1일. 사법대학원 8기 동기생들 중 판사를 지망한 김영일, 배기원, 변정일, 석용진, 이보환 등과 함께 나는 민복기 대법원장으로부터 임명장을 받고 새내기 판사가 되었다. 김영일 판사와 나는 대구지방법원에, 변정일 판사는 서울지방법원에, 배기원, 석용진, 이보환 판사는 부산지방법원에 각 근무하라는 명(命)을 받았다. 임명장은 한 사람 한 사람에게 수여되었다.

참으로 가슴이 설레는 순간이었다.

'법관의 꿈을 키웠던 초등학교 때부터 이 순간을 얼마나 기다렸던가!'

열심히 달려온 지난 세월의 기억들이 순간적으로 주마등(走馬燈) 같이 내 머리를 스쳐갔다. 임명장을 받는 순간 '나는 겸손하고 성실한 자세로 공정하게 재판하는 정의로운 법관이 되겠다'고 다짐했다.

임명장 수여식이 끝난 후, 대법원 직원의 안내를 받으며 대법관, 법원행정처장, 차장, 그리고 선배법관들의 방을 찾아가 취임인사를 했다. 그런데 이게 웬일인가? 우리가 인사를 다니는 대법원 청사 복도에서 앞을 가로막으며 계속 따라오는 사람들이 있었다. 그들은 저마다 법복의 견본을 들어 보이며 자기네 양복점에서 맞추라고 시끄럽게 홍보하는 것이었다. 도대체 여기가 어딘가? 엄숙한 분위기가 요구되는 대법관 집무실이 있는 곳이 아닌가? 재래시장이나 유원지 같은 곳에서나 볼 수 있는 광경에 나는 아연실색하지 않을 수 없었다.

안내에 따라 법원행정처 차장실에 들어가니 차장은 음료수를 권하면서 "오늘 임명장을 받은 소감을 각자 말해 보라"고 했다. 나는 편안히 질문할 수 있는 기회라고 생각했다.

"차장님, 밖에 양복점 상인들이 법복을 주문하라고 시끄럽게 쫓아다니는데, 우리가 각자 양복점을 선택하여 법복을 맞춰야 합니까? 대법원에서 일괄적으로 맞춰주지 않습니까?"

법복은 가정이나 사회에서 사적으로 입는 옷이 아니라 오직 재판(공무수행)을 할 때만 입는 옷이 아닌가. 군인에게 군복, 군모, 군화, 그리고 총이 공급되는 것과 마찬가지로 법관에게는 당연히 국가(법원)에서 법복을 공급해 줄 것이라는 생각에서 한 질문이었다. 그런데 그 순간 차장의 얼굴이 약간 일그러지는 듯했다.

"법복? 법복은 법원에서 맞춰주지 않고 각자의 비용으로 맞춰 입게 되어 있는데…."

무언가 더 설명할 듯하더니 그냥 말을 끝내는 것이었다. 갑자기

분위기가 썰렁해지고 잠시 침묵이 흘렀다. 내 질문에 어떤 잘못이라도 있는 걸까? 좀 이상한 분위기가 느껴지긴 했지만 결코 해서는 안 될 질문을 했다고 생각되지는 않았다. 그리고 다른 신임판사들 가운데 법복과 관련해 다른 의견을 표시한 사람도 없었기 때문에 그 일은 그렇게 그냥 지나간 일이었다.

김영일 판사와 나는 그날 오후에 바로 대구로 내려가 대구지방법원장께 부임인사를 하고 그 다음날부터 법관업무를 시작했다.

그런데 재판업무를 시작한 지 얼마 지나지 않은 어느 날이었다. 이상한 소리가 들려왔다.

"재판을 한 건도 해보지 않은 신임판사 중에서 벌써 돈을 밝히는 판사가 있다"는 소문이 돌았다. 나를 지적해서 떠도는 이야기는 아니었지만 나로 인해서 생겨난 이야기라는 느낌이 머릿속에 번개같이 스쳤다. 행정처 차장실에서 있었던 "법복을 대법원에서 일괄적으로 맞춰주지 않습니까?"라는 내 질문이 꼬리를 달고 그렇게 전파된 것 같았다. 행정처 차장은 그 질문을 마치 내가 공짜로 법복이 지급되기를 바란다는 취지로 받아들여 얼굴이 일그러졌구나 하는 생각이 들었다.

참으로 기가 막힐 노릇이었다. 법원 고위직에 있는 선배법조인의 사고가 그 정도란 말인가? 실망을 넘어 분노가 끓어올랐다. 법복을 나라에서 공급해 주는 것이 당연하지 않느냐는 취지의 의견 제시였을 뿐이다. 돈을 탐하는 뜻에서 나온 의사표시와는 전혀 무관한 것이었다. 더욱이 나에게 그 질문의 취지를 설명하거나 변명을 할 기회가 주어진 바도 없었다.

고민 끝에 그 소문을 못 들은 척 넘어가기로 마음먹었다. 그렇지만 나는 재물을 탐하는 법관으로 이미 낙인찍혀버린 듯한 느낌이 들어 오랜 세월동안 마음이 편하지 않았다. 법원이 참으로 무서운 조직이라는 생각이 들었다. 그런데 신기한 것은 그 일이 있은 지 얼마 후부터는 법복을 개인부담으로 맞추게 하지 않고 대법원에서 구입해 주었다는 사실이다. 내가 겪은 모욕적인 소문의 대가가 그러한 결과로 돌아온 것인지는 알 수 없는 일이다. 하지만 그때 내가 겪은 모욕감은 아직까지도 완치되지 않은 상처로 마음속에 남아 있다.

법복을 둘러싼 소문으로 한바탕 곤욕을 치르고 있는 와중에 충격적인 일이 또 일어났다. 재판업무를 시작한 지 10여 일이 지난 어느 날, 대구고등법원 수석부장판사실에서 전화가 걸려왔다.

"부임한 지 10여 일 지났는데도 고등법원장님께 얼굴조차 안 내밀다니…, 도대체 뭣들 하는 거요! 법관이기 이전에 인간이 되어야 하는 게 아닙니까?"

몹시 짜증 섞인 목소리의 불호령이었다. 사실 대구고등법원장은 대구지역 재조 법조계의 제일 웃어른이다. 그분에게 부임인사 하는 것을 소홀히 할 우리가 아니었다. 혹시 나는 그런 실수를 범할지 모르지만, 언제나 매사에 완벽한 김영일 판사는 그럴 사람이 절대 아니다. 우리는 부임 첫날부터 3일 동안 매일같이 오전, 오후 2 차례 고등법원장께 인사하러 갔었는데 그때마다 자리에 있지 않아 뵙지 못했다. 할 수 없이 비서에게 고등법원장님이 사무실에 계실 때 연락을 해 달라고 부탁해 놓았다.

그 후로 우리는 미숙한 재판업무 때문에 정신이 없어서 깜빡 잊고 있었고, 비서마저도 날짜가 지나다 보니 무관심했던 것이다.

"네… 죄송합니다. 곧 올라가 뵙겠습니다."

김영일 판사와 나는 기겁을 해 고등법원장실로 달려갔다. 법원장에게 자초지종을 설명했다.

"그랬나? 그러면 그렇지, 법관이 그럴 리가 없지" 하면서 오히려 여비서를 불러 꾸중했다. 그리고는 법관이 갖춰야 할 자세와 업무처리 등에 관한 덕담을 해주면서 임관을 거듭 축하해 주었다. 고등법원장에게 부임인사를 제때에 하지 못한 사건은 그것으로 모두 끝났다고 생각했다.

그런데 옆에 있던 수석부장판사가 큰 소리로 우리를 다시 꾸짖기 시작하는 것이었다.

"그 정도의 변명으로 다 끝나는 게 아니에요. 감히 우리 원장님이 어떤 분인데 그런 무례를 범할 수 있단 말이오! 원장님이 워낙 너그러우신 분이라 이렇게 용서해 주시는 거요. 앞으로 정신 차리고 잘해요. 알았어요?"

그의 호통은 법원장에게 들려주려는 아부성 발언으로밖에 이해되지 않았다. 법원장이 이미 이해하고 축하까지 해준 마당에 저토록 열을 올리며 다시금 부언할 필요가 있을까? 초임법관인 우리들에게 권위주의적이고 관료적인 색채의 사법부를 확실히 보여준 셈이었다.

법관으로 새 출발을 하면서 겪은 앞의 두 가지 사건은 나에게 시사하는 바가 컸다. 앞으로 법관으로 잘 근무하려면 언행에 조심해야 하고, 무엇보다도 꼬투리 잡힐 우려가 있는 행동은 그것이 정당한 일이라고 하더라도 신중해야 한다는 인식을 깊이 심어 주었다. 평소에 성실한 자세로 오로지 정의로운 판결을 하는 것만이 법관이 가야 할 길이라고 생각했었다. 그런데 대수롭지 않게 생각되는 사항에 대해서도 신경을 곤두세우며 법관생활을 해야 되겠구나 하는 걱정이 태산 같았다. 어린 시절의 순수했던 법관에 대한 나의 꿈은 이상과 현실 사이에서 첫 출발부터 이렇게 얼룩져 갔다.

미니스커트와 장발(長髮)

1976년 봄, 서울형사지방법원 판사로 근무할 때였다. 서울 서대문구 응암동에 있는 즉결재판소에 6개월간 파견되어 즉결재판 업무를 전담한 적이 있다.

밤 12시부터 새벽 4시까지 '야간통행'이 금지됐던 그 당시 한국사회의 실상을 회상해 보면, 전시상황 같은 긴장된 암흑세상이 연상된다. 그리고 어느 미개한 사회의 우스꽝스러운 행동양식을 마치 미풍양속(美風良俗)이나 되는 것처럼 법으로 강제하려는 모습을 영화 장면에서 보는 것 같기도 했다.

밤 12시가 되어 통행금지 사이렌이 울리기만 하면 미처 집에 돌아가지 못한 사람들이 경찰관의 단속을 피하려고 바쁘게 움직였다. 그 모습은 그야말로 적의 공습을 받고 있는 전쟁터를 연상케 하기에 충분했다. 새벽 4시까지의 쥐죽은 듯 조용한 서울거리는 한마디로 적의 공습을 피하려고 숨죽이고 있는 암흑의 거리 같았다.

여자들이 무릎 위까지 보이는 미니스커트를 입고 다니거나, 남자들 머리카락이 귀를 덮을 정도로 장발인 채로 다니면 다른 사람에게 혐오감을 준다는 이유로 모두 경범죄처벌법 위반으로 처벌

받아야 했다. 여자는 될 수 있는 대로 몸의 노출을 피해야 하고, 남자는 가능한 한 머리를 짧게 깎아야 했다. 그래야 다른 사람에게 혐오감을 주지 않는다는 것이고 그러한 미풍양속(?)을 법으로 강제하는 것이 당연한 것으로 받아들여졌다.

미니스커트·장발 단속과 관련해 내가 즉결재판을 담당하고 있을 때 적용되던 경범죄처벌법은 1973년 3월 1일 발효되었다. 경찰관들은 가위와 줄자를 가지고 다니며 장발과 미니스커트를 집중 단속했는데, 그 첫날 단속에서 무릎 위 30cm까지 올라오는 초(超)미니스커트를 입고 가던 장 모 양(23)이 파출소로 연행되는 기사가 어느 일간신문 사회면에 크게 실렸고, 장발단속에 걸려 강제로 머리를 깎인 사람이 그 한 해에만도 무려 12,870명에 이르렀다. 남자는 머리카락을 치렁치렁 늘어지게 기르고, 여자는 허벅지가 다 보이는 초미니스커트에 배꼽티를 입고 날씬한 몸매를 자랑삼아 거리를 활보하는 요즘의 자유분방한 한국사회에서는 위와 같은 단속은 상상하기 어려운 사생활 침해라고 생각될 것이다.

경찰은 하루 종일 통행금지 시간을 위반해 거리에 나다니는 사람, 무릎 위로 17cm 이상 올라가는 미니스커트를 입고 다니는 여자, 머리카락이 귀밑을 덮을 정도로 장발인 남자, 길에서 오줌을 누는 이른바 노상방뇨자, 야간에 술이 취해 길에서 큰 소리로 노래를 부르는 고성방가자, 손님의 승차를 거부하거나 합승을 시키며 부당한 요금을 받는 택시 운전수, 운전면허증을 소지하지 아니한 운전사, 음식점에서 음식을 돈 없이 공짜로 먹은 무전취식자 등을 단속하여 적발된 수백 명의 범법자들을 경찰서 유치장에 인치(引致)했다가, 다음날 아침 즉결재판소로 데리고 왔다.

즉결재판은 질문과 답변 그리고 판결을 내리는 데 한 사람당 20초 이내에 대부분 끝났다. 통행금지 시간을 30분 어긴 사건의 경우에 "통행금지 시간을 30분 어겼습니까?"라는 판사의 질문에, 피고인이 "네"라고 대답하면, 판사는 그 즉시 "구류 ○일"이라고 판결을 선고했다.

그리고 미니스커트를 입은 여자나, 장발인 남자의 경우에는 피고인의 성명을 불러 일어나게 한 후, 어떠한 질문을 하거나 변명을 아예 듣지도 않은 채 그 외관만을 보고 "구류 ○일 또는 벌금 ○원"이라고 선고하면 재판이 끝났다. 그렇게 하루에 평균 300명, 많을 때에는 500여 명에 이르는 범법자를 재판하기도 했다.

수십 년의 세월이 흐르고 세상 사람들의 살아가는 방식이 모두 바뀐 지금에 와서는 이해하기 힘든 일이다. 지금은 장발이나 미니스커트에 대한 처벌규정이 없을 뿐 아니라 위와 같은 재판의 방식이 허용될 수 없지만 그 당시에는 모두 당연한 것으로 받아들여졌다. 나도 특별한 거부감 없이 그 법률을 적용해 위와 똑같은 방식으로 즉결재판을 했다.

내가 즉결재판한 사건 중에서 특히 기억에 남는 사건이 있다. 그것은 서울운동장 야구장에서 술에 취한 사람이 깨어진 소주병을 관람석에 던져 한 사람의 머리를 다치게 한 사건이었다. 야구 구경을 하는 불특정 다수인을 향해 깨어진 소주병을 던지다니….

즉결재판에서 처벌할 수 있는 최고형인 구류 29일을 선고했다. 정식 형사사건으로 기소해 더욱 엄하게 처벌해야 할 사건이라고까지 생각했기 때문에 구류의 최고형을 선고한 것인데 그 다음날 아침 신문들은 이를 대서특필로 보도했다.

1982년 1월 2일자로 중·고등학교 교복 및 학생의 두발이 자유화되었다. 그리고 그로부터 4일 후인 6일 0시를 기해 미군정 이후 36년간이나 지속된 야간통행금지가 해제됨으로써 그때부터 우리나라에 본격적인 '밤문화'가 생겼다. 1982년 2월에 〈애마부인〉이

최초의 심야영화로 상영되었는데 그 개봉 첫날 넘치는 인파로 인해 심야극장의 유리창이 깨지는 사태까지 발생했다.

위와 같은 일련의 자유화 조치는 같은 해 3월 27일 오후 2시 25분에 서울운동장에서 열린 삼성라이온스와 MBC 청룡의 프로야구 개막전과 함께 제5공화국이 민심을 돌리기 위한 정치적 의도에서 취한 조치로 인식되기도 했다. 하지만 지금 생각해 보면 그 모두가 시대변화에 부응한 당연한 조치였다는 느낌이 든다.

장발인 남자와 미니스커트를 입은 여자를 구류에 처하라는 법률이 아직도 존재한다면 판사가 어떻게 재판할까? 세월이 흐르고 지구가 몇 번 변해서 인종(人種)까지 혹시 달라진다면 다시 그런 문화(文化)가 탄생할까?

나는 한때 목사가 되고 싶었다

법관이 되겠노라고 다짐했던 초등학교 시절, 그때 내가 소망했던 세상은 단순하기 그지없어서 아름답고 살기 좋은 동화 속의 세계였다. 지금 생각하면, 그 꿈이 깨어지고 부서지는 것은 너무도 당연하다. 모두가 궁핍함이 없는 풍요로운 사회, 고통이 없고 항상 기쁨이 샘솟는 사회, 서로 믿고 사랑하며, 서로 돕고 서로 칭찬하고, 모두가 감사하며 행복을 누리는 사회, 무엇보다도 항상 정의가 불의를 이기며 자유로움 속에 질서가 있고 평화가 넘치는 사회…. 이 세상을 바르게 살다가 죽은 후에나 기대할 수 있는, 영원히 축복받는 세상, 그런 천국을 꿈꾸었으니, 그것이 어디 실현 가능한 일이겠는가.

어린 마음에 그런 세상을 만드는 역할을 감당하기 위해서는 판사의 직업이 적합하다고 생각했던 나였다. 판사가 되면 옳고 그름을 지혜롭게 가려 주어 정의를 실현함으로써 모든 사람을 바른길로 인도할 수 있을 것 같았다. 항상 불의를 멀리해 약하고 짓눌린 자가 용기와 희망을 가지는 데 보탬을 줄 수 있으리라는 생각에 가슴이 부풀었었다.

그런데 법관 생활 6년여 만에 그 꿈은 산산조각이 나는 느낌이 들었다. 어머니와 형제들을 돌아보면, 그 깊은 가난의 늪에서 헤어날 희망이 보이지 않았다. 나 자신과 직계가족의 생계와 교육비에도 못 미치는 법관의 봉급으로는 그들의 생활에 전혀 보탬이 될 수가 없었다.

그리고 직장은 내가 평소에 꿈꾸고 상상했던 그러한 법원과는 거리가 있어 보였다. 사회정의와 인권보장이 완벽하게 그리고 종국적으로 실현되는 곳, 불의가 절대로 발붙일 수 없는 곳으로 알았고 법관은 어느 누구의 눈치도 볼 필요 없이 법과 양심에 따라 공정하게 재판하기만 하면 되는 줄 알았다. 또 그렇게만 하면 내부적으로는 격려와 칭찬을, 국민으로부터는 신뢰와 존경을 당연히 받게 될 것이라고 믿었다.

그런데 그 믿음이 안타깝게도 깨지기 시작했다. 어렵고 힘들었던 학창시절에 사회로부터 느꼈던 소외감이 법원에서 다시금 외톨이가 된 것 같은 열등의식으로 작용한 것이 주된 원인인 것 같다. 판사생활을 하면 할수록 왠지 법원이 나로부터 멀어지는 것 같았다. 미술시험에서 소머리를 그리지 못하여 중학교 입학시험에 낙방했던 그때가 연상되기도 했다. 법원이 오랜 세월 동안 뿌리내린 권위주의 우산 아래 학연, 혈연, 지연 등으로 깊이 얽혀 있는 곳으로 느껴졌다. 일류 중·고등학교를 거쳐 명문대학으로 이어진 인재들이 끈끈한 선·후배 관계로 철옹성(鐵甕城)같이 존재하는 곳이

바로 법원이라는 생각을 지우기 어려웠다.

재판과정의 사건 당사자들을 통하여 비춰지는 우리 국민들의 의식과 행동양식은 과연 어떠한가? 경제성장을 최고의 가치로 생각하고 이를 계속 추구해 온 산업화 과정에서 깊이 뿌리내린 물질만능주의, 그리고 극도의 개인주의 및 이기주의는 사법부의 재판과정에도 크게 영향을 미치기에 이르렀다. 법률에 의한 공정한 재판을 받기보다는 수단방법을 가리지 않고 재판에 이기겠다는 생각들이 주류인 것 같았다. 재판에 영향을 미칠 수 있다고 생각되기만 하면 물질이나 학연·지연을 모두 동원하려는 풍조가 바로 그것이다.

'힘이 있어야 재판에 이긴다'느니, '돈이 없어서 재판에 졌다'느니 하는 소리가 들리면 나는 가슴이 미어지는 것 같았다. 민사재판에서 패소한 당사자나 형사재판에서 유죄선고를 받은 사람들로부터 자신의 잘못을 솔직히 시인하는 모습을 찾아보기 힘들었다. 사법부의 공정한 재판을 믿어야 한다고 주장할 자신이 없어 묵묵히 답답함과 슬픔을 삼키기도 했다.

언제부터인가, 법관으로 이 세상을 살아가는 것에 대해 회의가 싹트기 시작했다. 우리 가족은 어찌하면 가난에서 헤어날 수 있을까. 도대체 재판받은 사람들은 이긴 사람이나 진 사람이나 왜 법원에 대하여 신뢰를 보내는 데 인색할까. 이해당사자가 저마다 법관보다 법률을 더 잘 알고 있는 것처럼 재판을 비평하기도 하고, 언론이 여과 없이 이를 보도하는 상황에 접할 때면 안타깝기 그지없었다.

도대체 세상 사람들은 왜 저토록 양심을 속여 가며 싸울까? 분쟁을 법으로 해결하려는 사람들이 판사의 소송 지휘에도 아랑곳하지 않고 법정에서 소리 지르며 싸우는 경우가 비일비재하다. 도대체 왜 저들은 편을 갈라가며 끼리끼리일까? 재판을 어떻게 해야 법관을 믿고 법원을 신뢰하게 할 수 있을지 고민이 많았다.

마주치는 것마다 두려움이 앞서고 눈에 보이는 것마다 귀에 들리는 것마다 아픔이고 고통 같았다. 날이 가고 해가 더할수록, 어깨에 무거운 짐이 하나씩 늘어나 내 작은 몸을 짓누르는 듯했다.

사방이 어둡게만 보였다. 모두가 행복하게 사는 아름다운 사회라니, 그 얼마나 허황된 꿈이었던가?

이런 내 아픈 마음을 가장 잘 꿰뚫어 보고 있는 오직 한 사람이 있었다. 1970년, 내가 법관이 되던 해 겨울에 광부가 되려고 서독으로 홀로 떠난 사랑하는 동생 지광(志光)이다. 판사 월급이 가족들 뒷바라지에 턱없이 모자라는 사실을 알아챈 그는 자신마저 나에게 짐이 될까 염려가 되었던 것이다. “형님은 훌륭한 법관이 되세요”라는 말을 남기고 낯선 서독에 가서 광부가 되었다. 내가 사법고시에 합격하던 날, 우리 집안이 적어도 먹고 사는 문제는 해결되지 않겠나 하는 기대로 그렇게 기뻐하고 감사해 하던 동생이었다.

지광이는 독일에 가기 몇 해 전부터 교회에 열심히 다녔다. 사실 나는 자유당 때 깡패 두목급이었던 유지광과 이름이 똑같아 혹시 그도 언젠가 난폭한 사람이라도 되면 어쩌나 하고 터무니없는 염려를 한 적이 있다. 동생은 내 간곡한 만류에도 아랑곳하지 않고 떠나버렸다.

처음엔 어찌 그토록 과감한 결단을 내렸는지, 도저히 이해할 수가 없었고 마음이 아팠다. 하지만 5년 가까운 기간 동안 독일에서 날아온 많은 편지를 통해 그의 용기 있는 행동이 하나님에 대한 깊은 신앙심에서 나온 것이었음을 알게 되었다.

독일에 간 이후 그는 더더욱 신앙심이 깊어졌다. 광부로서 자신의 직업에 충실하면서 열심히 신학을 공부했다. 그리고는 미국으로 건너가 신학박사 학위를 취득하고 목사가 된 것이다. 광부로 일하면서 그는 나를 격려하고 위로하는 눈물겨운 편지를 자주 보내왔다. 매년 모은 돈을 어머님과 형제들을 위해 쓰라고 내게 보내기도 했다.

“형님, 하나님이 항상 형님 곁에 계십니다. 하나님이 형님을 얼마나 사랑하는지 몰라요. 아무것도 두려워하지 마세요. 그것이 비

록 죽음일지라도 말입니다."

동생은 편지마다 하나님의 존재를 간절히 내게 강조했다. 그의 말은 신앙의 차원을 넘어서 현실적으로 내가 힘들 때마다 많은 위로가 되었다. 어떠한 열악한 상황 속에서도 그에겐 기쁨이 있고 희망이 있었다. 그는 실제로 하나님의 사랑과 은총 안에서 늘 살고 있었다.

그와 비교해 볼 때 내 입장이나 형편은 너무도 좋았는데도 나의 마음은 항상 메마른 사막이었다. 삶과 직업에 대한 회의가 깊어지면서 나는 동생 같은 신앙인이 되고 싶어졌다.

1976년 가을, 나는 어머님이 다니는 교회에 나가기로 했다. 그때 어머니는 새벽기도를 하루도 빠짐없이 다니는 것은 물론, 기도원을 다니며 금식기도 철야기도까지 마다하지 않았다. 정신장애가 있는 당신의 딸을 치유해달라고 통곡하며 하나님께 매달렸다.

어머니를 따라 내가 교회에 발을 들여 놓은 첫날, 목사님의 설교는 신선한 충격으로 내 마음을 사로잡았다.

'수고하고 무거운 짐 진 자들아, 다 내게로 오라. 내가 편히 쉬게 하리라!'

너무도 모든 것이 힘들게 느껴졌기에 내가 매달리고 싶은 구절이었다. 내가 얼마나 무거운 짐을 내려놓고 편히 쉬고 싶었던가.

어머니를 따라 저절로 입에서 '아멘'이 터져 나왔다.

그 후로 매주 일요일이면, 예배가 시작되기 전 일찌감치 교회에 나가 앞자리를 차지하고 앉았다. 그리고 나면 나도 모르게 저절로 기도가 나왔다.

"주님, 사랑합니다. 이 연약한 저를 불쌍히 여겨 주시옵소서."

무엇을 어떻게 간구하며 기도해야 하는지도 모르고 무조건 연약한 나를 도와달라고 기도했다. 그냥 교회에 앉아 있기만 하면 아무 생각 없이 눈물이 나기도 했다.

어느 때는 나도 모르게 흐느끼며 엉엉 소리까지 내어 운 적도 있다. 이 모습을 본 어머니는 이를 가리켜 성령이 나에게 임하신 것이라고 일깨웠다.

그런 나의 모습을 지켜본 어느 집사님이 어머니께 "판사가 되어 승승장구하고 잘 나가는 권사님 아들이 저토록 눈물로 기도하는데 도대체 하나님께 무엇을 그토록 간구하는지 너무너무 궁금하다"고 하면서 내게 물어봐 달라고 했다는 것이다. 사실 나는 구체적으로 무엇 때문에 그렇게 슬펐는지, 무엇 때문에 그리 눈물이 났는지 모른다. 이유를 설명할 수도 없는 눈물이 그저 하염없이 흐른 것뿐이었다.

전지전능한 하나님이라면, 내가 말 안 해도 내 마음을 다 아시고, 내 허전한 마음을 채워주시며, 내 소원을 들어 주실 것 같았다. 그저 내가 힘들게 느꼈던 모든 짐을 하나님 앞에 내려놓는 기분이었다. 매주 빠짐없이 주일을 충실히 지킬 때마다, 실제로 소원이 하나씩 둘씩 이루어지는 것만 같았다. 성경말씀을 통하여 은혜를 받을 뿐 아니라, 찬양으로 생명의 단비가 촉촉이 내려 무거운 마음을 쓸어내리는 듯했다.

내일 일은 난 몰라요. 하루하루 살아요. 불행이나 요행함도 내 뜻대로 못해요 … 주님 예수 팔 내미사 내손 잡아 주소서. 내일 일은 난 몰라요. 장래 일도 몰라요. 아버지여 날 붙드사 평탄한 길 주옵소서.

수물가에 여인처럼 난 구했네. 헛되고 헛된 것들을. 그때 주님 하신 말씀 내 샘에 와 생수를 마셔라. 오오 주님 채우소서. 나의 잔을 높이 듭니다. 하늘 양식 내게 채워주소서. 넘치도록 채워주소서.

주 하나님 지으신 모든 세계. 내 마음 속에 그리어 볼 때 하늘의 별 울려 퍼지는 뇌성 주님의 권능 우주에 찼네.

주님의 높고 위대하심을 내 영혼이 찬양하네. 주님의 높고 위대하심을 내 영혼이 찬양하네.

나 같은 죄인 살리신…. 내 주여 뜻대로….

죄 짐 맡은 우리 구주…. 나의 갈길 다가도록….

태산을 넘어 험곡에 가도…. 주님 뜻대로 살기로 했네….

여호와는 나의 목자시니….

찬송가를 부를 때마다 정말 마음의 위로를 받고 새 생명을 얻은 기분이었다. 어떠한 시가 이처럼 나를 감동시키고 감화시킬 수 있었겠는가. 마음의 평안이 찾아왔고, 충만한 은총에 싸여 있는 것 같아 더 이상 외롭지 않았다. 봉사활동으로 교인들에게 법률상담을 해주는 일도 즐거웠다. 하나님께 나를 인도해준 동생이 너무도 고마웠다.

미국에서 목사가 된 후에도 동생은 가끔 한국에 왔다. 그때마다 동생은 나도 모르게 법원에 와서 내가 재판하는 모습을 지켜본 모양이다. 집에 와서는, "형님은 지금이라도 판사를 그만하시고 신학을 공부해서 인류를 구원하는 세계적인 선교사가 됐으면 좋겠어요"라고 말하곤 했다. 그리고 신학공부 뒷바라지를 자기가 하겠다는 것이었다. 그래서 신학박사가 되고 목사가 되면, 자기가 계획하고 있는 종교관련 언론사를 인수하여 그것을 내게 맡기고 싶다고 했다.

나는 그때, 동생의 그러한 적극적인 권유에 따를 생각이었다. 아마도 그즈음 교회에 대한 개인적인 실망감과 신앙에 대한 나태함이 생기지 않았더라면, 정말 동생의 바람대로 목사가 되었을지도 모른다.

그런데 어느 때부턴가, 내 눈에 비친 교회는 부조리한 이 세상의 연장이거나 또 다른 축소판같이 느껴졌다. 교회 내부의 파벌, 말씀과 실천의 불일치, 물질과 형식에 기우는 듯한 교회운영 등 나로서는 납득하기 어려운 가슴 아픈 일들이 그곳에서도 벌어지고 있었다.

교회내부의 사정을 알면 알수록 그곳은 더 이상 고통받는 자의 안식처가 아니라는 느낌마저 들었다. 위로받으러 간 내게, 오히려 새로운 고통을 안겨주는 곳 같았다. 무거운 짐을 내려놓을 곳이라기보다는 새로운 짐을 더 지게 하는 곳 같아서 나를 혼란스럽게 했다. 끝내는 내가 무엇을 하든, 어디에 있든, 오로지 내가 맡고 있는 직분을 성실하고 완벽하게 수행하는 길만이 내가 가야 할 길이라고 생각됐다.

1987년 12월 사랑하는 동생 지광이는 43세의 젊은 나이에 세상을 떠났다. 나는 동생을 잃은 슬픔과 함께 10여 년의 기독교 신앙생활에서 멀어져 갔다.

지금도 문득 그 동생의 음성이 들린다.

"형님! 하나님이 항상 형님 곁에 계십니다. 하나님이 형님을 얼마나 사랑하는지 몰라요. 아무것도 두려워하지 마세요. 그것이 비록 죽음일지라도 말입니다."

그 동생의 믿음을 내가 따라갈 수만 있으면 좋을 텐데….

인생은 도박?

1979년 6월 25일부터 8월 6일까지 네덜란드 헤이그에 있는 국제사법재판소에서 법관연수를 마친 다음, 동생 지광(志光)이와 지욱(志旭)이가 살고 있는 미국 LA를 방문했다.

어머니는 그때를 맞추어 나보다 먼저 그곳에 와 계셨다. 지광이 내외, 지욱이 내외, 어머니, 나, 이렇게 여섯 식구가 해외에서 한자리에 모이게 된 것이다.

목사 동생 지광이는 독일에서 공부로 있을 때 가족들이 참석하지 못한 채 결혼했기 때문에 어머니와 나는 새로운 가족이 된 제수씨를 처음으로 마주하게 된 것이다. 우리 모두는 눈물겹고 뭉클한 갖가지 사연들을 서로에게 들려주면서 이야기꽃을 피우며 홀딱 밤을 새우기도 했다.

이틀이 지난 후였다. 두 동생들은 나를 가장 기쁘게 해줄 일이 무엇인가 궁리하는 눈치더니 엉뚱하게도 라스베이거스의 도박장에 진출시키기로 결론을 내렸다.

"형님! 라스베이거스에 가서 형님 도박실력을 발휘해 보시는 게 어때요?"

처음엔 장난삼아 하는 얘기인 줄 알았는데 동생들은 진짜 그러려는 기세였다.

"넌, 목사가 무슨 그런 델 가도 되는 거니?"

"아이…, 형님도, 하나님은 내가 형님 사랑하는 거 말리지 않으세요. 하나님 그런 분 아니에요."

"하지만 내가 무슨 실력이 있다고 그런 델 가. 몽땅 털리면 어쩌려고."

"잃으면 어때요. 형님 실력이 어느 정도인가도 궁금하지 않으세요? 저희가 밑천을 대 드릴게요. 한번 재미삼아 가보자구요."

동생들은 막무가내였다. 그리고 이미 신바람이 나 있었다.

지광이는 1975년 미국으로 이주하여 TV수리점을 차렸다. 그때 한국에 와서 3개월 만에 벼락같이 배운 TV수리기술로 이국땅에서 황무지를 개척한 것이다. 독일에서 광부로 일하면서 시작한 신학 공부를 TV수리공으로 일하던 미국에서 계속해, 1978년 시카고 덴버에 있는 개척교회 목사가 되었고 그 후 신학 박사학위까지 취득했다.

그 동생은 항상 그렇게 나를 깜짝깜짝 놀라게 했다. 나는 그토록 무계획적이고 무모해 보이는 그의 삶의 방식이 하나님에 대한 강한 믿음에서 비롯된 것임을 나중에야 깨달았다.

지욱이는 1977년 7월 간호사인 그의 아내와 함께 미국에 들어갔다. 그의 전공은 아니었어도 지광이보다는 좀더 전문적으로 TV수리기술을 배워 미국으로 건너갔다.

든든한 동생 지욱이의 등장으로 가게 간판은 Boys' TV Repair Shop(소년들의 TV 수리점)으로 바뀌었다. 허름하고 보잘것없는 조그마한 가게였지만, 그곳은 분명 형제애(兄弟愛)가 남달랐던 지광이와 지욱이의 삶의 터전이었다.

그들은 다지밴(Dodge Van)이라는 낡은 차량을 운전하여 나를 한국의 도박 대표선수라고 부르면서 라스베이거스를 향해 아침 일찍 출발했다. 우리 형제 삼총사는 한탕 털기 위해 말을 타고 광야를 달리는 서부영화의 총잡이가 된 기분이었다. 떠나기 전에 지욱이가 말했다.

"어머니, 판사형님 도박실력을 발휘하러 먼 곳에 좀 다녀올게요. 라스베이거스라고 하는 곳인데요, 하룻밤 자고 올 거예요."

어머닌 무슨 영문인지 모르지만 아들들이 즐거워하는 모습에 덩달아 신나하며 잘 다녀오라고 배웅했다. 그런데 그 옆에 있던 지욱이 아내가 한마디 거들었다.

"이번 일만 잘 되면, 우리 집안에 무슨 일이 나겠네요."

그렇게 농을 던지는 바람에 정말 무슨 큰일이라도 도모하러 가는 분위기가 되어 한바탕 웃음바다가 되었다.

한여름 사막의 날씨는 섭씨 40도를 웃돌았다. 낡은 밴은 더위를 못 이기는 듯 보닛(bonnet)에서 김이 무럭무럭 났다. 두 동생들은 운전을 교대로 하며 140킬로의 속도로 모하비 사막을 질주했다.

나는 차가 저렇게 부글부글 끓다가는 금방이라도 터져버릴 것 같아 불안해 견딜 수가 없었다.

"아이, 형님! 괜찮다니까요. 염려마세요."

둘은 매사에 지나치게 조심성이 있는 나를 나무라듯 하면서 안심시켰다. 나는 애써 불안을 떨쳐버리고 들떠있는 동생들의 기분에 맞춰 이야기꽃을 피웠다.

"형님!"

사막 한가운데서 보닛이 터진들 무슨 대수냐는 듯이, 운전대를 지욱이에게 넘겨준 지광이가 싱글싱글 웃으며 말을 꺼냈다.

"벌써 5년 가까운 세월이 흘렀네요. 제가 석 달 안에 TV수리기술을 배우겠다고 한국에 간 것 말이에요. 독일에서 결혼하고, 아무 대책도 없이 무작정 미국에 와보니 먹고살 길이 너무도 막막했어요. 형님이 애타하시고 걱정하실 걸 잘 알면서도 염치불구하고 그렇게 형님 곁으로 갈 수밖에 없었어요."

"너의 그 거침없고 무모한 행동에 기절초풍한 적이 어디 한두 번이냐. 독일 갈 때도 그렇지, 혼자 장가 든 것도 그렇지, 목사가 된 TV수리공은 또 어떻고? 너를 보면 아마 도깨비도 혼비백산해서 도망갈 거다. 그런 네가 느닷없이 나타나 3개월 안에 TV수리기술자가 되겠다니, 그때 내가 무슨 생각을 했겠니?"

"그런데도 학원비를 마련해서 TV학원 원장을 직접 찾아가 판사 명함까지 팔아가며 이 못난 동생을 잘 부탁한다고 하셨으니… 어디 그뿐인가요? 동대문, 청계천에 있는 가전제품 중고가게를 이 집 저 집 저와 함께 돌아다니며, 나는 이러이러한 유(柳) 아무개인데 동생이 TV수리기술을 석 달 안에 배워서 미국에 들어가야 하니, 학원에서 배운 것을 이곳에서 실습할 수 있도록 도와달라고 주인들한테 일일이 청탁까지 하셨죠. 그 모습을 바라보는 제 마음이 어땠겠어요."

"지금 말이지만, 난 네가 정말 그렇게 그걸 배워서 써 먹을 수 있을지가 의문이었단다. 네가 너무도 간절히 원하니까 마지못해 응해 주긴 했지만, 전기(電氣)의 전(電)자도 배운 적 없는 네가, 도대체 상식적으로 납득할 수 있는 일이어야 말이지. 그래도 난 늘 너의 용기 있고 저돌적인 삶의 방식을 자랑스럽게 여기고 있었지. 엉뚱하지만 믿음직스럽기도 했고.

네가 한 말 기억나니? 아침이면 밤새워 새까맣게 TV전기회로를 그린 종이를 내게 보여주며, '형님, 제가 배운 적도 없는데 이걸 어떻게 알겠어요. 그런데 하나님께 기도하며 이걸 골똘히 들여다보면 신기하게도 저절로 알게 돼요'라고 했던 말."

"그럼요. 그게 사실인 걸요. 그리고 보세요. 지금 정말 그 새까만 회로도면 덕분에 이렇게 밥먹고 살게 됐잖아요. 이래 봬도 'Boys' TV Repair Shop'하면 그 근방에서 두 형제가 성실하게 운영하는 가게로 잘 알려져 있다고요. 사실 지욱이가 아니었으면, 저 혼자 무척 고생했을 거예요. 지욱이가 힘을 보태주는 바람에 신학공부도 했고 목사도 됐고요. 지금은 저 없이도 지욱이 혼자서 가게를 더 잘 운영하고 있어요. 우리가 살고 있는 모습을 보시니까 소감이 어떠세요?"

"그때 배운 짧은 기술을 가지고 이렇게 미국 땅에서 자리 잡고 살고 있다니, 사실은 눈으로 확인하고도 믿어지지 않는구나. 이런 형편에 신학을 공부하여 목사가 되고, 거기다가 신학박사까지 된 것도 그렇고."

"형님, 여기까지 오기에는 참으로 기막힌 우여곡절이 많았어요. 3개월 만에 미국에 오자마자, 'TV Repair Shop'이라고 간판을 내걸었지요. 그런데 글쎄, 그 다음날 손님이 고장 난 TV를 들고 찾아온 거예요. 너무도 반가웠지만 얼마나 놀랐는지 아세요? 짧은 영어실력에 입이 떨어져야 말이죠. 손님이 이래저래 고장 난 내용을 설명하는데 전혀 알아들을 수도 없는 거예요. 식은땀이 등줄기에서 주욱 흘러내렸어요. 대충 눈짓 손짓으로 알아들은 시늉을 하고, 손님이 보는 앞에서 TV를 뜯어보니 도대체 어디가 고장인지 알 수가 있어야죠. 무턱대고 이것도 만져보고 저것도 만져보고 이리 해보고 저리 해보고 해도 아무런 반응이 없으니… 손님은 서서 지켜보고 있죠. 알 수는 없죠. 식은땀이 얼굴로 등줄기로 비질비질 흐르고 있는 거예요. 시간이 오래 걸릴 것 같으니 놓고 가라 했죠. 고치면 집으로 갖다 주겠다고. 그가 간 후, 며칠 만에 온갖 짓을 다 해보다, 마침내 고치게 됐는데 그 감격은 이루 말할 수가 없었어요."

동생은 무용담이라도 들려주듯 낯선 미국에서 고생하며 자립하던 때의 얘기를 들려주었다.

"더 재밌는 것은 TV를 갖다 주러 며칠 만에 손님 집에 가니까, 내가 실력이 부족해서 수리가 지체된 줄을 모르더라구요. 고치기 어려운 것을 고친 줄로 알고는 고맙다고 수리비를 더 주는 거예요. 양심의 가책도 없이 그 돈을 다 받았으니, 제가 천당에 못 가면 아마 그것 때문일 거예요. 그런 일이 한두 번이 아니었지요. 미국 사람들은 내가 몰라서 땀을 뻘뻘 흘리며 애써 일하는 모습을 보면, 힘든 것을 부탁해서 오히려 미안하다고 돈을 얹어주곤 했어요. 손님들이 한꺼번에 몰려들어 올 때는 전 정말 죽을 지경이었고요. 손님이 많이 오면 겁이 났다니까요. 그러다가 한동안 손님이 뚝 그치기라도 할 땐 어이쿠! 큰일 났다 싶었죠. 아무튼 손님이 많아도 걱정, 없어도 걱정이었죠. 미국사람들은요, 우리나라 사람들처럼 새 것 사는 것을 좋아하지 않아요. 될 수 있으면 물건을 수리해서 쓰는 습성이 있더라구요. 10달러면 새로 살 수 있는 것을 고치는 데 5, 6달러 들어도 미국 사람들은 대부분 고쳐서 써요. 우리나라 사람들은 5, 6천 원 주고 고치느니 대부분 만 원 주고 새로 사지 않을까요? 그런 그들의 습성 때문에 제가 이곳에서 기적처럼 살아난 거구요. 이 일을 선택한 건 정말 도박 중의 도박이었어요."

"그러고 보니까 도박근성은 네가 가지고 있구나. 하하하."

죽도록 힘들었던 일, 슬펐던 일, 기뻤던 일…. 우리 삼총사는 지난 얘기에 울고 웃으며 광야를 달렸다. 남달리 형제애가 깊은 우리들은 그동안 얼마나 보고 싶었는지, 얼마나 한없이 이야기를 나누고 싶었는지 모른다. 얼마나 환상적인 만남이며 꿈같은 대화였던가.

이 글을 쓰고 있는 지금도 43세 젊은 나이에 세상을 떠난 목사 동생 지광이의 모습이 떠오른다. 시속 140킬로로 광야를 달리는 다지밴 안에서 그때 못 다한 이야기를 함께 나누는 환상에 사로잡힌다.

우리는 고속도로를 질주하다 허름한 주막 같은 간이식당에서 닭튀김과 햄버거로 점심을 때운 뒤 저녁 무렵 라스베이거스에 도착했다. 사막 한가운데 이렇게 화려한 도시를 세우다니. 밖의 기온은 40도를 웃돌고 있는데 네온사인으로 휘황찬란하게 장식한 호텔들은 우뚝 서서 손님들을 유혹하고 있었다. 우리는 저녁을 먹은 후, 세계적인 도박 명소인 이곳 분위기가 과연 어떤지를 알아보기 위해 서너 군데 호텔을 둘러보았다.

호텔마다 입구는 왁자지껄 들어가고 나오는 사람들로 북새통을 이루었다. 사람들을 비집고 안으로 들어갔다. 즐비하게 늘어선 슬롯머신에 매달려 게임에 몰두하는 사람들이 눈에 띄었다. 좀더 안으로 들어가니 수많은 테이블 위에서 도박판이 벌어지고 있었는데, 처음 보는 게임 종류가 너무 많아 눈이 휘둥그레졌다.

오픈 된 홀이 아닌 안쪽 룸에서는 큰 도박이 벌어지고 있는 것 같았다. 아마도 호텔 측과 손님들과의 게임이거나 미리 예약된 큰 손님들끼리의 도박으로 짐작됐다.

질서유지와 안전을 위해 경비 보안요원들이 감시하고 있었다. 그들은 돈을 딴 사람들을 위해 특별 경호도 해준다고 했다. 호텔마다 별 다른 차이는 없는 것 같았다.

우리는 그렇게 대강 분위기를 파악한 후, 실전에 돌입하기 위해 한 호텔로 들어섰다. 동생들은 내 포커실력이 과연 어느 정도인지 호기심 반 기대 반으로 나를 주시하고 있었다.

나는 동양인, 서양인, 중동인, 다섯 명이 오디너리(ordinary) 포커 게임을 하고 있는 테이블을 찾아 합세했다. 조금 긴장이 됐지만, 담담하게 세계 각국의 도박꾼들과 무언의 승부를 겨루기 시작했다.

운 좋게 첫판부터 돈을 땄다. 적은 액수였지만, 딜러는 자기 스스로 내가 딴 돈에서 임의로 약간의 팁을 자기 바구니에 담았다. 두 번째 판도 내가 이겼다. 그들은 나보다도 풋내기로 보였다. 돌아오는 길에 동생들 말에 의하면, 판이 무르익을수록 그들의 표정이 심각해지며 굉장한 실력자가 온 줄 알고 당황해 하더라는 것이었다.

뒤에서 지켜보던 동생들이 얼마나 우쭐하고 신나했을지는 두고두고 읊어대는 그들의 말을 빌리지 않아도 충분히 짐작이 갔다. 서너 시간 결전을 벌인 후, 과감하게 손을 털고 일어났다. 밤새 판을 벌이는 것은 의미가 없겠다는 생각이 들었다. 왜냐하면 게임을 하는 여섯 명의 주머니에서 빠져나간 돈이 종국에 가서는 모두 호텔 측 딜러의 바구니만 배불릴 것 같았기 때문이다.

돈을 딴 사람이 더 따겠다고 욕심을 부리는 것, 잃은 사람이 본전을 찾겠다고 계속해서 집착하는 것은 도박에 있어서 절대금물이라고 여겨왔던 나다.

200달러 갖고 시작해서 100달러 정도가 불어났다. 첫 출전의 성과로는 기대 이상이었다. 세계적으로 이름 난 국제 도박판에서 내가 돈을 따다니 기분이 좋았다.

200달러만 잃기로 하고 벌였던 도박인데…. 우리 형제가 만끽한 스릴과 재미, 거기에 감동적인 형제애를 합치면 몇백 달러가 아니라 이루 헤아릴 수 없는 부가가치를 창출했으니, 그야말로 평생 잊을 수 없는 대박을 터트린 셈이다.

동생들이 농담 삼아 나를 '도박왕'이라 부를 정도로 내가 도박에 능하게 된 것은 사연이 있다. 1965년 9월 사법시험에 합격한 후 사법대학원 기숙사에 머물게 된 것이 그 계기였다. 사법대학원 1년차에는 사법시험 4회 선배와 2년차에는 6회 후배와 기숙사에 함께 머물고 있었다.

그때 나는 짓눌렸던 삶에서 마음의 여유를 찾아 못해본 것도 해보고 싶었다. 자유도 누려보고, 낭만도 즐겨보고, 비뚤어진 길도 가보고 싶었다. 감히 내가 그런 생각을 할 수 있었던 것은 무엇보다도 사법대학원에서는 사무관 월급에 준하는 돈을 매월 지급받았기 때문이다. 월급날이 오면 화투나 포커를 할 줄 아는 대학원생들은 으레 한자리에 모여 판을 벌이곤 했다.

기숙사에 묶고 있는 동기들과 선후배뿐 아니라, 자기집에서 다니는 사람들까지도 원하면 누구든지 자리를 함께 했다. 처음엔 화투 두 장의 끗발을 가지고 승패가 좌우되는 '섰다' 게임과 화투 48장을 가지고 하는 '고스톱'부터 시작했다.

사법고시에 합격하기 전까지는 가장 밑바닥에서 옆도 뒤도 돌아보지 않고 앞만 보고 달려온 내가 아닌가. 졸업 후, 앞날이 보장되어 있는 지금에 와서도 공부에만 매달리는 것은 바보 아니면 소인(小人)같다는 생각이 들었다. 아마 나 아닌 다른 친구들도 그렇게 생각했을 것이다.

그래서인지 도박판의 분위기는 모처럼의 낭만과 삶의 여유를 즐기는 기분으로 들떠 있었다. 잃고 따는 것에 대해서 신경을 안 쓴 것은 아니지만, 가산을 탕진하거나 생활에 영향을 주는 그런 도박은 아니었다. 즐겁게 스트레스를 푸는 차원이었기 때문에 딴 사람이 뒤풀이로 술을 사기도 하고 잃어도 공돈을 잃은 기분이었다.

나는 도박에 흥미를 느꼈고, 그러는 사이에 내 안에 다분히 도박근성이 없지 않다는 사실을 새삼 깨닫게 되었다.

그런 와중에 누군가가 트럼프를 가지고 하는 포커게임을 소개하는 바람에 상황은 완전히 바뀌었다. '섰다'게임은 단순게임, 운수게임에 불과하다. 그러나 포커게임은 완전히 상대방의 눈치를 살피고 확률을 계산해 가면서 긴장 속에서 돈을 질러야 하는 게임이다.

흔히 운(運) 7, 기(技) 3이 도박의 속성이라고 한다. 그러나 실제로 '섰다'는 운 9, 기 1이고, 고스톱은 운 7, 기 3이며 마작과 포커는 운 3, 기 7이라고 나는 생각한다.

포커를 알기 시작하면서부터 자연히 도박판이 커지기 시작했고, 분위기도 오락게임의 범위를 벗어나 팽팽한 긴장감이 감돌았다. 그럴수록 나는 도박에 재미를 느끼고 자신감을 갖게 되었다.

1968년 4월부터 월남 맹호부대에 군 검찰관으로 복무할 때 나는 군 법무참모로부터 마작도 배우게 되었다. 내가 근무한 사령부는 법무참모부 업무가 비교적 많지 않았다.

"시간 있을 때 마작이나 배워두지."

법무참모가 내게 권유했다.

나는 근무시간 외에 BOQ(Bachelor Officers' Quarters: 독신장교 숙사)에서 법무참모, 법무사(현재의 군판사) 등과 함께 마작을 했다. 마작은 숫자 문자 그림을 짜 맞추어서 조패(패를 조립)한 모양에 따라 점수가 매겨지는 게임이다.

마작 또한 포커만큼이나 내게 흥미를 끌었다. 야간보초를 서는 병사들의 졸음을 쫓기 위해 중국에서 마작이 시작되었다는 말이 믿어질 만큼 재미있어 밤 가는 줄 모르고 게임에 빠져들기도 했다. 확률게임에 다분히 소질이 있어서였을까, 나는 월남에서 군복무를 하는 동안 마작에서도 높은 승률을 기록했다.

그렇게 화투 포커 마작에 이르기까지, 동서양의 도박놀음에 탄탄한 기초를 다진 나에게 실력발휘를 할 기회가 찾아왔다. 초임판사로서 대구지방법원 4년 근무를 마치고 서울가정법원에 근무할 때였다.

대학친구 몇몇이 친구들과 벌이는 친선게임 포커판에 나를 초대한 것이 계기가 되었다. 송 사장, 최 사장, 윤 상무, 곽 사장, 정 부장, 이 지점장, 홍 부장, 윤 전무 등 주로 대학동기이거나 그들의 친구들이었다. 가끔은 친구들이 데리고 온 이름도 모르는 사람까지 합세하여 포커판이 벌어졌다.

처음엔 작은 금액으로 시작했지만 가끔은 그 금액이 친목과 오락의 수준을 훨씬 넘기도 했다. 그런데 참으로 불가사의한 일이 일어났다. 어머니와 형제들로 인해 집안에서 어려운 일이 생겨 돈이 긴박하게 필요할 때면 묘하게도 포커판이 벌어졌고, 그때마다 내가 돈을 땄다는 사실이다. 10번이면 9번은 돈을 딴 것 같다. 더욱 신기한 것은 그때마다 딴 돈이 거의 내가 급히 필요로 하는 만큼의 액수였다는 것이다.

너무도 이상해서 처음엔 친구들이 나의 어려운 사정을 잘 알고 일부러 돈을 잃어주는 것이 아닌가 의심하기도 했다. 그런데 도박판에서의 그들의 태도는 아무리 살펴봐도 분명 기를 쓰고 나를 이기려고 한 것이 분명했다. 장난삼아 하는 게임일지라도 도박판에서 일부러 져준다는 것은 있을 수 없는 일이다.

그즈음 나는 법조인으로서의 직업에 깊은 회의를 느끼며, 판사를 그만 두고 목사의 길을 갈까 하는 문제를 가지고 갈등하고 있었다. 목사가 되겠다는 자가 도박을 하다니, 이래도 되는 건가? 그때 공교롭게도 주일예배 때 내가 깜짝 놀랄 만한 내용의 목사님 설교가 있었다.

"하나님께 십일조를 드리는 삶을 살면, 무엇을 하든 십일조를 낼 수 있는 형편을 하나님께서 만들어 주십니다. 설사 도박을 하더라도 돈을 따게 됩니다."

웃음 섞인 목사님의 설교가 꼭 나를 두고 하는 설교 같았고, 그 말씀이 매우 그럴듯하게 들렸다. 그래서 나를 위해서가 아니라 가족들을 위해 돈이 필요하니까, 하나님이 내게 포커판에서라도 돈을 따게 해주신 것으로 믿고 싶어졌다.

나중에야 내가 번번이 돈을 따는 이유를 알았다. 상대를 알고 나를 알면 백전백승이라는 말이 있잖은가. 나는 도박 상대들의 속성을 깨알같이 파악할 수 있었다.

포커페이스 뒤에 숨겨져 있는 그들의 마음을 읽을 수 있었던 것이다. 요령 피움 없이 항상 원칙대로 고지식하게 게임을 하는 친구, 변화무쌍하게 순발력을 가지고 상대방의 약점이나 개성을 감안하며 게임을 하는 친구, 오로지 자기 카드의 가능성에만 몰두하며 마구잡이로 게임을 즐기는 친구, 매번 끝까지 포기할 줄 모르는 친구.

나는 그들이 쥐고 있는 히든카드의 확률뿐 아니라, 그들이 내던질 속마음 주사위의 숫자까지도 일일이 예측할 수 있었던 것이다.

포커는 매 순간마다 스스로 베팅을 더 할 것이냐 말 것이냐, 계속 따라만 갈 것이냐, 아니면 다음을 기다리고 적시에 포기할 것이냐를 두고 정확한 판단과 신속한 선택의 결단을 해야 하는 게임이다.

인생을 살아오면서 매 순간마다 나는 도박근성을 발휘하여 중대한 결단을 내렸던 것 같다.

특히 사법시험을 1년가량 앞두고, 장충동 회장댁을 떠날 때도 그랬다. 여유 있는 환경에서 충분한 시간을 갖고 느긋하게 공부하는 길을 선택하느냐, 아니면 고생이 되더라도 스스로의 능력으로 자아를 개척하는 모험의 길을 갈 것이냐 하는 결단의 순간이 그러했다.

지금 그 순간이 다시 돌아온다 해도 나는 똑같은 선택을 할 것이다. 남에게 의지해서 성패가 좌우되는 쪽을 택하기보다는 내 책임 아래 승부가 결정되는 쪽을 나는 언제나 선택할 것이기 때문이다.

배우지도 말고
가르치지도 말라

무엇인가를 알고 싶어하는 것은 인간의 본능이다. '평생교육'이라는 말이 있듯이 사람은 태어나서부터 죽을 때까지 배우며 산다. '이 세상에서 제일 지혜로운 사람은 모든 이로부터 배우는 사람'이라는 말이 있는 것도 그 때문일 것이다.

우리나라는 세계에서 가장 교육열이 강한 나라이고, 그것이 오늘날 10대 경제대국을 이룩한 원동력이 된 것으로도 알려져 있다.

우리 헌법은 제22조에서 "모든 국민은 학문의 자유를 가진다"고 규정하고, 제31조에서는 "모든 국민은 능력에 따라 균등하게 교육을 받을 권리를 가진다", "모든 국민은 그 보호하는 자녀에게 적어도 초등교육과 법률이 정하는 교육을 받게 할 의무를 진다", "국가는 평생교육을 진흥하여야 한다"라고 규정하여, 교육은 국민의 권리일 뿐만 아니라 국가와 국민의 의무임을 밝히고 있다.

교육의 내용이 국가사회질서에 반하거나 사회정의에 반한다면 모르되 배우고 가르치는 데 때와 장소를 가릴 이유가 어디 있을까.

그런데 정상적인 학교공부를 보충하기 위한 교육을 금지하여 배우지 못하게 하는 법률이 한때 우리나라에 있었다.

1984년 4월 10일 법률 제3728호로 개정되기 전의 구 '사설강습소에 관한 법률' 제9조의 2 제1항이 그것이다. "누구든지 중 · 고등학교 재학생에게 과외교습을 할 수 없다"고 규정하여 그에 위반하면 처벌받게 되어 있었다.

과중한 사(私)교육비 문제와 공(公)교육에만 의지하는 서민계층과의 불평등을 해소하여 사회갈등을 풀어내기 위한 고육지책이었다. 제5공화국에서 강력히 시행한 법률이다.

그 당시의 과외교습으로 인한 사회갈등의 심각성은 충분히 이해할 수 있다. 또 사교육이 필요 없을 정도로 공교육 수준을 한 단계 올리기 어려웠던 나라사정도 이해 못할 바는 아니니다. 그리고 과외교습 금지조치를 제5공화국의 큰 업적으로 내세웠던 그때의 분위기를 모르지 않는다.

하지만 외형적인 실적 위주의 지나친 과외교습 단속은 분명 수긍하기 어려운 측면이 있었다. 그 사례 중 하나가 기억에 남아있다.

중학교 재학생에게 과외교습을 하였다는 이유로 서울형사지방법원 제1심에서 유죄판결을 선고받은 학원 원장이 있었다. '벌금형의 선고유예'라는 가벼운 판결에도 불구하고 그는 무죄를 강력히 주장했다. 나는 항소심 재판장으로 그 사건을 심판하게 되었다.

검사가 기소한 내용은 "피고인은 서울 성북구 동소문동 4가 75 소재 학원의 원장으로서 중학교 재학생에게 과외교습을 해서는 아니 됨에도 불구하고, 1984년 2월 1일 경부터 같은 달 8일 경까지 위 학원에서 중학교 3학년 재학생 31명을 상대로 국어, 수학, 영어, 물상 등 각 해당과목의 지식을 교습케 하여 중학교 교과과정을 과외 교습한 것이다"라는 것이었다.

심리를 마친 후 무죄를 선고하기로 합의가 되었고 선고기일은 설날 다음날인 1987년 1월 30일로 정해졌다. 주심은 지금 대법관으로 재직하고 있는 민일영 판사였다.

피고인은 중학생들이 졸업하는 다음 날(2월 15일)부터 개강하는 것으로 광고를 했고, 학생들도 그 광고를 보고 등록한 점에 비추어 보면 실질적인 과외교습은 2월 15일부터 시작되는 것이었다. 따라서 2월 1일부터 8일까지 사이에는 정식으로 과외교습을 하였다기보다는 학원의 진학지도 방향이나 2월 15일부터 강의할 교재내용을 소개하는 정도에 지나지 않는다고 나는 생각했다. 피고인이 위법행위를 했다기보다 오히려 졸업식을 앞두고 방황할 위험이 있는 학생들을 위하여 미케팅을 겸한 봉사를 했다는 생각이 들었다.

그래서 판결이유는 '피고인은 과외교습을 한 사실이 없다'고 간단히 쓰면 충분하다고 생각했다. 그런데 주심판사는 피고인이 과외교습을 한 사실이 인정됨을 전제로 판결이유를 쓰면서 형법 제20조에서 규정하고 있는 사회상규에 위배되지 아니하는 행위이므로 무죄라고 판시함으로써 그 사건을 '법률문제'로 다루었다. 판결선고일 아침에 나에게 건네진 판결초고 내용은 거창하고 완벽했다.

"무릇 모든 국민이 자유롭게 배우고 자유롭게 가르칠 수 있는 학문의 자유를 향유하는 것은 현대 문명국가의 기본적인 전제로서, 국가는 모든 국민이 이러한 자유를 누리는 것을 보장하는 데 그치지 않고, 한걸음 더 나아가 모든 국민으로 하여금 교육받을 권리를 보장하여야 할 의무까지 부담한다고 하는 것이 우리 헌법상 고양된 하나의 기본원리라 할 것이다.… (중략) 피고인 운영의 학원에서의 공소사실기재 재학생 교습행위는 각급학교의 정상적인 발전을 저해하지 아니하여 사회통념상 충분히 허용될 수 있는 상당성 있는 행위라고 볼 것이다. 그렇다면 이 사건 공소사실은 더 나아가 살펴볼 것도 없이 죄가 되지 아니하여 형사소송법 제325조 전단에 의하여 무죄를 선고한다"라고 판시했다.

그 다음날 사무실에 출근하니 난리가 났다. '과외지도에 무죄판결', '중학생 31명 가르친 학원장 원심파기'라는 제목으로 판결초고 내용이 언론에 크게 보도되었다. 그리고 그 내용이 권력핵심부 사람들의 심기를 크게 불편하게 한 것이었다. 법원 내부의 분위기도 뒤숭숭하고 싸늘하게 느껴졌다.

제5공화국 시절에 과외교습 단속을 총괄했던 기구는 사회정화위원회였는데 거기서 근무하던 고등학교 친구로부터 전화가 왔다.

"지담아! 너 지금이 어느 때인 줄 알고 그런 판결을…. 너 판사 그만둘 마음이냐?"

"세상에, 그게 뭐 그리 큰일이라고 이리도 야단이지? 학원장이 뭐 그리도 대단한 잘못을 했다고…."

課外지도에 無罪판결

中学生 31명 가르친 学院長 원심파기

서울地法

"학교수업 妨害아니면 不法 안돼"

서울형사지법 항소7부(재판장 柳志灝부장판사)는 30일 사설강습소를 차려놓고 중학생들을 상대로 과외지도를 한 혐의로 불구속기소된 경기학원원장 柳俊錫씨(48·서울 성북구 동소문동4가75)에 대한 사설강습소에 관한 법률위반사건항소심에서 『과외지도가 정상적인 학교수업을 방해하지않는한 불법으로 볼수없다』며 선고유예를 선고한 원심을 깨고 무죄를 선고했다.

재판부는 판결문에서 『모든 국민이 자유롭게 배우고 자유롭게 가르칠수있는 학문의자유를 향유하는것은 현대문명국가의 기본적인 전제로서 국가는 모든국민에게 이러한 자유를보장하는데 그치지 않고 나아가 모든 국민으로 하여금 교육을 받을 권리를 보장할 의무까지 진다』면서 『지식등을 교습하는 행위는 그내용이 반사회적이거나 반국가적인 불법한것이 아닌이상 함부로 제한할 성질의 것이 아니다』라고 말했다.

재판부는 이어 『사설강습소에 관한 법률은 그 입법목적에 비추어볼때 부적격한 사설강습소들의 난립을 막고 그 감독을 위해 필요하다고 인정되는 최소한의 한도에서만 제한하는 취지라고 보아야하며 국민의 학문의 자유, 교육의 권리등 그 본질적 내용까지 침해할수는 없는것』이라고 밝혔다.

柳씨는 高입연합고사에 낙방한 서울S중3년 金모군(당시15세)등 중학생31명이 졸업도 하기전인 84년2월1일부터 8일까지 1주일동안 이들에게 국어 영어 수학등 세과목을 과외교습한 혐의로 불구속기소됐었다.

경기학원은 82년서울북부교육구청으로부터 설립인가를 받은 고입·대입전문학원으로 강사진 20명에 수강생이 1천2백여명 정도이다.

〈조선일보〉 1987년 1월 31일

나는 그렇게 떠들썩한 이유를 이해할 수가 없었다. 이런 게 바로 서슬이 시퍼렇던 군사정권시대의 한 단면이긴 하지만.

제3공화국 때의 일도 생각난다. 대구지방법원에서 초임판사로 근무할 때 야당 국회의원 후보자에 대한 구속영장을 기각했다가 혼쭐이 난 일이 있다.

서울 달동네에서 가난하게 사는 사람들을 성남시로 집단 이주시키는 과정에서 제3공화국 정부가 땅투기꾼들만 살찌게 했다는 내용의 선거유세가 문제된 것이었다. 야당후보자가 한 유세 발언 중 자식과 함께 한강에 투신자살한 이주민이 있다는 참혹한 상황에 관하여 일부 허위·과장된 부분이 있다는 것이고, 그 과장된 선거유세 내용이 북한의 선전자료로 이용되고 있으므로 국가보안법 위반행위를 했다는 것이 구속영장 청구 이유였다.

선거에서 이미 낙선한 야당 후보자가 선거유세 중에 한 발언으로, 기록상 그의 유세내용이 언론에 이미 보도된 바 있고 그것이 허위·과장된 내용이라고 단정하기도 어려웠다.

그 영장을 기각한 이유로 나는 '국가관이 부족한 판사'로 분류되어 유신헌법하의 재임용 과정에서 탈락될 위기에 있었다. "국가관이 투철한 판사임이 틀림없다"는 대구지방법원장의 적극적인 변호(?)가 없었더라면, 아마도 나는 그때 판사직을 떠났을 것이다.

과외교습 무죄판결도 나의 판사신분을 위태롭게 했던 사건 중의 하나였다. 그 사건은 검사가 상고하여 대법원에서 다음과 같은 이유로 결국 파기되었다.

즉, "형법상 처벌하지 아니하는 소위 사회상규에 반하지 아니하는 행위라 함은… (중략) 기록에 의하면 이 사건 교습행위 당시에는 중학교 졸업예정 학생들에게 매일 오전 중에 수업을 계속 실시하고 있어서 학교교육과정이 실질적으로 종료되었다고 할 수 없고 이 사건 교습을 시작한 것은 그 광고된 개강 예정일인 2월 15일부터 2주일 전으로서 개강소개나 준비에 반드시 필요한 것이었다고 보기 어려우며 또 이 사건 당시에 관계기관이 재학생에 대한 학원의 교습행위를 단속하면서 졸업예정학생에 대해서는 이를 그 규제 또는 단속대상에서 사실상 제외하였다거나 나아가 사회일반에서 이를 용인하여야 하는 것으로 인식되었다고 여겨야 할 자료도 발견되지 않는 점들에 비추어 보면 이 사건 수강생들이 비록 고등학교 입학 학력고사에서 낙방하여 다시 중학교 교과과정을 공부해야 할 처지에 놓여 있었고 교습기간이나 교습에 이르게 된 경위 등에서 앞서 본 바와 같은 사정이 있다 하더라도 그것이 정상적인 학교교육 실시에 전혀 저촉되지 아니하고 일반적으로 위법하다고 여겨지지 아니하며 그 처벌이 무가치하다거나 사회정의에 위반된다고 인식될 정도라고 할 수는 없다 할 것이다. 그렇다면 원심이 반대의 견해에서 이 사건 공소사실에 대해 위법성이 없음을 이유로 무죄를 선고한 것은 형법 제20조에 정한 사회상규에 관한 법리를 오해하여 판결결과에 영향을 미치게 하였다 할 것이므로 이는 파기를 면할 수 없고 이 점을 지적하는 논지는 이유 있다"는 것이었다.

나는 대법원의 판결이유를 도저히 이해할 수가 없었다. 항소심의 판결이유를 단순한 '사실인정'문제로 다루어, '피고인은 과외교습을 한 사실이 없다'라고 간단히 썼더라면 아무런 문제가 없었을 것이다. 그렇게 되면 법률심인 대법원에서 그 판결을 파기할 수도 없었을 것인데 주심판사가 쓴 완벽한 판결이유가 나로 하여금 어려운 국면을 맞게 한 것이었다. 그때 주심판사가 정성을 다해서 쓴 판결이유가 한때 나에게 괴로움을 안겨주긴 했지만, 그때나 지금이나 나는 그 판결이 옳다고 생각한다.

저승 문 앞에서

1995년 6월 29일 오후 5시 52분. 사망자 502명과 부상자 937명이라는 참혹한 삼풍백화점 붕괴사고가 있던 날이다.

나는 재판이 평소 때보다 조금 일찍 끝나는 바람에 삼풍백화점 헬스클럽에서 운동과 목욕을 하고 집에 갈 요량이었다.

평소에는 6시경 엘리베이터를 타고 내려와 법원 현관에 대기하고 있는 차에 오른다. 그리고 차는 법원정문 앞에서 횡단보도 신호를 기다렸다가 좌회전해서 삼풍백화점으로 간다.

사무실에서 삼풍백화점까지는 엘리베이터 이용과 횡단보도신호 대기를 포함하여 10분에서 15분가량이 걸린다. 그런데 그날따라 내가 사무실을 나서자마자 엘리베이터 문이 재깍 열리고, 횡단보도 앞에 도착하자마자 좌회전 신호가 바로 떨어지는 바람에 불과 5분도 소요되지 않았다.

삼풍백화점 정문 앞에서 내려 현관에 들어서려다 무언가 기사에게 할 말이 있어 되돌아섰다. 차 있는 곳으로 발길을 돌리니, 막 출발하려던 기사가 차에서 내려 나를 맞았다.

그런데 이상하게도 나는 그에게 다가가 무슨 말을 하려고 했는지 갑자기 생각이 나질 않아서 "아니야, 그냥 조심해서 가"라고 말하고는 다시 백화점으로 향했다.

백화점 현관에 한 발을 내딛는 순간이었다.

머리 위에서 어떤 소리가 들렸다. 그 소리는 수천수만 마리의 말들이 광야를 달리는 말발굽소리 사이사이로 쏴-아! 하고 스쳐가는 바람소리 같기도 하고, 수천수만 대의 화살이 쏴-악! 하고 한꺼번에 날아가는 소음 같기도 했다. 그런데 내 귀에는 이상한 소리도 들렸다.

"빨리 피하시오! 도망가시오! 도망가시오! 피하시오! 피하시오!"

누군가가 나에게 외치는 소리였다. 그 소리는 도대체 어디서 들려온 누구의 음성이었을까? 그 당시 상황으로 보아 내게 그렇게 소리칠 수 있는 사람은 아무도 없었다.

그렇다면 스스로 무의식 속에서 절체절명의 위기를 인지한 것일까? 하나님의 음성이었을까. 나를 사랑하는 누군가가 보내는 영혼의 소리였을까.

나는 한 발 앞으로 내디디려 올렸던 발을 엉겁결에 뒤로 되돌렸다. 그 후로는 내게 무슨 일이 일어났었는지 아무것도 생각나지 않는다.

나는 내 눈으로 벽돌 하나 유리조각 하나, 건물이 무너지는 어떤 모습도 직접 보지 못했다. 그 괴이한 소리에 한 발 뒤로 물러서려 했던 것 같은데, 이루 형언할 수 없는 고통 속에서 의식을 차려보니 내가 누워 있는 곳이 강남성모병원 응급실이었다.

내가 여기에 왜 와 있는 건가? 누가 나를 이곳으로 데리고 왔을까? 피와 먼지로 뒤범벅이 된 갈기갈기 찢어진 옷, 피가 가득고인 구두 한 짝, 피로 홍건한 하얀 침대시트. 손끝 발끝을 움직여 봤다. 팔다리는 온전히 붙어 있었다.

도대체 무슨 일이 일어났던 것일까. 나는 얼마나 다친 걸까? 응급실의 상황이 마치 대혈전을 벌인 전쟁터의 야전병원을 방불케 했다.

신음소리, 울부짖는 소리, 절규하는 소리, 사람 찾는 소리, 의사 부르는 소리, 간호사 부르는 소리, 보호자 찾는 소리, 환자 찾는 소리, 급히 뛰어다니는 발자국 소리, 가쁜 숨소리, 땅이 꺼지는 한숨소리.

눈을 감았지만 들리는 소리만으로도 이곳의 상황이 얼마나 처참한가를 알 수 있었다. 의식이 완전히 깨어나니 온 전신에 통증이 더해 왔다.

눈을 떠 주위를 둘러봤다. 이미 30여 명의 환자들이 나보다 먼저 와 있었던 것 같았고, 계속해서 환자들이 들것에 실려 들어오고 있었다.

의사들은 모두 퇴근했는지 내 눈에 띄는 병원 근무자들은 몇 명 안 되는 인턴, 레지던트, 간호사들뿐이었다. 그들은 숨을 헐떡이며 환자들 사이를 뛰어다녔고, 참담한 상황에 그들마저 제 정신이 아닌 것 같았다. 나를 아는 사람이라곤 한 사람도 없었다.

그때 나는 냉정을 찾았다. 침대시트를 홍건히 적실 정도로 내 몸에서 피가 계속 흐르고 있는 것을 보니, 나의 상태가 얼마나 심각한 정도인지 짐작이 갔다. 이대로 죽겠구나 하는 생각이 머리를 스쳤다. 죽음이라는 것을 이렇게 맞이하는 것이고 눈뜨고 죽는다는 것이 이런 거구나. 죽음을 받아들여야 하는 순간인가 보다. 지금 내가 살고자 해서 살 수 있는 것도 아니겠구나. 이런 생각들이 순식간에 회오리바람처럼 왔다 갔다 했다.

그 순간 정신없이 우왕좌왕하고 있는 젊은 인턴·레지던트의 손을 빌려 내 생명을 건지기는 어렵겠다는 생각이 들었다.

그런 생각의 시간이 얼마 정도 경과되었는지는 모르지만, 그 순간에 실로 많은 생각들이 두서없이 머릿속을 스쳐 지나갔다. 죽음에 따른 결과는 어떻게 될 것인가, 내가 죽은 후에 무엇이 달라질까, 죽으면 어떻게 되지?

제일 먼저 스친 것은, 내가 누구에게 빚진 것은 없나, 내 죽음으로 인해 누가 피해를 보는 사람이 있을까? 나를 원망하거나 억울해 할 사람이 있거나 남에게 죄진 일은 혹시 없는지.

그런 사람이 언뜻 떠오르지 않자 참 다행이라는 느낌이 들어 안도의 한숨이 나왔다. 연이어 못 견디게 애통해 할 사람은 누굴까, 슬퍼할 사람은? 가족들의 얼굴이 한 사람 한 사람씩 스쳐지나갔다. 하늘이 무너지고 땅이 꺼지는 슬픔인들 이 상황에서 어쩌겠는가. 그렇게 생각하니 마음이 차분해지고 담담해졌다.

그래, 그렇단 말이지. 그리고 지금 여기가 성모병원이지? 나는 다시금 나라는 존재를 의식해 보았다. 나는 이 세상에서 꼭 살아남아야 할 사람은 못 되지만, 그렇다고 지금 죽어야 될 이유도 없는 존재. 그저 세상을 가장 평범하게 살아온 존재라는 생각이 들었다.

더 살게 될지 죽게 될지는 내 의지대로 되는 것은 아니겠으나 어차피 죽더라도 살 수 있는 길이 있으면 찾아봐야했다. 노력해 보고 죽더라도 그때 가서 죽으면 된다는 생각이 들었다. 하늘의 뜻이라면 더 살게 될지도 모르는 일. 그렇다면 나는 지금부터 무엇을, 어떻게 해야 할까?

갑자기 성모병원에서 이 상태로 시간을 보내고 있는 것은 죽음을 기다리고 있는 것과 같다는 생각이 들었다. 나보다 더 급히 수술이 필요한 환자가 많은데 의사는 없고, 그런 상황에서 내 차례가 오기를 무턱대고 기다린다는 것은 정말 죽음을 순순히 받아들이는 것을 의미하는 것 같았다.

성모병원에는 내가 아는 의사나, 나에게 특별히 관심 가져 줄 사람이 한 사람도 없었다. 내게 도움이 될 누군가를 머릿속에 떠올려봤다. 신촌 세브란스병원 부원장으로 있는 내가 제일 믿고 좋아하는 친구이자, 청운중학교 동창인 심호식 박사가 생각났다. 그 친구라면 최선을 다해 나를 살리려 애쓸 것이다. 그 친구에게 내 목숨을 일단 맡겨볼 수 있다면 후회가 없을 것 같아 실낱같은 희망을 걸어보았다. 죽으나 사나 그 친구가 있는 세브란스 병원, 신촌은 너무 머니 영동 세브란스병원으로 가는 것이 좋겠다고 생각했다.

이런 생각 속에 시간이 얼마나 흘렀을까? 기사가 나타났다. 나를 응급실에 태워다 주고 법원에 가서 사고를 알린 다음, 내가 탔던 차가 파손되었기 때문에 다른 법원차를 끌고 온 것이다. 나는 기사를 보자마자, 거두절미하고 빨리 영동 세브란스병원으로 옮기자고 했다.

그가 깜짝 놀라 말했다.

"부장님! 이 몸으로 어떻게 거기까지 갑니까? 여기서 우선 응급치료를 받아야죠. 머리피부가 너덜너덜하고 피가 너무 흐릅니다."

여기 온 지 꽤 시간이 지났는데도, 내가 받은 응급조치라고는 겨우 상처에 소독하고 링거 맞은 게 전부였다. 꿰매지도 않은 상처를 붕대로 덮어놓은 채 속수무책으로 방치되어 있었던 것이다. 나는 큰 소리로 말했다.

"따지지 말고 그냥 거기로 가!"

마지못해 기사가 레지던트에게 환자를 다른 병원으로 데리고 가겠다고 했다. 레지던트는 마치 힘든 짐을 덜게 되어 잘됐다는 생각인지 쾌히 승낙했다.

나는 주사바늘을 꽂은 채로 차에 올랐다. 여전히 상처 여기저기서 피가 흐르고 있었지만 의식은 명료했고, 이상할 정도로 마음은 차분하고 냉정해졌다.

성모병원 정문을 나오니까 그 일대의 교통이 마비상태였다. 기사는 속수무책으로 길이 뚫리기만을 기다리고 있었다. 이대로 가다간, 옴짝달싹도 못하고 차 안에서 그대로 죽음을 맞을 것 같은 느낌이 들었다. 그때부터 나는 운전하는 방향을 기사에게 직접 지시하기 시작했다.

그야말로 죽느냐 사느냐 하는 기로에서, 이 길을 선택하면 죽을 것 같고 저 길을 선택하면 살 것 같은, 오직 내 자신의 직감적 판단에 운명을 맡기고 싶었다. 지금 생각해도 어디서 그런 판단과 결단력이 나왔는지 모를 정도다.

기사 말로는 내가 그때 마치 신들린 사람 같았다고 한다. 눈을 감은 채로 단호하게 지시하는 어투가 이미 예정된 갈 길을 훤히 내다보고 이야기하는 것 같았다는 것이다.

성모병원 앞에서 서초역 쪽으로는 지금도 차가 다닐 수 있을 만큼 넓은 인도가 나 있다.

"인도로 가! 인도로! 그래서 고등검찰청 서문을 통과하고 고등법원 동문을 거쳐서 집으로 가자고."

기사가 다시 놀라서 물었다.

"빨리 응급치료를 받아야 하는데, 아니, 왜 집엔 들르십니까?"

도저히 이해가 되지 않는 모양이었다.

"잔소리 말고 빨리 집으로 가야 해."

짧게 끊어 단호하게 말했다. 영동 세브란스병원으로 가기 전에 먼저 심 박사한테 내 상황을 알리고 가야지, 병원 도착 후 알리면 이미 때가 늦을 것 같은 느낌이 들었기 때문이다.

양복 겉저고리와 함께 전화번호수첩도 없어졌고, 설상가상으로 집에서는 아무도 전화를 받지 않으니, 어쩔 수 없이 집엘 들러야 했던 것이다.

내가 그런 사고를 당했으리라고는 상상도 못한 아내와 딸은 삼풍백화점 붕괴사고 소식이 들리자 혹시나 하고 나한테 연락했다가 연결이 안 되니까 걱정이 되어 급히 집으로 돌아와 있던 참이었다.

경비실에서 연락을 받고 헐레벌떡 뛰어내려 온 아내와 딸은 차 안에 있는 내 모습을 보고는 기절할 듯 울음을 터뜨렸다.

나는 냉정하게 말했다.

"울면 뭐해. 빨리 올라가서 심호식 박사 전화번호 찾아서 전화해. 내가 영동 세브란스로 간다고, 그리고 나는 이대로 갈 거야."

나는 딸만 차에 동승시켜서 영동 세브란스로 향했다. 가는 내내 딸아이는 숨이 끊어질 듯 내 손을 붙잡고 울었다.

영동 세브란스 응급실에 도착하고 보니 거기도 이미 삼풍사고 환자들로 가득 차 있었다. 들것에 실려 들어가는 사람들, 금방 숨이 끊어져 들것에 실려 나와 영안실로 가는 시체들, 가족의 생사를 확인하느라 혼이 빠져 동분서주하는 사람들로 아수라장이었다.

그 틈에서 나 또한 들것에 실려 들어가며 짐짝 취급을 당했지만, 내가 결정한 마지막 선택이었다.

침대에 누워 '하늘아! 날 죽일 테면 죽이고, 살릴 테면 살려라!' 하는 심정으로 치료를 기다리고 있었다.

죽어도 이제 나는 편히 가겠다. 그 친구에게 알리기만 하면 살려보려고 애는 쓸 것이다. 연락이 됐는지, 나를 살릴 수 있는 형편인지 아닌지 궁금했지만 한편으로 마음은 편안해졌다. 기사는 아

조선일보 DB

1995년 6월 29일 지상 5층 건물이 순식간에 붕괴된 삼풍백화점의 사고 현장. 아래 작은 사진은 성수대교 붕괴를 보도한 1994년 10월 22일자 조선일보. 이날 편집부는 '나라가 이지경… 서울이 부끄럽다'는 유명한 제목을 달았다.

끊어진 다리… 무너진 백화점…
대한민국 자존심도 내려앉았다

〈조선일보〉 2008년 8월 12일

내를 데리러 집으로 다시 갔고 딸은 계속 흐느끼며 나를 지켜보고 있었다.

얼마나 시간이 흘렀을까? 여기저기서 의사들이 환자들의 이름을 부르며 찾아다니는 중에, 언뜻 누군가 내 이름을 부르는 소리가 들렸다. 그는 가까이 다가와 나를 흔들면서 물었다.

"유지담 씨 맞죠? 그렇죠? 유지담 씨?"

직감적으로 친구에게 연락이 됐구나 하는 생각이 들었다. 순간 깊은 안도의 한숨이 내쉬어졌다. 나를 찾은 의사가 큰 소리로 말했다.

"여기야, 여기. 유지담 씨 여기 있어."

그 소리에 곧바로 여러 명의 의사가 달려와 침대를 둘러싸더니 나의 몸 상태를 살펴보는 것 같았다. 마침 그때 세미나에 참석하고 있던 여러 명의 의사들이 긴급히 응급실에 온 것으로 알려졌다. 누군가는 머리를, 누구는 목을, 팔을, 다리를, 각각 살펴보는 것 같았다.

그들은 양동이에다 물을 잔뜩 담아가지고 와서 머리, 목, 팔, 다리 상처 부위에 사정없이 찬물을 들이부으면서 닦아냈다. 상처의 피를 닦아내고 너덜너덜 벗겨져 매달려 있는 두피에 박힌 유리조각 흙먼지 모래 등을 씻어냈다. 물을 들이붓고 씻어내기를 수차례 거듭했다. 과다출혈로 체온조절능력이 없었기 때문에 찬물을 끼얹을 때마다, 아파서 죽는 것이 아니라 추워서 죽을 것만 같았다.

지옥의 고통이 그것만 할까? 나는 아무런 저항 없이 죽일 테면 죽여라 하는 심정이었다.

언제 왔는지 가족들의 우는 소리가 들렸다. 아내의 울음소리, 큰아들, 둘째아들의 울음소리, 차마 눈뜨고 볼 수 없는 참혹한 광경이기에 모두들 실신할 듯했다. 그들이 좀처럼 진정할 것 같지 않자, 의사들이 진료에 방해된다고 딸만 남게 하고 세 사람을 밖으로 나가게 했다.

그토록 잔인하게 상처를 물로 닦아내고는 뇌 사진을 찍었다. 상처를 치료하는 것보다 뇌의 이상 유무를 확인하는 것이 더 급선무라고 판단했던 모양이다. 다행히 뇌출혈이 있거나, 뇌신경 등에 이상이 발견되지 않은 듯, 한 의사가 신속하게 다음 절차를 지시했다.

"자! 그럼, 됐어. 이제부터 시작."

그 말이 떨어지자마자 즉시 수술이 시작되었다.

상처를 마취도 없이 생으로 꿰맸다. 호치키스로 찢어진 두피를 철컥철컥 찍는 소리가 들렸다. 그대로 숨이 끊어질 것 같았다. 생사람 죽이는구나 싶었다.

수술이 끝난 후 응급상황이 발생할 것에 대비해서 나는 중환자실로 옮겨졌다. 가슴이 메스껍고 울렁거리면 뇌에 이상이 발생되는 증상일 수 있으니, 즉시 뇌 검사를 해야 한다는 이야기가 들렸다. 처음 한두 차례 그런 증상이 있을 때마다 뇌 사진을 찍었는데, 다행히 이상이 발견되지 않았다.

삼풍백화점 붕괴사고가 난 그날 밤 9시 뉴스에 사고당한 공직자로서 내 이름이 보도되어 나를 아는 많은 사람들이 줄을 이어 문병을 왔다. 그때 문병 온 사람들을 일일이 기억하지는 못한다. 그때 나를 걱정해 주고 병실에 다녀가신 분들께 일일이 고마움을 표시하지 못했던 점을 죄송하게 생각한다. 뒤늦게나마 진심으로 감사를 전하고 싶다.

특히 1980년 내가 전주지방법원 정읍지원장으로 근무할 때, 한의사이면서 법원조정위원으로 헌신하던 안우용 원장께 감사드린다. 뇌진탕이나 뇌의 충격으로 인한 후유증 치료에 남다른 식견을 지닌 분이다. TV를 통해 내 사고소식을 알고, 그 다음날 손수 한약을 지어 병원으로 가져왔다. '뇌를 제자리로 가라앉히고 후유증을 없게 해주는 약이니 병원 치료와는 관계없이 정성껏 먹으라'는 간곡한 당부에 한 번도 거르지 않고 다 먹었다.

수술한 후 처음엔 가슴이 울렁거리고, 메스꺼우며 어지러운 증상이 몇 차례 있어 그때마다 뇌 사진을 찍곤 했는데, 그 약을 먹은 후부터는 그 증상이 나타나지 않았다.

담당의사는 2주 내내 회진을 돌 때마다 메스꺼운 증상이 있거나 어지럽지 않으냐고 질문했다. 퇴원 후에도 언제든지 그런 증상이 나타나면 즉시 병원으로 와서 검사를 받아야 한다고 말했다. 그런데 그런 후유증은 전혀 나타나지 않았다.

나는 이 글을 쓰면서 그때 내 운전기사였던 '생명의 은인' 한창식 기사한테 그 당시의 상황을 처음으로 자세히 물어보았다.

"저는 사고에 대해서 한 번도 언급이 없으셔서, 부장님께서 모든 것을 다 알고 계시거나, 너무도 끔찍한 일이라 생각조차 떠올리기 싫으셔서 말씀을 안 하시는 줄 알고 있었습니다. 그날 너무 충격을 받아서 저는 보름간이나 정신이상이 된 사람처럼 밥도 못 먹고 잠도 못 자고 앓아누웠습니다. 그래서 부장님께서 보약까지 사주셨잖습니까?

그날, 부장님을 삼풍백화점에 내려드리고 차를 돌려 나오는데 갑자기 꽝!하고 차 뒤로 무언가가 떨어졌습니다. 기겁을 해서 뒤를 보니, 차 뒤쪽 절반이 폭삭 주저앉아 버렸더라구요. 천우신조로 운전석까지는 미치지 않아서 나는 재빨리 차에서 내렸습니다.

이것이 웬 날벼락인가, 꿈인가 생시인가 어안이 벙벙했습니다. 삼풍백화점이 폭삭 무너져 내린 것이었습니다. 순식간에 사방엔 온통 잿빛 먼지와 벽돌, 유리파편 등으로 덮여 버렸습니다.

나는 부장님이 걱정되어 내려드렸던 정문으로 달려갔습니다. 그런 기막힌 참상은 차마 눈뜨고 볼 수 없는 광경이었어요. 제가 쓰러져 있는 시체들 틈에서 무슨 정신으로 부장님을 찾았는지 모릅니다. 목이 날아간 사람, 두개골이 파열된 사람, 내장이 파열된 사람, 팔다리가 잘린 사람, 몇 초 전만 해도 웃으며 즐겁게 쇼핑을 즐기던 살아있던 사람들이 시체가 되어 여기 저기 바닥에 나뒹굴고 있었습니다. 폭격을 당한 전쟁터의 아비규환을 방불케 했습니다. 팔다리가 부들부들 떨려서 그 시체들 틈에서 부장님의 생사를 확인할 사신이 도저히 생기질 않았습니다.

그런데 그 많은 시체들 중에 두 사람이 살아서 엉금엉금 움직이는 모습이 눈에 띄었습니다. 언뜻 그중 한 사람이 부장님 같다는 느낌이 들었습니다. 달려가 살펴보니 과연 부장님이셨습니다. 머리는 찢어져 너덜거렸고, 붕괴된 건물파편과 피로 뒤범벅이 된 웃옷이 갈기갈기 찢어졌는데 목과 팔에 깊은 상처를 입으신 것 같았습니다. 또 찢어진 바지를 타고 흘러내린 피가 양말을 적시고도 남아 구두 한 짝에 흥건히 고여 있었고, 그나마 한쪽 구두는 벗겨져 없어졌습니다.

'아우! 아우!' 신음소리를 내시긴 했지만, 눈빛을 보니 눈이 풀렸고 의식을 잃은 듯 저를 알아보지 못하셨습니다. 꼭 돌아가실 것만 같았습니다.

저는 어찌할 바를 모르다가, 부장님께서 그대로 의식을 잃으시면 안 될 것 같아 안심시켜 드리고 용기를 드리려고 마구 소리쳤습니다.

'부장님! 부장님은 살았습니다. 살았습니다!'

그 소리에도 눈을 뜨지 못하셨습니다. 재빨리 피범벅이 된 찢어진 웃옷을 벗겨서 신분증만 챙기고 내던져 버리고는 부축하여 큰길로 나가 택시를 잡으려 했습니다. 야속하게도 부상당한 끔찍한 모습을 보고는 지나가던 택시가 서질 않고 그냥 지나쳐버렸어요. 3대를 놓친 후에 자가용 쏘나타를 세워 봤습니다. 고맙게도 그 쏘나타 운전자의 배려로 부장님을 강남성모병원 응급실로 이송할 수 있었던 것입니다."

"아아, 그랬었구나! 이야기를 듣고 나니, 의문스러웠던 사고 당시의 상황이 어렴풋이 추정이 된다. 건물이 위층에서부터 무너져 내리기 시작한 순간, 내가 현관 앞에서 한 발 뒤로 물러섰던 거야. 그리곤 깨어진 유리파편이 머리 위로 날아와 가발(假髮)이 벗겨지면서 두피까지 훌러덩 벗겨졌고, 파편들이 목덜미, 어깨, 팔, 다리 등 온몸을 사정없이 공격했던 것이지. 그러면서 나는 붕괴되는 건물에서 생긴 바람의 여파로 길바닥에 나가떨어져 나뒹굴었지. 무의식적으로 건물뼈대가 남아있던 수영장 쪽으로 사력을 다해 엉금엉금 기어서 피하고 있었던 것을 자네가 발견한 것일 게야. 만일 내가 반대쪽으로 갔다면 뼈대까지 무너져 내린 건물에 묻혀버렸겠지. 어쨌거나 자네가 아니었더라면 나는 분명 죽었겠군. 자넨 나의 생명의 은인이야. 정말 감사해."

사고가 있던 날, 나는 마치 자석처럼 운명의 이끌림 속으로 한 걸음 한 걸음 빨려 들어가고 있었다. 그날 재판이 일찍 끝나지 않았더라면, 일찍 퇴근하지 않았더라면, 엘리베이터가 바로 열리지 않았더라면, 교통신호대기로 1, 2분만이라도 지체했더라면 사고를 면할 수 있었을 것이다.

처음 백화점 현관을 들어서려다 되돌아서 기사에게 무슨 말인가 하려고 다시 차 있는 곳으로 몇 걸음 걸어간 것도 다행이었다. 잠시나마 시간을 지체하지 않았더라면 어땠을까. 현관을 한 발 들어서려는 순간 "물러서시오! 물러서시오!"라고 외친 정체불명의 음성이 들리지 않았더라면, 그래서 한 발자국 안으로 내딛기라도 했다면, 나는 무너진 건물더미에 완전히 묻혀버렸거나, 위에서 떨어지는 거대한 유리파편에 그대로 목이 날아가 버렸을 것이다.

그렇게 1분 1초 매 순간순간, 무심코 내어 디딘 한 걸음이 사느냐 죽느냐 하는 나의 운명을 결정하고 있었다니! 이 절묘한 극적인 순간들을 무엇으로 어떻게 해석해야 하는 것인지 알 수가 없다.

사람의 운명이 태어나면서부터 이미 결정지어진 것인가. 아니면 순간의 방향선택이 새로운 운명을 만들어 가는 것일까.

사고가 있던 그해 12월 말, 서울고등법원 전 법관이 참여하는 망년회가 있었다. 그 모임을 주최한 법관들이 '죽었다가 새로 태어나 첫돌을 맞이했다'는 의미로 나로 하여금 생일 케이크를 자르게 했다. 그 자리에서 다시 태어난 소감을 밝혀달라기에 나는 이렇게 말했다.

"나는 평소에, 범사에 감사하라는 말을 많이 듣고 많이 하기도 했지만, 사실 나는 평소에 키가 작게 태어난 것에 대해서 감사하기는커녕 마음 한구석에 5센티만이라도 더 크게 태어났으면 하는 아쉬움을 항상 간직하고 있었습니다. 40대 초부터 앞머리가 빠지기 시작하여 부분가발을 쓰고부터는 탈모의 원인이 선천적인 경우가 많다는 사실을 알고 부모에 대한 원망도 한 적이 있습니다. 그런데 만일 내 키가 5센티만 더 컸더라면 삼풍사고로 목이 잘려 나갔을 것이고, 머리에 가발을 안 썼거나 키가 1센티만이라도 더 컸더라면 두개골이 파괴되어 역시 이 자리에 설 수 없을 것입니다.

이 자리에서 여러분께 다짐합니다. 나에게 주어진 모든 형편에서 어떠한 경우라도 남을 원망하지 아니하고 항상 범사에 감사하며, '남에게 베푸는 삶'을 좌우명으로 삼아 이를 실천하겠습니다."

그런데 지금 생각해 보면 부끄럽기만 하다. 많은 사람들 앞에서 '남에게 베푸는 삶'을 살겠다고 그렇게 공언을 해놓고는 그 약속을 지키지 못하는 것 같다.

네 번째로 죽을 고비를 넘긴 1995년, 그 해에 서울 고등법원 부장판사로서 아무 이상 없이 직무를 다시 시작했다. 그 다음해 3월 11일부터 서울지방법원 남부지원장, 1998년 3월 1일부터 울산지방법원장을 거쳐서 1999년 10월 11일 대법관에 취임하여 6년의 임기(2000년 7월 12일부터는 중앙선거관리위원장 겸직)를 무사히 마쳤다.

그것도 모자라 70을 넘긴 지금까지도 건강한 몸으로 법조계 후배들과 함께 '법무법인 케이씨엘'에서 열정적으로 법률서비스 업무를 계속하고 있다. 아무리 생각해 봐도 남에게 베풀기는커녕 아직까지도 축복만을 받고 있는 것 같다.

인명은 재천이라 하던가? 하늘에 딸린 내 목숨이 앞으로 얼마나 남아 있을지 모르지만 그래도 다시 한 번 '남을 배려하며, 베푸는 삶'을 마음에 새기고 이를 실천하면서 여생을 더욱 보람 있게 마무리하고 싶다.

판사들이 연극을?

재판장이 법대(法臺) 위에 앉아서 재판을 진행하는 것은 식은 죽 먹기처럼 쉬운 일이라고 생각하기 쉽다. 나도 배석판사 경력을 거친 다음 재판장이 되어서 직접 소송을 지휘하는 입장이 되기 이전까지는 그렇게 생각했다. 재판장은 법정 안에서 절대적인 권한을 갖고 있기 때문이다.

법률상 소송을 지휘할 권한은 재판장에게 있고, 누구든지 재판장의 허가를 받지 않고는 법정에서 발언할 수 없다. 재판장은 자신의 명령에 따르지 아니하는 사람의 발언을 금지할 수도 있고, 법정의 존엄과 질서를 해할 우려가 있는 사람의 법정출입을 금지하거나 퇴정을 명할 수 있으며 법정의 질서유지를 위한 명령을 어기는 사람은 경우에 따라서 처벌받기도 한다.

관중을 즐겁게 하고 만족시켜주기 위하여 온갖 신경을 써야 하는 예술공연의 연출자와 달리 재판장은 재판을 받는 이해당사자나 방청인들의 만족이나 기쁨을 위해서 신경을 쓸 필요도 없다.

그런데 정작 내가 재판장이 되어서 법대 위에 앉아 소송을 지휘해 보니 그것은 정말 어려운 일이었다. 구체적인 상황에 따라 어떤 용어를 써서 어떻게 표현해야 좋을까. 방청인들이 모두 잘 들을 수 있도록 큰 소리로 재판을 진행해야 좋을지, 아니면 뒷좌석의 방청인들이 듣고 못 듣고를 고려할 필요 없이 낮고 조용한 음성으로 진행하는 것이 바람직할까. 얼굴 표정은 밝고 명랑해야 할까, 항상 엄숙한 표정을 유지해야 좋을까. 나이가 많은 당사자와 젊은 당사자에게 어느 정도 차별화된 언어를 사용할 것인가. 눈빛의 방향을 한쪽 당사자에게 지나치게 보낸다면 반대 당사자가 오해하지 않을까. 방청석에서 시끄러운 소리가 나서 재판에 지장이 있으면 어떠한 표현으로 조용히 하도록 환기시킬 것이며, 또 그때의 얼굴 표정은 어떻게 해야 좋을까. 웃음을 자아내는 상황이어서 웃음을 참기 어려운 경우에도 조심해서 품위를 지켜야 하고, 흥분되는 상황에서도 차분하고 의연한 자세를 유지해야 하지 않을까.

위와 같은 여러 사항에 대하여 고민과 시행착오를 해보지 않은 재판장은 아마도 한 사람도 없을 것이다. 더욱이 재판에는 항상 이해관계가 대립하는 당사자들이 존재하므로 재판장의 재판진행에 민감할 수 있다.

논리적으로나 상식적으로 이해할 수 없는 진술을 거침없이 하는 당사자라고 하더라도 그에게 고압적으로 꾸짖는 말을 하는 것은 삼가야 한다. 아무리 논리적이고 합리적으로 진술을 하는 당사자라고 하더라도 그에게 너무 친절한 호의를 보여도 바람직하지 않다. 증인을 지나치게 꾸짖거나 증언을 제지하면 그 증인신청을 한 당사자 쪽에서 불만을 가질 수 있다. 빤히 보이는 거짓 증언을 계속 방치하면서 진지하게 들어주면 반대 당사자가 불안해하거나 오해할 수 있다. 어떤 연예프로그램의 연출자가 이러한 재판진행을 완벽하게 감당할 수 있을까.

'판사는 판결로만 말한다'는 말이 있다. 판결의 결론(주문)만 올바르면 그 결론에 이른 과정에서 있었던 판사의 완벽하지 못한 처신이 모두 덮여지기를 바라는 의도에서 나온 말일지도 모른다. 그러나 폭주하는 사건을 담당하면서 옳은 판결을 하기 위해 산더미 같은 기록에 파묻혀 고뇌하는 판사들, 그들의 한결같은 노력에도 불구하고, 판결주문에 무조건 승복하거나 재판과정에서의 흠이 모두 덮여진다는 것은 있을 수 없는 이야기다. 특히 요즘의 사회에서는 더욱 그렇다. 사법부를 신뢰해야 한다는 당위성을 강조해서 국민의 신뢰를 얻어낼 수 있는 시대는 이미 아니다.

우리 주변에서 '억울하게 재판에 졌다', '억울하게 징역을 살게 됐다'는 말은 자주 들리지만 안타깝게도 '재판에 졌으니 깨끗하게 승복한다', '내가 죄를 져서 징역을 산다'는 말은 듣기 어렵다. 사법의 신뢰회복을 위해서는 재판진행 과정에서부터 티끌만 한 소홀함이 있어서는 안 되는 이유가 바로 여기에 있다.

나는 평소에 법관이 정의를 실현하기 위하여 노력하는 것도 중요하지만 '법원(법정)은 정의가 실현되는 곳'이라는 국민의 믿음을 얻어내는 노력도 중요하다고 생각해 왔다. 폭력을 휘두르거나 폭언을 하면서 싸움을 하는 일반 사회의 모습이, 법치국가의 법정에서는 그 그림자라도 나타나서는 안 된다고 생각해 왔다.

나는 정의가 실현되는 신성한 법정 안에서 당사자들이 큰 소리로 싸움하는 모습을 보일 때는 질색이다. 자신이 경험한 내용을 기억나는 그대로 진술하면 되고 또 그래야 마땅한 증인이 한쪽 당사자의 이해에 치우쳐 반대 당사자와 말싸움까지 벌이는 모습이나, 방청석에 앉아 있던 당사자가 재판진행 중 큰 소리로 증인이나 반대편 변호인을 향해서 욕설을 퍼붓는 모습들을 볼 때면 슬프기도 했다.

1986년 말에 미국 연방대법원을 관광차 방문한 적이 있었다. 많은 관광객과 함께 숨소리를 죽여가며 대법원 복도를 지나갔다. 그곳 안내원이 조용하게 안내하던 모습과 엄숙했던 분위기가 너무도 인상 깊었다.

나는 엄숙하면서도 부드럽고 평화로운 법정 분위기를 유지하기 위한 재판장의 역할에 관하여 관심이 많았다. 재판진행이 지나치게 권위적이어서 법정분위기가 너무 경색되어 있으면 당사자가 하고 싶은 주장을 편안하고 자유롭게 하지 못할 위험이 있다. 그렇다고 친절하고 부드러운 재판진행만을 지나치게 강조하여 엄숙함을 잃게 해서도 안 된다.

모든 법관들이 이 부분에 관심을 가지고 스스로의 재판진행 모습을 점검해 보고 개선할 필요가 있다고 생각했다. 바람직한 재판진행이야말로 민주적이고 합리적인 사법절차를 구현하고 신뢰받는 법원의 기틀을 다지는 데 크게 기여할 수 있다고 생각해 온 나는 서울지방법원 남부지원장으로 부임하여 1997년 새해를 맞으면서 '바람직한 소송지휘'를 주요 업무계획의 하나로 선정하여 추진했다. 국민들이 사법(司法)과 소송(訴訟)에 관한 인식을 새롭게 하여 좀더 법원을 신뢰하고 사랑해 주기를 기대하면서 기획된 일이었다.

그 계획에 따라 남부지원 판사들은 모두 선택적으로 형사소송지휘연구회나 민사소송지휘연구회의 회원이 되었다. 우선 1997년 2월부터 6월까지는 매주 2회 이상 관행적으로 이어져 온 민·형사 소송진행 방식을 하나하나 점검하면서 재판진행 과정에서 일어날 수 있는 갖가지 상황에 대한 대응방안들에 관한 충분한 토론을 가졌다. 그리고 그 토론의 결과를 정리하여 모범적인 소송 진행방식의 모델을 찾아내서 이를 시나리오로 작성한 다음 7월 초부터 연구회별로 등장인물과 배역을 선정하여 매주 1회 연극 리허설을 가졌다.

8월 18일 드디어 시연(試演)의 날이 왔다. 43명의 판사들과 남부지원에서 연수중이던 사법연수원생들이 총출연하여 검사, 피고인, 민사재판의 원·피고, 변호인, 증인, 교도관, 방청객 등의 역할을 분담했다. 그 시연과정을 통하여 각자의 입장에서 잘못된 재판진행 방식에 대한 반성과, 바람직한 소송진행의 모델을 스스로 체득하는 계기로 삼고자 한 것이다.

바쁜 재판업무 중에 시간을 쪼개어 성공적으로 소송지휘 연극 시연까지 마친 열성적이었던 남부지원 판사들의 그때 모습이 지금도 눈에 아른거린다.

형사사건 3건에 대한 소송지휘의 재판장은 이홍권 부장판사가 담당했고, 민사사건 6건에 대한 소송지휘의 재판장은 김호윤 부장판사가 맡아 주었다.

소송지휘 시연을 모두 마친 후 형사소송지휘 시나리오를 작성했을 뿐만 아니라 형사사건의 증인역을 담당했던 황일호 판사는 당사자의 입장에서 재판장을 생각해 볼 기회를 갖게 되었다고 자신의 느낌을 말했다. 좀더 친절히 설명해 주고, 오래 기다리지 않게 하며, 마이크를 사용하여 뒤에서도 잘 들을 수 있게 말하는 것이 좋겠다고 말했다. 이런 배려가 최소한 당사자들이 기대하는 재판장의 자세가 아닐까 하는 생각이 들었다고 회고했다.

민사소송지휘 시나리오를 작성한 홍지욱 판사도 나섰다.

"소송지휘 연구회의 활동을 통하여 법원의 재판에 있어 올바른 결론도 중요하지만 올바른 재판진행 역시 당사자의 신뢰구축에 중요하다는 것을 깨달았다. 법대 위에서만 사건을 바라보다가 당사자의 위치에서 재판을 접해보니, 재판장의 사소한 언행이라도 당사자에게 얼마나 큰 영향을 미치는지 알 수 있었다. 이번 소송지휘연구회의 활동이 미숙하나마 바람직한 소송지휘 관행의 확립에 조금이라도 보탬이 되었으면 하는 바람이다. 보다 많은 판사들의 참여 아래 이와 같은 연구회가 더욱 활성화되기를 기원한다. 그리고 각종 리허설 등 준비과정에서 각 판사들의 개성과 숨겨진 재능을 발견할 수 있는 기회를 갖게 되어 즐거웠다."

법정경위 역을 담당했던 유영근 사법연수원생은 재미있는 말을 했다.

"까만 제복에 모자가 지나치게(?) 잘 어울린 탓인지 재판진행 중 방청석에서 많은 요구가 쏟아져 들어왔고 책망하듯이 이를 바라보시던 지원장의 눈빛에 사뭇 당황하기도 했다. 친절하고 단호한 재판장의 태도와 작은 것에까지 최선을 다하는 판사들의 모습에서 짜릿한 감동을 느낄 수 있었다."

1997년 6월 어느 날이었다. 〈조선일보〉에 남부지원의 소송지휘 시연에 대한 기사가 나간 후, 아침부터 여러 곳에서 사무국장에게 전화가 왔다고 한다.

"여기는 연극협회인데요. 판사들이 하기 싫어한다는 악역을 우리 연극협회에서 분담하면 안 될까요?"

"판사들이 연극을 한다는데 언제 어디서 하나요? 그리고 일반인도 구경할 수 있나요?"

"여기는 분장협회인데요. 시연하는 판사들의 분장을 우리가 담당해주면 안될까요?"

"바람직한 소송지휘를 위한 많은 방법 중에 왜 하필 연극을 택하게 되었나요? 그것은 누구의 아이디어인가요?" 등.

나는 그 당시 외부에서 그러한 관심을 보인 사정을 까맣게 모르고 있었다. 나는 '바람직한 소송지휘'를 주요 업무계획으로 확정하기 이전부터, 연극 시나리오를 완벽한 재판진행 모델로 개발할 작정이었다. 그리고 그것을 실제 재판에서 유익하게 활용할 필요가 있다고 생각했다.

더 나아가 여건이 허락한다면 외부의 전문 연기자로 하여금 완벽한 재판진행 모델을 시연케 하고 싶었다. 이를 비디오에 녹화하여 법원의 교육용 및 대외홍보용으로 활용되기를 기대하고 있었다. 때문에 외부에서 위와 같은 관심을 보여온 사정을 일찍이 알았더라면 아마도 좀더 충실하고 유익한 자료를 남기는 데까지 발전할 수 있었을 거라는 아쉬움이 지금까지도 남는다.

김경태 사무국장은 시나리오를 정리하여 책자 발간작업을 하면서, 이러한 운동이 일회성에 그치지 말아야 함을 절실히 느꼈다고 말했다. 바람직한 재판진행을 위한 법관들의 노력에 발맞추어 일반직원들도 혼연일체가 되어 열심히 해야 되겠다는 것을 함께 다짐했다고 한다.

계약금반환 등 청구사건의 피고 역을 담당했던 유강열 판사의 소감도 재미있었다.

"이번 모의재판은 완성된 시나리오를 통하여 재판운영의 모델을 직접 관찰할 수 있어 매우 유익했다. 민·형사 모의재판의 시나리오뿐 아니라 법정에서의 돌출상황에 대한 재판장의 대처방안도 의미 있었다. 민·형사 소송지휘 연구회의 자료도 정리하여 이를 보존할 필요가 있다. 선배법관의 귀중한 체험을 중심으로 위의 자료를 계속 보완하여 후배 법관들에게 가이드라인으로 물려주었으

면 좋겠다."

아주 좋은 아이디어였다.

대여금 사건의 피고 역을 담당했던 서민석 판사는 시연을 마친 소감을 다음과 같이 밝혔다.

"재판이 내가 예상하고 의도한 대로 진행되지 않는다고 해서 화내고 큰소리치고 기분 내키는 대로 분풀이하듯 진행하고 난 후, 법정을 나서면서 나의 수양부족을 탓하며 울었던 적이 한두 번이 아니다. 재판도 사람의 일인지라 늘 웃으면서 할 수는 없겠지만 참고 참으면서, 생각하고 또 생각하면 지금보다 나아지리라는 것을 확신한다. 사건을 내 일처럼 생각해야 하는지 남의 일로 생각해야 하는지, 당사자를 가족처럼 생각해야 하는지 남처럼 생각해야 하는지, 언제쯤이면 해답을 얻을 수 있을까? 판사노릇을 왜 하는지 알 때쯤이면 해답이 보일까?"

간통죄의 피고인 역을 맡았던 조미연 사법연수원생은 시연을 마친 소감을 '그해 여름 그들은 뜨거웠다'는 한마디로 표현했다.

〈조선일보〉 장원준 기자는 '바람직한 소송지휘'의 전 과정을 종합하여 다음과 같은 기사를 썼다.

1. 서울지법 남부지원의 '바람직한 소송지휘 시연회' 소식이 전해진 후 친한 기자들과 저는 이런 대화를 한 적이 있었습니다.

"만약에 사회부장이 새로 부임했는데 말이야, '예의 바르고 정확한 취재 모델을 만들기 위해 연극을 해보라'고 했다고 쳐. 그래서 취재도 바빠 죽겠는데 매주 아이디어 내야 하고 각본 쓰고 연습하고 리허설하고… 그러넌 어떻겠어?"

"이게 도대체 뭐하는 거냐는 식으로 툴툴대겠지."

"그러니 남부지원 판사들도 죽을 맛일 거야. 기록 보는 것만도 숨이 찰 텐데…."

"그래도 이거 잘하는 일이야. 대한민국에서 판사들이 이런 일 한 적 있었나. 어쨌든 제대로 재판해 보겠다는 것 아니야."

"지원장도 대단해. 다른 사람 같으면 조용히 앉아 있다 법원장 나갈 생각하지, 괜히 긁어 부스럼될까봐 이런 일 하겠어?"

2. '판사들의 연극?'

작년부터 시연회가 준비되고 있다는 것을 우연히 알게 된 후 97년 6월 18일자로 제가 기사를 썼을 때 붙여진 제목이었습니다. 일단 '판사들이 연극을 한다'는 '예상외의 일'이 저희 신문 데스크나 편집기자들 눈에 가장 신기했던 거죠. 이런 '신기해 함'에서 시작된 지원 바깥의 반응은 이 행사의 목적과 남부지원 여러분의 노력이 알려지며 '끄덕거림', '호의'로 발전되었습니다. 대체로 앞에서 소개한 기자들의 대화와 같은 취지였습니다.

우리 사회에서 '안전빵으로 가기', '남들과 비슷하게 하기', '해오던 대로 계속하기'가 갖는 편안함과 '남과 다른 일을 해보기', '좋은 일 해보겠다고 무언가를 도모하기'가 갖는 위험함의 차이는 다른 사회보다 훨씬 더하죠. '냉소의 화살'을 맞기도 딱 좋고 말입니다. 더구나 다른 조직에 비해 보수적이고 질서 지향적인 사법부 내에서는 더욱 그럴 것입니다.

이런 상황에서 '판사님'들이 검사, 변호사, 피고인, 원고, 피고 역을 다 맡아가며 연극 한 판을 한다는 것은 참 적지 않은 부담이 가는 일이라는 추측을 해봅니다. 또 이를테면 '그런 시연회 자체가 지금까지의 재판에 (사법부까지 포함해) 문제가 많았다는 것을 자인하는 모양새가 되지 않겠느냐'는 식의 곱지 않은 눈초리도 없지 않았을 것 같습니다.

그런 것들을 모르지 않을 남부지원에서 어렵게 한 이번 시연회는 그래서 더 의미가 크다고 생각합니다. 재판부가 잘못하는 부분에 대한 자성(自省)의 부분이 좀 적었다는 것을 빼면 시나리오와 연극을 위한 노력도 경의를 표시받기에 충분하다고 생각합니다. 유지담 지원장 이하 이홍권, 김호윤 부장판사, 황일호, 홍지욱 판사, 김경태 사무국장, 기타 판사와 여러 직원들 고생 많이 하셨습니다. 대 선배들 앞에서 주눅 들지 않고 '앙칼진 소리 지르기'를 현실감 넘치게 해낸 김윤숙 시보나 폭행 피해자인 레스토랑 종업원 역을 해낸 강승준 판사의 연기가 기억에 남습니다.

3. 아무쪼록 권위, 엄숙, 냉소 등에 밀려 이 행사가 일과성 가십거리로 묻히지 않고 유 지원장 말씀처럼 '억울하게 재판에 졌다'는 말 대신 '졌으니 깨끗이 승복한다', '내가 죄를 져서 징역을 산다'는 말이 나오게 바람직한 재판진행의 확립과 이에 대한 국민의식을 새롭게 하기 위해 심어진 한 알의 밀알이 되기를 진심으로 기원합니다.

연극 시연을 마친 후 1997년 8월 21일자 〈법률신문〉도 "올바른 재판(裁判) 위해 안간힘"이라는 제목으로 기사를 올렸다. 판사·연수원생 총출연, 판사가 피고인 등 역할분담, 당사자의 심정이해 등의 표현을 하면서 시연행사를 긍정적으로 평가해 주었다.

미디어의 반응은 법률신문에 한정되지 않았다. 어떤 일간신문은 "역지사지"(易地思之)라는 제목으로, "판사가 졸지에 피고인이 되다. 피고인의 입장에서 느낀 재판진행 과정은 으레 고압적인데 이것을 부드럽게 고쳐 보려고 모의재판을 연 재판관들의 자세는 그래서 돋보인다"고 보도하는가 하면, 또 다른 일간신문에서는 "부

드러운 법정문화 가꾸자", "피고인석에 선 판사 억울합니다", "처지 바꿔 고압자세 벗는 기회로", 또는 "친절모의재판" 등의 제목으로 유지담 지원장이 제작과 연출을 맡고, 홍지욱, 황일호 판사가 대본을 썼다고 보도했다. 재판의 실제와 비슷한 상황을 연기자 못지않게 제법 능숙한 연기력을 보여주었다고 칭찬까지 해주어 흐뭇했다.

'바람직한 소송지휘'는 재판장이 충분한 법률지식을 가지고 있거나 고매한 인격자라고 하여 쉽게 할 수 있는 것이 아니다. 무엇보다 먼저 모든 소송 당사자들의 입장을 충분히 배려해야 한다. 동시에 그들의 직업, 지위, 지적수준, 나아가 각 계층별로 통용되는 별개의 관행까지를 고려하여 실체적 진실을 밝히고자 하는 사명감을 가져야 가능한 것이다. 재판업무에 바쁜 판사들에게 연예인이 해야 할 연극을 한다는 이유 등으로 부정적으로 생각하거나 달갑지 않은 시각을 가질 수도 있었다. 그럼에도 남부지원 판사들이 흔쾌히 마음을 함께하여 참여한 것은 참으로 다행이었다. 지금도 그들에게 수고했다고, 그리고 고마웠다고 말하고 싶다.

요즘도 재판장이 법정에서 부적절한 용어를 사용하거나 고압적인 재판진행을 한다는 등 이유로 비판을 받는 경우가 있다. 사회적 물의를 일으키고, 심지어 사법에 대한 국민의 신뢰를 떨어뜨리는 사례가 종종 있는 것을 보면 안타깝다. '바람직한 재판진행'이야말로 법원이 재판업무를 하는 한 영원히 소홀히 할 수 없는 부분이

친절하고 따뜻한 재판문화 정착을 취지로 18일 오후 서울 남부지원 제1호 법정에서 열린 '친절 모의재판'에서 남부지원 소속 판사와 사법연수원생들이 피고인, 증인 등으로 직접 출연해 연기를 펼치고 있다. 이종근 기자

피고인석에 선 판사 "억울합니다"

서울지법 남부지원 '모의재판'…"처지바꿔 고압자세 벗는 기회로"

'억울하게 재판에 졌다'

'죄 없이 억울하게 징역을 살았다'

18일 오후 2시 서울지법 남부지원 1호 법정. 재판을 받는 많은 사람들이 가지는 이런 불신에 대한 해결책을 고민하던 판사들이 직접 대본을 쓰고 피고, 원고, 증인 등의 배역을 맡아 법정에서 '모의 재판'을 벌였다.

"이봐. 거짓말하지 말고 똑바로 이야기 해."

술집을 같이 운영하던 여자를 폭행한 혐의로 재판을 받던 김일번 피고인은 증인이 불리한 진술을 계속하자 벌떡 일어나 고함을 지르다 재판장으로부터 제지를 받았다.

하지만 김 피고인은 분을 삭이지 못한 표정으로 계속 증인을 노려보다 최후진술을 통해 "정말 억울하다. 관대한 처벌을 바란다"고 밀했다.

다음 재판은 다방에서 찻잔을 늦게 치웠다고 종업원을 때린 혐의로 구속된 김삼번 피고인 차례였다.

재판도중 방청석에 앉아있던 피고인의 부인이 갑자기 "내 남편은 억울한 피해자"라며 울부짖기 시작했다. 재판장은 "한번 더 소란을 피우면 퇴정시키거나 감치처분을 받을 수 있다"고 경고했으나 피고인 부인은 계속 "구속될 이유가 없으니 빨리 풀어달라"며 소리를 지르다 퇴정당했다.

모의 재판을 준비하기 위해 남부지원 판사와 사법연수원생 43명은 지난 2월부터 형사소송지휘연구회(회장 이홍권 부장판사)와 민사소송지휘위원회(회장 김호윤 부장판사)를 중심으로 법정에서 일어날 수 있는 상황에 대한 토론을 벌이고 시나리오를 짰다.

이날 모의재판에서 나온 상황들은 판사들이 재판을 진행하면서 경험한 상황들을 모은 것이고 지난달부터는 등장인물의 배역을 정해 1주일에 한 번 토의와 연극연습을 했다.

유지담 서울지법 남부지원장은 "판사들이 피고인과 증인의 처지에서 재판과정을 새롭게 바라보고 잘못된 재판 진행방식을 고치는 기회가 될 것"이라며 "앞으로 여건이 허락하면 전문 배우가 연기한 재판과정을 녹화해 법원 내부교육과 대외 홍보용으로 활용할 계획"이라고 말했다.

권혁철 기자

〈한겨레〉 1997년 8월 19일

라고 생각한다. 그때의 나의 시도가 헛된 일이 아니기를 지금도 소망한다.

동네사람들이 다 알고 있는 사실입니다

증거재판주의(證據裁判主義)와 자유심증주의(自由心證主義)라는 법률 용어가 있다. 내가 그 입법취지 등을 얼마나 마음에 새기며 재판을 했는지, 옳은 판결을 하기 위하여 과연 얼마나 충실한 자세로 구체적 사건을 처리했는지, 그리고 실체적 진실발견을 위한 사실인정 과정 등이 현재 법원에서 얼마나 바람직하게 운영되고 있는지를 한번 짚어보고 싶다.

증거재판주의와 자유심증주의가 재판과정에서 구체적으로 실현되는 모습은 재판을 직접 담당하는 각 법관의 소신이나 개성, 정의감, 성실성 등의 차이에 따라 각양각색일 수 있다.

그리고 구체적 사건을 재판함에 있어서 증거재판주의와 자유심증주의를 얼마나 조화롭게 구현시키느냐에 따라 실체적 진실발견에 더 접근할 수 있고, 반대로 더 멀어져 위험할 수도 있다.

형식적 증거에만 의존하여 재판을 하게 되면 실체적 진실이 숨겨진 채 형식적 정의를 실현하는 재판에 그칠 염려가 없지 않다. 그렇다고 해서 지나치게 자유심증주의를 강조하다 보면 법관의 자의적 판단에 따른 오판의 우려가 클 수 있다.

나는 입증책임 및 증거재판주의와 관련하여 지워버리기 어려운 추억을 하나 가지고 있다. 대구지방법원의 초임 좌배석 판사 때 합의부 법정에서 있었던 일이다.

매매를 원인으로 하는 부동산 소유권이전등기 청구사건을 심리하던 재판장(이하, K 재판장이라고 표현함)이 원고에게, 피고로부터 부동산을 매수했다는 사실을 입증하라고 말했다. 원고는 동네사람들이 다 아는 사실이라고 대답하는 것이었다. K 재판장이 매매계약서나 영수증이 있느냐고 다시 물었다. 계약서는 분실했고 영수증은 (피고를 가리키며), 설마 저 사람이 이처럼 잡아 뗄 줄은 상상도 못하고 받지 않았다면서 큰소리로 "정말 판 사실이 없느냐고 저 사람한테 재판장님이 직접 한번만 물어봐 주십시오"라고 말하는 것이었다. 이어서 "만일 안 팔았다면 내가 그 땅에서 3년이나 농사를 짓고 있는데 왜 가만히 있었느냐고도 물어봐 주십시오"라며 더 큰소리로 말하는 것이었다.

K 재판장이 그러면 매매사실을 잘 알고 있는 사람 중에서 우선 한 사람을 증인으로 신청하세요 라고 말하니, "동네사람들이 다 알고 있지만 저 사람이 무서워서 선뜻 증언을 서줄 것 같지 않은데 어찌하면 좋죠?"라고 대답하면서, 원고가 그 사정을 자세히 설명하려고 하자 K 재판장은 원고의 말은 더 이상 듣지 않은 채, 원고에게 입증을 촉구했다는 취지를 조서에 남기라고 공판입회 계장에게 지시하고는 다음 사건의 심리에 들어가는 것이었다. 그 모

든 재판과정에서 K 재판장은 조금도 화를 내거나 흥분하는 일이 없었다.

그때 부동산 매수사실에 대한 입증책임이 자신에게 있다는 것도 전혀 모르는 원고의 무지함과 아무런 증거도 없고 재판준비도 하지 않은 채 법정에 나온 무례함이 못마땅하게 생각되었다. 그럼에도 불구하고 의연하게 권위를 지키면서 재판을 진행하는 K 재판장은 존경스러웠다.

그로부터 10여 년의 법관경력을 거쳐 합의부 재판장이 되어서는 그때의 내 생각이 반드시 옳은 것은 아니었음을 깨달았다. 변호사로서 재판을 받는 입장이 되고부터는 그렇게 생각한 것이 오히려 부끄럽게 느껴지기까지 했다. 그때 나는 얄팍한 나의 법률지식에 도취된 나머지 교만으로 가득 차 있었던 것 같다.

사실 나는 사법시험에 합격할 때 다른 시험과목에 비하여 민사소송법에서 월등히 좋은 점수를 받았기 때문에 민사소송법 실력에 관하여 자부심을 가지고 있었다. 입증책임에 관한 기초적인 법률이론을 훤히 알고 있는 것을 가지고 우쭐했던 것 같다.

원고는 매매사실을 동네사람들이 다 안다는 것뿐인데 그것은 원고의 주장일 뿐, 증거가 아니다. 참으로 답답한 노릇이다. 한마디로 말해서 그 원고는 법정에서 재판장에게 큰 소리로 말할 수 있는 처지가 못 된다.

원고의 법정태도는 옳지 않았다. 자신이 승소하기 위해서 필요

한 증거는 제대로 제시하지 못하면서 큰 소리로 엄숙해야 할 법정을 소란스럽게 했기 때문이다. 내가 그 사건을 진행하는 재판장이었다면 아무런 재판준비도 없이 법정에 나왔느냐고 야단을 쳤을지도 모른다. 원고에게 친절한 아량을 베푼다면 아마도 법률을 잘 아는 사람에게 조언을 받든가, 어떻게 해서든지 다음 기일에는 재판준비를 잘 해서 나오라고 훈계하는 정도였을 것이다.

그런데 K 재판장은 원고에게 화를 내거나 언성을 높임이 없이 자기가 해야 할 재판만을 차분하게 진행했다. 품위 있게 그리고 재판장으로서의 권위를 지켜가며 주장사실을 입증할 책임이 있는 원고에게 끝까지 입증할 것을 촉구했다. 그리고 입증을 촉구했다는 사실을 조서에 분명히 기재하도록 했다. 초임 판사인 내가 보기에는 그 재판진행이 깔끔하고 명쾌했다.

정의로운 판결을 하기 위해서는 법률을 적용하기 이전에 올바른 사실인정이 먼저 이루어져야 한다. 만에 하나 사실인정에 잘못이 있다면 거기에 어떠한 법령을 짜 맞추어 적용한다고 하더라도 옳은 판결은 불가능한 것이다. 그렇기 때문에 사실을 바르게 인정하는 일, 즉 사건의 진실을 밝혀내는 일이 재판의 전부라고 말해도 지나침이 없다.

법관은 항상 사건의 진실을 어떻게 밝혀낼 것인가에 대해 고민한다. 재판을 담당하는 모든 법관이 솔로몬 왕과 같아서 하나님의 지혜를 모두 가지고 있다면 걱정할 일이 조금도 없겠지만, 법관은 신(神)이 아니다.

모든 법관에게 하나님의 지혜가 있기를 기대할 수 없다. 설령 하나님의 지혜를 가지고 있는 법관이 있다고 하더라도 모든 국민이 인간인 법관의 판단을 무조건 수용하기란 지극히 어려운 일이다. 그래서 생각해 낸 것이 증거재판주의다. 사실의 인정을 법관의 사의적인 판단에 맡기지 아니하고 오로지 증거에 의하여 인정하도록 법률로 규정한 것이다.

증거가 있으면 재판에 이기고, 증거가 없으면 재판에 지는 것이다.

그러나 허위문서와 허위증언 등 거짓증거가 난무한 요즘의 세상에서 형식적인 증거를 무조건 믿어 준다면 실체적 진실발견이란 기대하기 어렵다.

사실의 인정을 법관의 자의적인 판단에만 맡길 수 없고, 그렇다고 증거재판주의를 철저히 지켜서 밖으로 드러나 있는 증거에 의해 사실을 인정한다고 해서 반드시 정의가 실현되는 것도 아니라면 어찌하면 좋을까?

형사소송법 제308조는 자유심증주의라는 제목 아래 '증거의 증명력은 법관의 자유판단에 의한다'고 규정하고 있다. 어느 증거가 거짓이고 어느 증거가 진정한 것인가, 그리고 그것이 진정한 증거라면 사실을 인정하는 데 있어서 그 증거에 얼마만큼의 증명력(증거가치)을 부여할 것이냐 하는 것들을 모두 법관의 자유로운 판단에 맡기고 있는 것이다.

그러면서 민사소송법 제202조는 "법원(법관)은 변론전체의 취지와 증거조사의 결과를 참작하여 자유로운 심증으로 사회정의와 형평의 이념에 입각하여 논리와 경험의 법칙에 따라 사실주장이 진실한지 아닌지를 판단한다"라고 규정하고 있다.

형식적인 증거만으로 무책임하게 사실을 인정할 것이 아니라는 것이다. 실체적 진실을 찾아내는 데 법관이 모든 지혜를 짜내고 온갖 노력을 다 발휘해 주기를 진정으로 바라고 있는 것이다.

나는 K 재판장이 재판했던 그날의 상황을 늦게나마 곰곰이 생각해 봤다. 그날의 내 생각이 잘못일지도 모른다는 이유는 다음과 같다.

사건당사자는 법률가가 아니다. 매매계약서를 분실했고 이웃에 사는 사람을 믿은 나머지 매매대금 영수증을 받아두지 않았으니 원고는 어리숙하거나 지나치게 순진한 사람일 수 있다. 그래서 재판에서 승소하는 데 어려움이 있다.

그러나 토지를 매수하지 않고 매매대금을 지급하지도 않은 사람이 남의 토지를 오랜 세월 경작할 수 있을까. 그것을 옆에서 3년이나 빤히 보고도 이를 용인한 토지 소유자가 있다면 그것이야말로 지극히 이례적인 일임이 분명하다.

그러므로 만일 원고가 여러 해 동안 이 사건 토지에서 경작한 것이 사실이고, 또 지금도 원고가 경작하고 있는데 그것을 용인한 이유에 대하여 토지 소유자인 피고가 합리적이고 논리적인 변명을 하지 못한다면….

그런 경우에 매매계약서를 분실했고 영수증을 받아두지 않았다는 이유만으로 원고의 청구가 쉽사리 배척된다면 그것은 정의로운 판결이 아닐 가능성이 크다.

원고와 피고 사이의 토지매매사실을 동네사람들이 다 알고 있어도 증거가 필요하냐고 묻는다거나, 틀림없는 사실인데 피고가 안 팔았다고 우기고 있는 것이니 얼마나 뻔뻔스러운 사람인지 재판장이 직접 물어봐 달라는 원고의 요청에 잘못이 있다고 말할 수는 없다.

민사소송법 제367조에 의하면 소송당사자는 서로 상대방에 대한 본인신문을 신청할 권리가 있다. 그리고 법원(법관)은 직권으로도 당사자 본인을 신문할 수 있다. 그럼에도 원고의 간절한 요청을 굳이 아무런 이유도 설명함이 없이 이를 묵살하며 재판을 진행해야 할까?

K 재판장은 다른 증거조사를 다 마치도록 원고의 주장사실(매

매사실)에 대한 확신이 가지 않으면 그때 가서 피고를 직접 신문할 생각일 수도 있다. 그리고 그때 가서 원고와의 대질신문까지도 시행할 심산이었을 수도 있다. 그러나 그것이 결코 바람직한 재판진행이라고 말할 수 없다. 왜냐하면 답변하는 당사자의 당황하는 모습이나 답변내용의 논리적 모순여부를 직접 확인하는 것은 미리 준비되지 아니한 상태에서 즉시 답변이 이루어져야 더욱 실효를 거둘 수 있기 때문이다.

증거재판주의는 어디까지나 실체적 진실발견을 위하여 탄생된 제도이다. 가시적인 물적 증거에 의한 재판 그 자체는 목적이 아니다. 당사자(원고)가 무엇을 호소하든 이를 무시한 채 자기 스타일대로만 재판을 진행하는 재판장이 존경과 신뢰를 받는 것도 아니다. 화를 내지 않고 흥분함이 없이 의연하게 재판을 진행한다고 하여 법관의 권위가 올라가는 것도 아닐 것이다.

원고는 그 다음 기일에도 똑같은 태도로 재판에 임한 데다가 아무런 증거도 제출하지 못함으로써 결국 패소 판결을 받았다. 원고는 그때 K 재판장이 피고에게 직접 신문을 해서 이에 대답하는 피고의 낯빛이 변하는지 여부만이라도 한번 확인해보고 싶었을 것이다. 원고는 하늘이 알고 땅이 알고 있는 사실인데 증거재판주의가 무엇이기에 이처럼 억울할 수가 있는가라고 땅을 치며 통곡을 했을지도 모른다.

원고는 토지를 매수한 사실이 진실이고, 동네사람들도 다 아는 사실이며, 하늘이 알고 땅이 아는 진실이라고 말했다. 만에 하나 그 주장이 사실이라면 형식에 치우친 증거재판주의 때문에 결과적으로 손바닥으로 하늘을 가린 엉뚱한 재판이 되어버린 셈이다.

내가 35년간 법관으로 근무하는 중에 그런 일이 과연 없었을까. 당사자가 주장하는 사실이 진실한지 여부를 가리는 데 심혈을 기울이기보다 사건을 신속히 처리하는 데 급급했거나 외형적인 증거가 있느냐의 여부에만 집착하여 사건을 형식적으로 처리한 적은 없었는지. 그래서 실체적 진실을 외면한 재판을 한 사례가 없었는지…. 생각하면 생각할수록 지금까지도 두려운 마음을 씻어버리기 어렵다.

솔로몬 왕의 재판

재판의 궁극적 목적은 정의 실현에 있고, 재판에서의 정의 실현은 무엇보다도 실체적 진실이 밝혀져야 가능한 것이다. 우리나라는 이를 위해서 증거재판주의를 채택하고 있다. 그러나 그것이 만능일 수는 없다. 나는 사실심 법관으로 근무할 때 한 아기를 두고 각자 자기 아기라고 싸우는 두 여인 사이의 분쟁에서 진짜 어머니를 찾아준 솔로몬 왕의 지혜로운 재판을 가끔 연상하곤 했다. 열왕기상 제3장 제16절에서부터 28절의 말씀을 자세히 살펴보면 그 요지는 다음과 같다.

솔로몬 왕 앞에 나타난 A, B 두 여인은 모두 창기로서 함께 살면서 사흘 간격을 두고 각기 아들을 출산했다. 솔로몬 왕 앞에서 A여인은 한밤중에 저 여인(B여인)이 그의 아들을 눌러 죽게 하고는, 내가 잠든 사이에 내 아들을 가져다가 자기 품에 뉘이고 죽은 자기의 아들을 내 품에 뉘었다고 주장했다. B여인은 그런 것이 아니라 살아있는 아기가 바로 자기 아기가 맞다는 것이었다.

두 여인의 주장을 다 들어본 왕은 그들의 주장을 스스로 한 번 반복하여 확인한 다음 시종을 불렀다. 그리고는 칼을 가져오라고 하여 살아있는 그 아기를 둘로 나누어 두 여인에게 주라고 명했다.

왕의 이 말에 A여인은 그 아들을 죽이지 말고 B여인에게 주기를 바랐고, B여인은 왕의 지시대로 나누기를 원했다. 왕은 더 이상의 심리나 증거를 조사함이 없이 즉시 그 아기를 A여인에게 주라고 판결했다는 것이다.

솔로몬 왕이 판결한 두 여인의 사건을 증거재판주의를 법으로 채택하고 있는 우리나라 법정에서 재판한다면 그 재판이 어떻게 진행되어 과연 어떠한 판결이 나올까?

아마도 A여인은 살아있는 아기를 안고 있는 B여인을 상대로 유아인도 청구소송을 제기하게 될 것이다. 이 경우 그 아기의 진짜 어머니가 자기 자신이라고 주장하는 A여인에게 입증책임이 있음은 두말할 여지가 없다.

그러니 재판장은 A여인에게 그 아기가 당신 아기라는 증거를 대라고 할 것이고 A, B 두 여인만이 사는 집에서, 그것도 한밤중에 일어난 일이니 A여인으로서는 내세울 만한 증거가 있을 리 없다.

원고의 유아인도 청구는 증거가 없다는 이유로 기각될 소지가 많다. 그렇다고 하여 분쟁이 완전히 종료된 것은 아니다. 그 진실을 본인들만은 안다. 그리고 진실은 하늘이 알고 땅이 안다. A여인이 진짜 어머니라면 그러한 재판에 영원히 승복하지 않을 것이다. A여인은 자기 아기를 찾기 위해서라면 모든 수단, 방법을 동원해서 평생 동안이라도 B여인에게 추궁할 것이다.

이에 B여인은 A여인의 유아인도 청구가 배척된 지난번 재판결과에서 힘을 얻었으니, 이번에는 자신이 진짜 어머니임을 확인해달라는 소송을 제기할 수도 있다. 어머니로서의 지위를 확고히 하고, 아울러 A여인의 괴롭힘이나 추궁에서 완전히 벗어나기 위한 시도를 할지도 모른다.

그러나 이번에는 B여인 자신이 그 아기의 어머니라는 확인을 청구하는 소송이 될 것이므로 그 주장에 대한 입증책임은 B여인 자신에게 있게 된다. B여인도 A여인의 경우와 마찬가지로 아무런 증거도 제출할 수 없을 것이니 그의 청구 또한 기각될 가능성이 크다. 그렇게 되면 살아있는 아기의 어머니는 A여인도 아니고, B여인도 아니게 되니 갑자기 그 아기는 고아가 되고 말 것이다. 증거재판주의는 이러한 결과를 용인하기 위한 제도가 결코 아니지만 어쩔 수 없는 노릇이다.

재판에 있어서의 적법절차와 무한정의 인권이 강조되는 요즘 같은 세상에 재판장이 실체적 진실을 발견하기 위해서 만일 솔로몬 왕과 같은 지혜를 발휘한다면 어떠한 일이 벌어질까? 법정에서 칼을 가져오게 한 다음, 그 아기를 둘로 나누어 A, B 두 여인에게 주라고 재판을 진행한다면 솔로몬 왕이 재판했을 때와 똑같은 상황이 재현되어, 진짜 어머니인 A여인을 쉽게 찾아낼 수 있을지도 모른다.

그러나 그 재판을 지켜본 사람들의 반응은 제각각일 것이다. 실체적 진실을 찾아낸 지혜로운 재판으로 평가하는 사람이 있는가

하면, 반대로 증거도 조사하지 않고, 법의 절차에 따르지 아니한 재판진행이라고 비난하는 사람도 있을 것이다. 또 법정에서 칼로 아기를 둘로 나누라고 하여 공포분위기를 조성한 비인간적인 재판진행이라느니, 진실발견이라는 명분으로 잔꾀를 동원하여 순진한 B여인을 패소시킨 편파적인 재판이라는 이유로 그 재판장을 자격이 없는 법관이라고 성토하거나 재판의 원천무효까지 주장하는 상황이 벌어질지도 알 수 없는 일이다.

나는 솔로몬 왕이 똑같은 그 사건을 요즘 세상에서 재판하는 경우의 변수도 생각해 봤다. 왕이 칼을 가져오라고 한 다음 아기를 둘로 나누라고 할 때 A, B 두 여인의 반응이 그 옛날과 전혀 같지 않을 수 있다. 현대에 살고 있는 B여인이 그 시대의 B여인처럼 그렇게 순진하지는 않다. 아기를 둘로 나누라고 말하는 왕의 숨은 의도를 재빠르게 알아차리고, A여인과 똑같은 취지로 말한다면…?

진짜 어머니인 A여인과 약삭빠른 가짜 B여인을 가려내기 위하여 솔로몬 왕은 무슨 지혜를 또 발휘할 수 있을까? 왕의 가슴이 답답해 올 것이다. 재판에서 진정한 사실을 찾아내기란 요즘 세상에서는 너무도 어렵다. 솔로몬 왕도 아마 고개를 절레절레 흔들면서 우리나라 법관들에게 위로와 격려를 보내지 않을까.

나는 사건이 폭주하고 거짓증거가 난무하는 요즘 현실에서, 정의의 실현을 위해 고뇌하는 법관들에게 위로와 격려를 보내 달라고 국민들에게 호소하고 싶을 때가 많다. 그런데 국민들은 나의 호소에 귀를 기울이기보다 다음과 같이 외치고 싶어하는 것 같다.

"법관들이여! 증거재판주의가 채택된 진정한 의미는 오로지 진실을 찾아내기 위한 것입니다. 증거재판주의 그 자체가 목적인 것처럼 운영되어서는 안 됩니다. 그것이 진실을 외면하는 방편으로 작용되어서는 더더욱 안 됩니다. 변화된 시대에 맞추어 진실을 찾아낼 수 있는 더 깊은 지혜와 더 큰 능력을 발휘해 주기를 바랍니다."

국민의 기대는 거기서 끝나는 것 같지 않다.

"국민은 어떠한 경우에도 법관을 신뢰하고 의지하고 싶습니다. 요즘 같은 불신사회에서 법관들만이라도 끝까지 정의를 지키고 불의를 뿌리쳐 준다면 믿을 데가 없어 한숨짓는 우리 국민은 정말로 행복할 것입니다. 증거재판주의가 무엇인지 모르지만 법정에서 억울하다며 호소하는 사람들을 통찰해 주십시오. 땅을 치고 통곡하는 억울한 당사자만은 없게 해 주십시오."

거짓말 경연장 같은 요즘의 법정.

재판에서 이기기 위해서라면 수단과 방법을 가리지 않는 당사자들을 대하면서 대부분의 법관들이 고뇌하며 수많은 사건을 묵묵히 재판하고 있는 사실을 나는 안다. 그토록 어려운 현실을 모르는 듯 유전무죄 무전유죄라느니, 전관예우라느니 하면서 사법부 전체를 싸잡아 비난하는 세상분위기가 느껴질 때 나는 슬프고 곤혹스러움을 느낀다.

그렇긴 하지만 나는 신뢰받고 존경받는 사법부를 항상 염원하는 법조인의 한 사람으로서 국민들이 외치고 싶어하는 말에 모든 법관들이 좀더 귀를 기울여 주기를 소망한다. 정의가 묻히고 불의가 판을 치는 재판은 영원토록 단 한 건이라도 용인되어서는 안 되기 때문이다.

업무량이 너무 많아 힘이 든다는 사정 같은 것은 결코 정의롭지 아니한 판결에 대한 정당한 변명이 될 수 없기 때문이기도 하다.

축제의 선거문화를 꿈꾸며

고려대학교 법과대학에 재학 중 나는 정치학과 선배들이 연기하는 '대한민국 모의국회' 공연을 관람한 일이 있었다. 공연이 시작된 지 불과 몇 분도 안 되어서 분위기는 달아올랐다. 어떤 법률안을 통과시키려는 여당과 이를 결사적으로 저지하려는 야당의 대립국면으로 치닫기 시작했다.

그런데 정작 무슨 법률안의 어떤 내용을 가지고 그처럼 치열하게 대립하는 것인지는 알기 어려웠다. 서로가 국민을 위한다고 목청을 높여가며 열을 올리는데, 상대방의 주장을 진지하게 경청하는 모습이나 자기 쪽의 주장을 차분하게 논리적으로 전개하는 모습은 보이지 않았다.

시간이 지나면서 분위기가 이성을 잃은 싸움판같이 변하더니, 갑자기 야당의 원내대표인 듯한 사람이 자리에서 일어나 손을 번쩍 들면서 회의장이 떠나가도록 소리를 지르는 것이었다.

"모두 나갑시다! 우리가 꼭두각시야!"

회의장을 정면으로 볼 때, 왼쪽 편에 앉아 있던 의원들이 우르르 그를 따라 나가는 것이었다. 잠시 후, 회의장을 들락날락하면서

여·야의원들이 의견을 조율하는 듯한 모습이 보이더니, 밖으로 나갔던 의원들이 들어와 다시 회의가 진행되었다. 그러나 얼마 안 가서 또 다시 언성을 높이며 이번에는 "이놈!" "저놈!" 욕설을 퍼붓고 멱살을 잡으며 몸싸움까지 벌이는 것이었다. 결국 의장의 휴회 선언으로 회의는 중지되었다.

의회민주주의는 저런 모습으로 실현되는 것인가? 국정은 저렇게 싸우면서 논의해야 하나? 이런저런 의문을 던지며, 나는 회의장 밖으로 나왔다. 얼마가 지나서야 그 모의국회가 바로 우리나라 기성정치인들이 국회에서 밥 먹듯 벌이는 난투극을 그대로 흉내낸 것이라고 선배들 이야기를 통해 알게 되었다. 이것이 우리나라 국회의 현주소라니!

어린 시절부터 내가 상상해 온 국정논의 모습과는 너무도 거리가 멀다는 사실을 충격으로 받아들였다.

오랜 세월 잊을 수 없는 기억으로 남아 있던 그 모의국회 장면은, 제13대 중앙선거관리위원회 위원장에 취임하게 된 나에게 반드시 풀어보고 싶은 국가적 과제로 떠올랐다.

'나라가 잘 되려면 정치가 잘 되어야 하고, 정치가 잘 되려면 선거가 잘 되어야 한다.'

대학시절부터 마음속에 뿌리내린 생각이었다. 그런데 내가 그 막중한 선거관리의 최고책임을 맡게 된 것이다.

선거제도는 대한민국의 주인이며 주권자인 국민이 나라의 일꾼을 뽑는 헌법상 보장된 제도다. 공정한 선거에 의하지 아니한 권력은 어떠한 경우라도 헌법적 정당성을 부여받지 못한 권력으로서 허용될 수 없는 것이다.

그런 의미에서 부정선거에 의한 권력은 폭력에 의하여 잡은 독재권력과 본질적인 차이가 없다. 국민의 정당한 선거권이 강도당한 것이냐(폭력에 의한 정권), 사기당한 것이냐(부정선거에 의한 정권) 하는 차이가 있을 뿐이다.

안타깝게도 우리나라 헌정사는 관권이 개입하거나 금품이 뿌려지거나, 흑색선전의 방법 등으로 부정선거를 하여 탄생한 정권, 또는 총·칼에 의해 헌법질서를 파괴한 정권에 의한 통치라는 얼룩진 과거를 갖고 있다.

법치주의(法治主義)라는 용어가 흔히 법으로 국민을 다스리고 지배한다는 개념으로만 사용되어 온 느낌이 든다. 나는 법치주의를 법에 따라 봉사해야 한다는 의미, 즉 국민이 법에 의해 보호받아야 한다는 의미로 해석해야 한다고 주장한다. 선거는 국민의 일꾼을 뽑는 일이고, 선거에 의하여 뽑힌 일꾼은 오로지 자신을 일꾼으로 뽑아 준 모든 국민들을 위하여 봉사해야 하기 때문이다.

그런데 우리나라의 선거와 정치의 현실이 과연 그러한가. 사회, 경제, 문화 전반에 걸친 공정성 시비, 수단방법을 가리지 아니하는 이기주의, 일그러진 양심과 도덕불감증 등 이러한 현상들의 뿌리가 어디에 있으며, 그것이 언제부터 어떻게 전파되었는지를 곰곰이 생각해 볼 필요가 있다.

대학생들뿐 아니라, 이제는 어린 초등학교 학생들까지 어른들이 하는 정치에서 영향을 받고 있다. 초등학교 반장이나 회장선거에서도 불공정시비가 있으니 안타까운 일이 아닐 수 없다. 반장은 학급을 위해 솔선수범하고 궂은일을 도맡아서 헌신적으로 봉사하는 것 이외에 다른 의미를 갖지 않았던 내 초등학교 시절을 회상한다.

정치인도 그런 반장 같을 수는 없을까? 급우들을 위해 심부름하는 성실하고 겸허한 봉사자.

그리고 선거에 임하는 우리 국민들이 나의 어린 시절 급우들 같으면 좋겠다. 사심 없는 깨끗한 마음으로 반장을 뽑아 한마음으로 모두 힘을 보태주는 그런 학생들처럼.

선거에서 누가 뽑히거나 말거나 무관심하다면 그것은 자신의 권리를 포기하는 것이다. 혈연, 지연에 얽매이거나 개인적 감정 또는 마음을 가지고 하는 투표도 옳지 않다.

진정으로 국민과 나라를 위하여 봉사할 수 있는 일꾼을 뽑아, 그 일꾼을 신뢰하고 격려하며 채찍질하는 그런 선거 및 정치풍토가 만들어졌으면 좋겠다.

내 어릴 적에 꿈꾸었던 살기 좋은 세상, 서로가 서로를 인정하고 칭찬하며 관용과 사랑이 넘치는 따뜻하고 아름다운 사회, 모두가 평화롭게 사는 풍요로운 사회를 이루는 데 몸과 마음을 다 바치고 싶었다.

2000년 7월 12일 제13대 중앙선거관리위원회 위원장으로 취임하면서 나는 그런 단상을 떠올렸다. 그 꿈이 현실과 너무도 먼 거리에 있다 할지라도 반드시 공명선거만은 우리나라에 뿌리내리도록 혼신의 노력을 다하기로 결심했다.

올바른 일꾼을 뽑는 '축제의 공명선거'가 바로 살기 좋은 선진민주국가에 이르는 지름길이라고 믿었다. 특히 나의 임기 중에는 2002년 제16대 대통령선거와 2004년 제17대 국회의원 총선거가 있었다. 그 선거를 통해 선진민주국가로서의 초석을 다지는 올바른 선거문화를 이 나라에 기필코 정착시키겠다고 다짐했다.

엉뚱한 항의소동

나는 대법관 신분이기에 재판업무를 위해 대법원에 상근했다. 헌법기관장 신분인 중앙선거관리위원장은 비상근 겸직이기 때문에 주로 선거기간 중이거나 위원회가 개최되는 때에만 중앙선거관리위원회로 출근했다. 평소와 마찬가지로 2000년 8월 28일 대법원에 출근하여 산적한 재판기록을 검토하느라 여념이 없었다.

아침 10시경, 중앙선거관리위원회에서 급하게 연락이 왔다. 한나라당 국회의원들이 새천년민주당의 '선거비용 실사 개입의혹'을 따지기 위하여 중앙선거관리위원회에 항의 차 방문하기로 했다는 것이다. 내가 중앙선거관리위원회에 나와서 직접 그들을 맞이해 주기를 바란다는 내용이었다.

'선거비용 실사 개입의혹'이란 도대체 무엇인가?

그것은 2000년 4월에 실시된 제16대 국회의원 총선거가 끝난 후 발생하였다. 선거관리위원회는 국회의원 후보자들이 제출한 선거비용의 수입·지출 자료들을 중심으로 법에 따라 선거비용을 실사해야 한다. 그 결과 많은 위법사실이 드러났고, 그 위법사실의 경중에 따라 검찰에 고발하거나 수사의뢰를 한 것이다. 그 과정에서 여당인 새천년민주당이 선거관리위원회에 영향력을 행사한 의혹이 있다는 것이 방문 이유였다.

사실은 엄정한 선거비용 실사 결과, 야당인 한나라당 소속 후보자들보다 여당인 새천년민주당 소속 후보자들의 위법사실이 더 많이 드러났다. 위법사실이 밝혀진 후보자들은 모두 고발 또는 수사의뢰 조치되었다. 여당의원들이 더 많이 고발당한 이유는 아마도 집권당의 힘을 믿고 법을 경시한 오만 때문일 것이다. 중앙선거관리위원회가 이러한 고발조치 사실을 공표했을 때 한나라당에서는 즉시 선거관리위원회의 공정한 처리에 만족을 표시했었다.

그런데 사건의 발단은 새천년민주당 의원총회에서 있었던 발언 내용들이 언론에 보도된 데서 비롯되었다. 새천년민주당 소속 국회의원 당선자들은 의원총회에서 자신들이 선거관리위원회로부터 정치탄압을 받은 것으로 느낄 정도로 역차별 받았다고 주장하면서 당 지도부가 무관심 또는 무능했다고 성토했다.

이때, 당 지도부의 한 간부가 엉뚱한 발언을 한 것이다. 이들의 불만을 진정시키려는 의도가 있었던 것으로 짐작된다. 마치 민주당 지도부가 애써서 선거관리위원회와 사전협의 또는 조정을 거쳤기 때문에 그나마 더 많은 고발을 면할 수 있었다는 취지의 발언이었다.

"선관위 사람들이, 여러분이 선거법을 잘 몰라서…. 그리고 여러 가지 이유를 설명하는데…. 더 이상 말하지 않는 게 좋겠다. 분명히 기소

(고발)돼야 하는데, 기소(고발) 안 된 분들이 열 손가락이 넘는다."

그런 요지의 발언이었다. 그런 신문보도에 한나라당이 발끈한 것이었다. 한나라당에서는 새천년민주당 의원총회에서의 발언내용의 진위여부에 대해서는 사실 확인조차 하지 않은 채 즉각 성명을 발표했다.

"선거관리위원회도 권력의 시녀임이 드러났다."

"부당한 선거사범 처리에 선거관리위원회까지 공범역할을 했다는 의혹에 대해서 개탄을 금치 못한다."

"선거관리위원회의 선거사범 처리는 야당 죽이기였다."

그런 과격한 내용이었다. 그리고는 그날 오후, 중앙선거관리위원장을 항의 차 방문하겠다는 것이었다.

기가 막힐 노릇이었다. 나는 곰곰이 생각했다. 선거비용 실사는 여·야를 막론하고 공정하게 처리된 것이다. 오히려 여당 쪽에서 불만이었으나, 그들은 여당이라는 힘을 믿고 법을 가볍게 여겨 자초한 일이라고 생각되었다.

그러니 내가 선거관리위원회에 나가서 항의하는 야당의원들을 맞이하거나 어떠한 내용이든 변명해야 할 아무런 이유가 없었다. 헌법상 중립기관의 장으로서 나는 공정한 선거관리의 책임을 맡고 있는 사람이다. 선거의 대립 당사자라고 할 수 있는 야당의원들의 일방적인 항의에 신경 쓸 이유가 없다고 결론내리고 대법원 재판업무에 몰두했다.

그런데 계속 전화가 왔다.

"야당의원들이 점심 때부터 오기 시작해 4시 30분경까지 야당의 대표와 중진의원들을 포함한 40여 명이나 왔습니다. 위원장님이 오실 때까지, 며칠이 되더라도 농성을 풀지 않겠다고 합니다. 기자들도 위원장님이 안 나타나시면, 선거비용 실사과정에 여당이 개입했다는 의혹을 시인하는 것으로 보일 텐데, 위원장님이 왜 안 나타나시는지 이해할 수 없다고 합니다. 아무래도 안 오시면 저희들 임직원은 퇴근을 못할 것 같습니다."

나는 하는 수 없이 퇴근시간이 다 된 오후 6시경에 의원들이 농성 중인 선거관리위원회 3층 대회의실에 들어갔다. 자리에 앉자마자, 그들은 여기저기서 중구난방으로 질문공세를 속사포처럼 퍼부었다. 누가 어떠한 질문을 했는지 정확히 기억이 나지 않지만 어이없는 공격적 질문이었다.

"선거비용 실사과정에서 여당과 사전협의를 거친 일이 있습니까?"

"여당과 사전협의를 하다니, 그런 일 없습니다."

"새천년민주당 의원총회에서 그런 일이 있다고 그들이 말하지 않았습니까?"

"그런 상식이 없는 말을 한 사람에게 가서 확인해 보시면 좋겠습니다."

"그 사람들이 몰상식한 사람들인 것은 맞습니까?"

"하지도 않은 일을 했다고 말해 헌법기관의 권위와 명예를 실추

시켰으니, 그런 말을 했다면 상식에 어긋나는 사람이라고 생각합니다."

"국회의원이 40명이나 여당의 부정선거 의혹을 따지려고 왔는데, 중앙선거관리위원장이 정중히 맞이하지 않고 1시간 반 이상이나 기다리게 하다니, 이렇게 우리를 무시할 수 있는 겁니까? 국민을 무시하는 것이나 마찬가지 아닙니까?"

"국회의원 여러분들이 만든 선거법에 따라 공정하게 선거를 관리했고, 법을 위반한 후보자를 그 선거법에 따라 엄정하게 처리했습니다. 여당 의원총회에서 있었던 터무니없는 발언내용을 듣고 그들에게 확인해 보지도 않고 엉뚱하게 항의 방문하는 여러분들을 정중히 맞이할 의무가 없다고 생각합니다. 제가 상근해야 하는 대법관으로서의 직무를 수행하느라고, 미리 여기에 와서 여러분을 맞이하지 못한 것입니다."

이렇게 질문과 대답이 오가던 중, 갑자기 어디선가 반말이 나오기 시작했다.

"뭐야! 이거 뭐야! 잘했다는 거야? 국기를 뒤흔드는 여당의 부정선거 의혹을 따지러 왔는데."

나는 30년 넘는 공직생활을 하면서 그렇게 상식에 맞지 않는 질문을 받아본 일이 없었다. 순간적으로 모욕감이 솟아났다. 그들은 대부분 나보다 나이가 젊은 사람들이었다.

"나는 어느 법에도 근거가 없는 여러분의 그러한 질문에 대답할 의무가 없다고 생각합니다. 선거법에 따라 엄정하게 선거를 관리한 헌법상 중립이 보장되어 있는 중앙선거관리위원회에 와서 선거에 관한 한 이해가 대립되는 당사자라고 할 수 있는 의원 여러분이 이렇게 항의한다는 것은 있을 수 없는 일이라고 생각합니다. 부정선거가 국기를 흔드는 일이라면, 여러분들이 하고 있는 이러한 행위도 국가 기강을 흔드는 일입니다. 이러한 모습을 TV를 통해서 어린 학생들이 보고 배울까봐 심히 염려됩니다. 부끄러운 일입니다. 이런 일이 다시는 있어서는 안 된다고 생각합니다."

"어어! 여전히 잘했다는 거야?"

어디선가 또 반말이 튀어 나왔다.

나는 이런 식으로 계속 질문을 한다면 이 자리에서 나가겠다고 하면서 일어설 자세를 취했다.

그 순간 누군가가 소리를 질렀다.

"지금 보니까, 당신은 대법관도 위원장도 아니야! 당신 깡패 출신이야? 재판도 그런 식으로 해? 어디서 발딱 발딱 일어서! 험한 꼴 보기 전에 앉아."

이상의 내용이 엉뚱한 항의소동 사건의 전모였다.

그 사건이 있은 후, 중앙선거관리위원회 실·국장들과의 대화과정에서 나는 우리나라 국회의원들의 공격을 피해가기 위해 관행적으로 행해지고 있는 편안한 방법이 있다는 것을 알게 되었다.

그에 따른다면 이 사건의 경우 정중히 예의를 갖추어야 했다.

"국정에 여념이 없으신 의원님들을 오래 기다리시게 하여 죄송합니다. 대법원 업무로 인하여 여러분을 기다리시게 한 점 너그러이 이해해 주시면 감사하겠습니다. 여당의원 총회에서 의원들이 발언한 내용으로 인해 야당의원 여러분들이 저희 중앙선거관리위원회까지 의혹을 가지시게 된 점을 이해합니다. 앞으로는 그러한 의혹조차 생기는 일이 없도록 세심히 주의를 기울이겠습니다. 이제부터 여러분이 궁금해 하시는 사항에 대해서 성실히 답변하겠습니다."

이런 식으로 서두에서 말했더라면, 그렇게 험악한 질문은 받지 않았을 것이라는 것이다. 물론 3층 대회의실에 들어서자마자, 그들은 나에게 그런 말조차 할 수 있는 기회를 주지 않았다. 퍼붓는 질문에 흥분함이 없이 고분고분 답변만을 했더라면 적어도 "당신 깡패 출신이야? 재판도 그런 식으로 해? 험한 꼴 보기 전에 앉아"라는 말까지는 듣지 않았을지도 모른다.

그러나 그때 나는 그런 아량이나 지혜를 발휘하지 못했다. 정치인은 정권을 잡거나 이를 유지하기 위해서라면, 무슨 일이라도 할 수 있는 사람들이라는 평소의 인식에 내가 사로잡혀 있었던 것 같다. 우리나라 정치인은 선거에서 당선된 후에는 국민의 일꾼이라는 본분에 충실하기보다 국민 위에 군림하는 듯한 느낌을 주는 경우가 많았다. 그러한 정치현실이 사회의 모든 분야에 부정적으로 영향을 미친다고 의심해온 내 선입관이 그렇듯 고분고분하지 못한 태도로 표출된 것이었다.

말하자면, 이러한 야당의원들의 항의소동은 집권여당을 강력하게 규탄해 다음 선거에서 유리한 고지를 선점하려는 작전으로 느껴졌다. 그런데 헌법상 선거 중립기관인 중앙선거관리위원장에게 항의하는 방식을 택하다니…. 그 같은 행위는 목적을 위해서는 수단과 방법을 가리지 않는 모습이다. 이러한 사례가 바로 사회의 모든 분야에 부정적인 영향을 미치는 행태라고 생각되었던 것이다.

그래도 다행인 것은 그러한 해프닝이 끝난 후, 대부분의 의원들이 나와 악수를 나누면서 불만스런 감정 표시 없이 웃는 낯으로 돌아갔다는 사실이다. 어떤 의원은 나에게 "그렇게 소신을 가지고 선거를 관리해 주십시오"라고 정중히 말하면서 격려까지 해주었다. 한바탕 격전을 치른 후 화해의 마무리였던가. 정치인들은 정말 알 수가 없다. 솔직히 나는 고지식해서 웃는 낯으로 그들을 배웅하지 못했다.

그러한 엉뚱한 소동이 있은 후, '대법관을 겸임한 헌법기관(선관위)의 장을 의원들이 막무가내로 앉혀 놓고 신문하듯 따진 것도 문제지만 상대에 극도의 모멸감을 준 언사는 시장바닥에서 본 드잡이판을 연상케 한다', '국회의원들이 장소와 상대를 잘못 알고 폭언한 것 같다', '시정잡배 같은 폭언은 해도 너무했다' 등의 언론보도가 뒤따랐다. 그러자 주도적으로 폭언을 한 의원이 언론을 통해 해명을 했다.

"나갑니다"

유지담 중앙선관위원장(가운데)이 28일 선거비용 실사 개입 의혹과 관련해 중앙선관위를 항의 방문한 한나라당 의원들로부터 여당과의 사전협의 여부를 계속 추궁받자 자리를 박차고 일어나며 노골적인 불쾌감을 드러내고 있다.

野의원-선관위장 고성 몸싸움

"선관위서 농성은 국기문란"

柳위원장 흥분 한바탕 소란

한나라당 의원 40명이 28일 선거비용 실사개입 의혹과 관련해 중앙선거관리위원회를 항의 방문하는 과정에서 일부 의원들과 유지담(柳志潭·사진)중앙선관위원장간에 고성과 몸싸움이 오가는 불상사가 빚어졌다.

야당의원들은 이날 대법관인 유위원장이 재판일정 때문에 선관위에 없자 유위원장의 출석을 요구하며 1시간반 동안 기다렸다.

이후 선관위에 나온 유위원장은 야당 의원들이 '선관위 실사과정에서의 여당개입 의혹'을 제기하자 "그런 일도, 사전조율도 없었다. 여러분이 주장하는 부정선거가 국기를 흔드는 일이라면 헌법기관인 선관위에서 여러분이 이러는 것도 국기를 흔드는 일"이라고 공박했다.

유위원장은 야당의원들이 계속 의혹을 제기하며 따지고 들자 흥분한 목소리로 "선관위원장을 상대로 적법절차 없이 추궁하는 것은 역사에 다시 있어서는 안 된다. 그런 식으로 질문하면 일어서겠다"며 자리를 박차고 일어났다.

그러자 의원들이 격분하며 "당신 깡패출신이냐" "재판도 그런 식으로 하느냐"며 소리를 질렀고 특히 이재오(李在五)의원은 몸싸움까지 벌이며 유위원장을 자리에 밀어 앉히기도 했다.

결국 유위원장이 "내가 흥분했던 점은 사과한다. '국기문란'이라는 표현은 '국기문란에 준한다'로 고치겠다"고 사과해 소동이 마무리됐다.

〈공종식기자〉

kong@donga.com

〈동아일보〉 2000년 8월 29일

'의원신분으로 거친 말을 사용해 유감이다'라는 표현에 덧붙여 선거관리위원장이 의원들의 항의에 대해 국기문란이라고 해서 흥분한 데다가 의원들의 묻는 말에 '예' 또는 '아니오'라고 답변하면 될 것을 벌떡 일어나 나가려는 바람에 이 같은 말을 하게 되었다는 것이었다.

'의원신분으로 거친 말을 사용해 유감'이라고 밝힌 것은 적절한 해명이 될 수 있을지 모르겠다. 그러나 의원들의 항의에 대해 '국가기강을 흔드는 일'이라 해서 막말을 했다거나 의원들의 묻는 말에 '예' 또는 '아니오'라고 답변하면 된다는 말에는 동의하기 어려웠다.

선거법을 스스로 어기고도 헌법상 중립기관에 와서 어느 법 절차에도 없는 집단 항의소동을 벌이는 것이 국기문란(國基紊亂) 행위가 아니라는 것인가. 그리고 국회의원의 질문에 대해서는 누구나 언제 어디서든지 '예' 또는 '아니오'라고 대답해야 한다는 것인지 그 말의 진의를 확인해 보고 싶기도 했다.

그 당시 신문기사들을 하나하나 들춰가며 이런 저런 생각에 잠겨본다. 내가 세상을 좀더 너그럽게 보지 못하고 생각이 너무 편협했던 것인가. 둥글둥글 좋은 게 좋은 거라는 식으로 처음부터 공손히 처신했더라면 좋았던 걸까. 40여 명이나 되는 국회의원이 중앙선거관리위원회에 와서 실제로 한 일이 과연 무엇인가. 그들은 선거관리위원장이 미리 와서 정중히 맞이하지 아니한 점과 그들이 묻는 질문에 '예' 또는 '아니오'라고 공손히 대답하지 아니한 점을 주로 지적하고는 그냥 돌아가지 않았던가. 공개된 장소에서 큰 소리로 야단을 치고 소란을 피웠을 뿐이다. 정작 '선거비용 실사 개입의혹'에 대해서는 아무것도 조사하지 않은 채 그냥 돌아갔다.

선거개혁은 유권자의 의식개혁부터

언론의 역할을 기대하며

나는 제3회 전국동시지방선거와 제16대 대통령선거가 있었던 2002년을 맞이하며, 우리나라가 새로운 선거문화 정착과 정치개혁을 이룰 수 있는 절호의 기회라고 생각했다.

민주주의 선거제도를 도입한 지 반세기가 지났으나 선거 때마다 불필요한 갈등과 시행착오가 계속되고 있다. 이제는 더 이상 그러한 일이 반복하지 않도록 새로운 선거문화를 이 땅에 뿌리내려야 한다고 생각한 것이다.

선거가 국민을 편 가르거나 단순히 승패를 결정짓는 데 그치는 것이 아니라 새로운 도약을 위해 국민의 역량을 결집하는 진정한 축제의 선거로 거듭나게 하고 싶다. 국민 모두가 화합하는 선진선거문화를 이룩하기 위해서는 먼저 모두의 공감이 필요하다. 선거 당사자인 정당·후보자는 물론, 언론기관과 시민·사회단체, 국가기관 및 지방자치단체에 몸담고 있는 모든 공무원 그리고 유권자 한 사람 한 사람이 나라를 먼저 생각하는 마음으로 다같이 하나가 되어야 한다고 생각했다.

그런데 때마침 전국 신문·방송편집인협회가 2002년 3월 8일 제

편집 · 보도국장 세미나 제주도 서귀포 KAL호텔에서 (2002. 3. 8.~9.)

주도에서 개최하는 세미나에 나를 초청하여 그 해 양대 선거에 대한 내 소견을 듣고 싶다고 했다. 내가 뜻한 바를 이루기 위해서는 특히 언론기관의 도움이 절실히 필요하다고 생각하고 있던 터였다.

국민이 선진문화시민으로서의 평화로운 삶을 누릴 수 있는 일등국가가 되려면 무엇보다도 정치가 올바르게 잘 되어야 한다. 정치가 잘 되려면 선거가 잘 치러져야 하고, 선거가 잘 치러지려면 먼저 유권자인 국민의 의식이 깨어있어야 한다는 평소의 소신을 밝힐 생각이었다. 아울러, 내가 중앙선거관리위원장으로 재임하는 동안 기필코 명실상부한 '공명선거'를 이루어 우리나라에 선진선거문화를 정착시키고야 말겠다는 결의를 담아 언론의 협조를 당부하고 싶었다.

나는 다음과 같은 기조연설을 한 다음, 참석자들의 질문에 충실히 답변했다.

인사말

중앙선거관리위원회 위원장 유지담입니다.

먼저 이 자리를 만들어 주신 신문·방송편집인협회 고학용 회장님, 그리고 선거 때마다 우리나라 선거문화 발전을 위하여 헌신적 노력을 아끼지 않으신 편집국장·보도국장님을 비롯한 언론관계자 여러분께 이 자리를 빌려 깊은 감사의 말씀을 드립니다.

모두가 아시는 바와 같이 금년 6월에는 4개의 지방선거가 동시에 실시되고, 12월에는 제16대 대통령선거가 있습니다. 그리고 8월에는 국회의원 재·보궐선거와 교육위원선거가 예정되어 있습니다.

이러한 각종 선거를 앞두고 본인은 선거관리위원회 최고 책임자로서 어떠한 어려움이 있더라도 반드시 금년 선거를 깨끗하고 공정한 선거로 이끌어 선거개혁의 전기를 만들어야 한다는 무거운 책임감을 느끼고 있습니다.

이와 같은 때에 우리나라 언론계에서 가장 중요한 역할을 맡고 계시는 편집국장·보도국장님들을 만나 뵙게 된 것을 참으로 다행스런 일이라고 생각합니다. 오늘의 이 자리가 우리나라 정치발전과 새로운 선거문화를 여는 중요한 계기가 되기를 진심으로 바랍니다.

우리나라 선거에 대한 회고

해방과 더불어 우리나라에 민주적인 선거제도가 들어 온 지도 벌써 반세기가 넘었습니다.

우리는 그동안 수많은 선거를 치러왔습니다. 선거를 치를 때마다 이번 선거만큼은 반드시 공명선거로 이끌어 이 땅에 바람직한 선거문화를 정착시켜 보자고 수없이 다짐해 왔지만 언제나 관권개입에 의한 부정선거가 아니면, 금품제공과 선심관광, 비방과 흑색선전 등 크고 작은 불법선거운동시비로 공명선거를 기대했던 많은 국민들에게 실망을 안겨주곤 했습니다. 민주국가의 국민으로서 부끄럽고 기억조차 하기 싫은 얼룩진 경험들도 가지고 있습니다.

돌이켜보면, 2년 전 새천년의 시작과 함께 치렀던 제16대 국회의원총선거는 우리나라 공명선거의 기틀을 확고히 다질 수 있는 절호의 기회였습니다. 우리나라 헌정사상 처음으로 수평적 정권교체가 이루어진 데다가 새로운 천년을 맞으면서 정치개혁에 대한 국민적 열망이 그 어느 때보다도 고조된 가운데 치러진 선거였습니다만, 아쉽게도 국민들의 기대에 미치지 못한 선거로 끝나고 말았습니다.

새로운 선거문화 정착과 정치개혁을 이룰 수 있는 절호의 기회

우리가 눈으로 보고 피부로 느끼는 오늘의 사회현실과 정치상황은 참으로 답답하고 실망스럽지만 역사는 우리에게 공명선거 실현과 정치개혁으로 선진·일등국가로 진입할 좋은 기회를 열어 주고 있습니다.

다른 사람의 존재와 생각을 인정하며 서로의 이해관계를 조절하고 법(약속)과 질서를 지키면서 이웃과 더불어 신뢰와 사랑의 삶을 살아가는 성숙한 시민사회의 모습을 찾아보기 어려운 반면, 나만 먼저이고 내 것과 내 편만 제일이며, 나와 다른 의견을 가진 사람이면 무조건 외면하고 반대편이거나 그와 가까이 지내는 사람은 모두 원수인 양 그야말로 싸우기 위해서 살아가는 듯한 모습들로 보이기도 합니다.

소신껏 살 수 있는 민주사회라고 하는데 옳은 말을 하기도 주저되고, 정의로운 행동을 하는 것도 쉽지 않다고 느끼는 사람이 많습니다.

모든 것을 모르는 채 묻어두고 참아가며 살아가는 쪽을 택하는 사람도 있습니다. 정치는 이러한 대립과 갈등, 불신과 반목을 치유하기보다 이를 더욱 부채질하는 것으로 느껴집니다.

그러나 지금이야말로 우리나라가 정치선진국으로 진입할 절호의 기회라고 본인은 확신합니다. 지식인과 사회지도층은 물론 모든 국민이 이대로 가다가는 올해의 양대 선거가 추악한 싸움판으로 변질되어 그 후유증이 우리 사회와 국가의 앞날을 깊은 수렁에 빠지게 할지도 모른다는 우려를 함께 하고 있기 때문입니다.

이번의 양대 선거에서야말로 정당과 후보자는 선거법을 잘 지키면서 정정당당한 정책대결을 벌여야 한다는 국민의 요구를 누구라도 외면하기 어려울 것입니다. 모든 국민이 자신부터 개혁하겠다는 결의를 다짐하면서 대립과 갈등을 말끔히 씻어내는 화합과 축제의 선거가 되기를 갈망하고 있습니다.

우리는 이 기회를 놓쳐서는 안 됩니다.

우리가 뽑은 지도자가 임기 동안 주어진 임무를 성공적으로 마쳐, 명예롭고 자랑스러운 지도자가 되기를 국민 모두가 기원하는 분위기에서 올해의 선거가 마무리 될 것으로 기대 합니다.

선거관리위원회의 다짐

양대 선거의 성공적인 마무리를 위해서는 무엇보다도 국민 각자가 스스로를 개혁해야 한다는 목소리가 높습니다. 모두가 동의하는 말이지만 각자가 개혁을 하고 있는지, 그리고 그 개혁이 이루어졌는지의 여부는 눈에 보이지 않는 것이고 또 확인할 길도 없습니다.

그러므로 정치인, 언론인과 종교인, 시민단체 구성원 가릴 것 없이 모든 국민은 무엇보다도 자기 몫의 책임에 열중하는 것으로 스스로의 개혁에 착수해야 합니다.

스스로의 책임을 소홀히 한 채 다른 사람이나 국가기관이 하는 일에 대하여 비난부터 하는 것은 불신만을 조장하는 행위로서 바람직스럽지 않습니다. 자기가 개혁하고 있는 것을 다른 사람이 믿어주길 바라는 마음으로, 자기도 다른 사람이 개혁하고 있다는 것을 먼저 믿어 주어야 합니다. 스스로의 개혁은 다른 사람의 존재와 주장을 인정하는 것에서부터 시작되어야 합니다.

모든 국민이 선거관리만은 선거관리위원회가 그 책임을 다할 것이라는 신뢰를 주리라고 믿고, 우리 위원회는 특히 다음 사항에 중점을 두어 금년 선거에 대처하고자 합니다.

첫째는 철저한 사전준비로 선거관리를 빈틈없이 할 것입니다.

4개 지방선거의 동시실시, 시·도의원선거에 1인 2표세 도입, 읍·면·동의 기능전환 등, 제반 선거환경을 고려하여 선거관리요원의 능력함양, 전산화 확대, 선거사무 간소화 추진, 소요인력·장비·시설확보, 용구·용품개선 등 내실 있는 선거관리 준비와 선거인명부 감독강화, 후보자 정보공개의 신속·정확성 확보, 법정절차사무의 완벽한 수행 등을 통해 바르고 흠 없는 선거관리에 만전을 기할 것입니다.

둘째는 준법선거의 실현입니다.

공명선거는 준법선거에서부터 시작됩니다. 선거법이 지켜지지 않는 곳에서 선거질서가 바로 서기를 기대하는 것은 연목구어(緣

木求魚)나 다름없습니다.

그런데 지금까지 우리나라의 선거과정을 되돌아보면 이러한 당연한 사실이 정치권으로부터 거의 외면당해 오다시피 하였습니다. 선거가 잘못되는 것이 마치 선거법 탓인 것처럼 선거법은 선거가 있을 때마다 한 번도 거르지 않고 고쳐졌습니다.

그러면서 선거가 시작되면 또 선거법을 비현실적인 법, 지켜질 수 없는 법, 지키면 떨어지는 법이라고 매도하면서 일부 정치인들은 자신의 불법선거운동을 합리화시키기도 하고, 바른 선거를 실현시켜야겠다고 나선 시민단체가 선거관리위원회의 자제요청에도 불구하고 선거법을 정면에서 무시하는 사례까지 나타났습니다.

경기규칙은 비록 잘못된 부분이 있다 하더라도 그 경기 중에는 무조건 지켜져야 하는 것입니다. 선거관리위원회의 거듭된 선거법 준수 요청에도 불구하고 인터넷매체가 선거기간 전에는 선거법상 허용할 수 없는 입후보예정자 초청 대담·토론회 개최를 강행하면서 오히려 시대에 뒤떨어진 사고라는 이유를 내세워 선거관리위원회를 공격하고 나서는 현상까지 나타났습니다.

선거관리위원회는 오로지 선거법의 규정대로 선거를 관리하는 헌법기관으로서 그 선거법이 시대에 맞지 않는다는 이유로 선거법 위반행위를 방치해도 되는 기관은 아닙니다.

그럼에도 불구하고 선거관리위원회에 대한 위와 같은 부당한 비난에 대하여 일부 언론과 일부 학자까지 가세하는 듯한 모습을 보이는 것은 이해할 수 없는 일입니다. 경기규칙을 정할 권한이 없는 심판에게 운동경기 중에 경기규칙을 바꾸라고 요구하면서 경기장 밖에서 욕설을 하는 것과 같아 안타깝습니다.

우리 위원회는 어떠한 어려움이 닥치더라도 준법선거의 실현을 위해서 노력을 다할 것입니다. 우선 정당과 입후보 예정자 등에게 선거법과 우리의 공명선거의지를 철저하게 반복 안내하고, 선거법 위반행위 신고 제보망도 빈틈없이 조직해 나가겠습니다. 또 발생된 불법선거운동에 대해서는 초동단계부터 강력하게 대처함으로써 불법선거운동 시도 자체를 하지 못 하도록 분위기를 조성해 나갈 계획입니다.

선거법 위반행위에 대해서는 표로써 심판하도록 하는 운동도 범국민적으로 전개해 나갈 것입니다. 그래서 선거법 경시풍조가 사라지고 선거법이 생명력을 가지고 선거질서를 강력하게 통제할 수 있는 살아있는 법으로 기능하도록 모든 노력을 다할 것입니다.

셋째는 돈 안 드는 깨끗한 선거의 실현입니다.

선거에 관한 경비는 법률이 정하는 경우를 제외하고는 정당 또는 후보자에게 부담시킬 수 없다는 헌법 제116조 제2항의 규정에 비추어 보더라고 돈을 많이 가지고 있거나 모금을 많이 하여 그 돈을 잘 쓰는 사람은 당선되고, 돈이 없는 사람은 아무리 국민에게 봉사할 수 있는 능력과 의욕을 가지고 있어도 당선될 수 없는 선거제도라면 그것은 분명히 잘못된 것입니다.

정치자금의 국고보조, 후원회를 통한 정치자금모금의 허용, 선거비용 상한액 제한 등에 관한 법령의 규정이나 정치자금 등에 대한 선거관리위원회의 확인·감독은 돈 때문에 파생되는 정경유착 등 폐해를 제거하고 깨끗한 정치를 실현하기 위한 것입니다.

그럼에도 불구하고 선거 때마다 선거비용으로 인한 부정선거 시비가 끊이지 않고, 선거가 끝난 후에는 국정에 전념해야 할 정치권이 정치자금 후유증에서 벗어나지 못하고 있는 게 현실입니다. 상당한 국고보조금 이외에 후원회에 의한 모금이 허용됨에도 불구하고, 법정상한선이 지켜지지 아니하고, 정치자금의 사용이 투명하지 아니할 뿐만 아니라 음성적 정치자금의 흐름이 그대로 존속한다면, 이는 분명히 선거혁명과 정치개혁을 위하여 획기적 결단이 요구되는 사항입니다.

우리 위원회는 정당이나 후보자가 그들 손으로는 선거자금을 한 푼도 쓸 수 없고, 또 쓰지 않아도 되는, 그러면서도 후보자의 자질을 충분히 국민에게 알리고 완벽한 정책대결이 가능하도록 하는 선거의 완전 공영제 실시문제를 놓고 깊이 연구·검토하고 있습니다.

국민적 합의가 이루어진다면 올해의 대통령선거에서부터라도 실시할 수 있을 것으로 기대합니다. 날마다 싸움만 하고 국민을 외면하는 정치권에 국가의 돈을 왜 쓰느냐고 이의를 제기하는 국민이 있을지 모르나 그러한 생각에는 동의할 수가 없습니다. 국민을 위해 봉사할 지도자를 잘 선택해서 그가 국민을 위해 봉사하도록 뒷받침하는 일은 국민의 책임이기 때문입니다.

끝으로, 선거에 관한 잘못된 의식과 관행의 개혁입니다.

국어사전에 의하면 공명선거는 '부정이 없이 떳떳하게 치르는 선거' 또는 '부정이 없는 공평하고 명랑한 선거'라고 정의하고 있습니다. 이러한 선거를 구현하기 위해서는 국민의 판단을 흐리게 하고 국민간의 갈등과 불신을 깊게 하는 비방과 흑색선전을 하루빨리 뿌리 뽑아야 합니다. 인신공격이나 지역정서에 편승하여 표를 얻으려는 후보자나 정당에는 표가 가지 않는 선거분위기가 조성되어야 합니다.

무엇보다도 공명선거 실현의 전제조건은 유권자인 국민의 의식이 바뀌는 것입니다. 한 표가 아쉬운 후보자들의 심정을 이용하여 찬소금이나 음식물 값을 부담시키는 소위 금품 기대심리는 없어져야 합니다.

투표하는 날을 하루쯤 푹 쉬는 날이라 생각하고 등산이나 낚시를 가는 등 선거를 남의 나라 일처럼 방관하는 것은 민주주의 근간을 무너뜨리는 행위라는 것을 분명하게 인식해야 합니다.

우리 위원회는 이러한 잘못을 바로 잡기 위하여 할 수 있는 모든 노력을 다하려 합니다. 종교·시민단체 등 여론주도 층과 손을 잡고 범국민적인 공명선거 캠페인을 지속적으로 전개할 계획입니다.

우리의 이러한 뜻과 국민들이 알아야 할 선거에 관한 소식을 담은 일일 선거 소식지를 정당의 당직자, 입후보 예정자, 언론인 등

선거관계자와 여론주도층에 발송하고 있습니다. 시청각·인쇄물·시설물 등 각종 홍보매체를 총 동원하고 이를 다각적으로 활용하여 공명선거 분위기를 확산시켜 나갈 계획도 차질 없이 추진하고 있습니다. 설교·미사·법회 등 종교행사시간을 이용하여 신도들의 신앙심에 보태어 공명선거 의식을 심어주도록 목사·신부·스님 등 종교지도자들과의 협조체제를 더 한층 강화해 나가는 방안도 추진하고 있습니다.

언론기관에 협조요청

여러분이 너무도 잘 아시는 바와 같이 오늘날의 선거는 '매스미디어선거'라고 불릴 정도로 언론이 절대적인 역할을 수행하고 있습니다. 언론은 여론을 만들고 선거는 여론이 좌우한다 해도 과언이 아닐 것입니다. 이러한 언론의 영향력을 감안할 때 선거에 있어 언론보도의 객관성, 공정성의 확보는 그 중요성을 아무리 강조해도 지나치지 않을 것입니다.

언론이 후보자와 유권자를 이어 주는 매개역할을 충실히 하면서 공명선거 분위기를 조성하고 공정한 선거보도에 앞장서 준다면 우리나라 선거문화도 바람직한 방향으로 빠른 속도로 정착될 수 있을 것이며, 올 양대 선거에서 그 기초가 다져지리라고 믿어 의심치 않습니다.

최근 일부 언론이 양대 선거의 취재·보도와 관련하여 바람직한 보도준칙을 마련하고, 이를 충실히 지킬 것을 다짐한다는 소식에 우리 선거관리위원회는 백만 원군을 얻은 기분입니다.

이에 선거관리를 책임지고 있는 사람으로서 우리나라 언론을 실질적으로 이끌고 계신 여러분께 이 자리를 빌려 우리 위원회가 바라는 몇 가지 사항을 말씀드리고자 합니다.

먼저 선거사례 보도는 부정적 측면보다 바람직하고 모범적인 사례에 더 비중이 두어지기를 바랍니다. 잘된 것보다는 잘못된 것을 지적하여 시정되도록 하는 것이 공명선거실현에 더 효과적이라는 견해도 있을 수 있겠으나, IMF 금융위기 때 온 국민의 금 모으기 운동을 선도한 언론의 역할을 상기하고 싶습니다.

부정적 측면이 지나치게 부각되면 자칫 정치 혐오감이나 선거회의론을 불러일으키게 되고 불법선거운동 사례가 전국적으로 확산되는가 하면 깨끗하게 선거운동을 하는 후보자에게까지 공명선거의욕을 떨어뜨리는 측면도 적지 않으리라고 생각됩니다.

다음으로 흥미보다는 유권자의 바른 선택을 돕는 보도가 되었으면 합니다. 정책의 차이나 자질의 검증자료보다 출신지역별 선거인수 분포나 출신학교 등을 근거로 한 당선가능성, 우열의 차를 집중보도하거나 추문 밝히기 식 폭로보도 등 가십기사나 선정적 보도는 독자의 흥미를 끌 수 있을지 몰라도 우리나라 선거문화발전과 유권자의 올바른 후보자 선택에는 거의 도움이 되지 않을 것입니다.

정당이나 후보자 측에서 나오는 정보를 그대로 전달하기보다는 언론사가 독자적으로 각종 현안문제를 찾고 파헤쳐 유권자에게 도움이 되는 정보를 제공하고 각 정당과 후보자의 정책과 공약은 이를 심층 분석하고 비교 보도함으로써 유권자의 선택을 돕는 기획보도가 되었으면 하는 바람입니다.

근거 없는 추측성 보도나 비방, 흑색선전, 지역감정을 부추기는 내용의 보도는 자제되어야 할 것입니다. 이러한 것들은 정정당당한 선거운동방법이 아니며, 정치 불신과 국민 사이의 갈등을 일으키는 요인이 될 뿐만 아니라 유권자의 판단을 흐리게 하여 결국 명랑한 선거분위기에 찬물을 끼얹는 결과가 되기 때문입니다.

더 나아가 이러한 내용이 여과 없이 그대로 보도된다면 정당이나 후보자의 선거 전략에 언론이 악용되거나 깨끗하게 선거운동을 하려는 후보자에게 치명적인 결과를 초래할 수도 있을 것입니다.

끝으로 대국민 계도에 적극 나서주시기 바랍니다.

무엇보다도 올 양대 선거에서 언론이 앞장서 주어야 할 가장 중요한 역할은 공명선거실현을 위한 대국민 계도라고 생각합니다. 민주국가에서 국민은 나라의 주인이요, 국민이 뽑은 지도자는 국민을 위한 봉사자이므로 국민 위에 군림할 수가 없습니다.

그렇다고 하여 국민이 자기 자신이나 특정 집단의 이익을 위하여 국민이 뽑은 지도자 위에 군림할 수 있다고 착각해서도 안 됩니다. 선거권을 제대로 행사하기만 하면 국민은 무서운 힘을 가지게 되는 것이므로 준엄한 투표권의 행사로써 정치권 위에 군림해야 정치인들이 국민을 두려워하는 것입니다.

그러나 우리나라의 정치인들이 국민을 진실로 두려워하느냐고 묻는다면, 저는 그렇지 않다고 대답할 것입니다. 그 이유는 비방이나 흑색선전에 현혹되어 표를 던져주고, 돈을 주는 후보자에게 투표하거나, 표를 찍어 주겠다고 하면서 돈을 요구하며, 출신지나 출신학교가 같은 후보자에게 무조건 투표하는가 하면 거짓말을 밥 먹듯 하는 정치인을 뻔히 알면서도 표를 찍어주는 그러한 유권자가 있기 때문입니다.

평소에 국민을 위하여 열심히 봉사한 정직한 정치인을 기억해 누거나 그러한 사람을 찾아서 투표권을 바르게 행사한다면 거짓말 하는 정치인, 흑색선전이나 지역감정을 부추기는 정치인, 선거 때 돈을 뿌리는 정치인은 국민이 두려워서 설 자리가 없을 텐데, 많은 국민은 그나마 신성한 투표권을 쉽게 포기하기도 합니다.

우리나라 정치후진성의 일차적 책임은 어쩌면 이러한 국민에게 있다고 말하고 싶어도 '국민을 어떻게 보고 그런 말을 함부로 하느냐'고 누군가가 선동하고 비난할 것 같아 그런 말을 하기가 어렵습니다.

그러나 분명히 말할 수 있는 것은 진정한 선거혁명은 유권자의 의식이 달라지는 것으로부터 시작되어야 합니다. 유권자인 국민이 깨어있지 않으면 선거개혁을 바라지 않는 세력이 국민의 이름을 팔아가며 자신들의 불순한 의도를 정당화시키려 할 것이고 그들의 의도에 반하면 아무리 정당한 주장이라고 하더라도 국민의 이름으로 이를 매도하려 할 것이기 때문입니다.

각종 시민단체의 공명선거 실천운동은 정치권이나 국가기관에 대한 감시기능보다 '유권자 의식개혁운동'에 무게가 더 두어져야 한다고 생각합니다. 이제는 정체성이나 정통성이 없는 독재정권시대가 아니므로 국민의 선거에 의해 탄생한 정부와 국가기관은 타도의 대상이 되어서는 안 됩니다.

국가기관에 의한 부정선거는 국민이 깨어 있고 헌법기관인 선거관리위원회가 존재하는 한 상상조차 할 수 없습니다. 유권자 의식개혁과 시민단체의 공명선거 실천운동 방향을 바로 세우는 데 언론이 크게 기여해 줄 것을 기대합니다.

맺는말

화합과 축제의 선거, 이것은 나라를 사랑하는 국민 모두의 바람이요, 정치선진국으로 진입해 누구나 서로 신뢰하며 자부심을 가지고 살 수 있는 일등 국가에 이르는 지름길입니다. 우리 선거관리위원회가 올해 희망의 횃불을 높이 들고 앞으로 나아가 꼭 이루려고 하는 선거혁명의 목표입니다.

고(故) 정주영 씨가 이룩한 서산의 대단위 간척사업 때 10톤이 넘는 바위까지 밀어내는 거센 물살에도 불구하고 최종 물막이 축조공사가 가능했던 것은 바닷물로 채워진 거대한 유조선 탱크가 조수의 유입을 차단해 주었기 때문이라고 합니다.

우리 선거관리위원회는 올해 기필코 선거혁명을 이루려 합니다. 언론인 여러분께서 유조선 탱크와 같은 큰 방패막이가 되어 주실 것을 믿습니다.

오늘의 이 자리를 만들어 주신 고학용 회장님과 이 자리에 참석해 주신 편집국장·보도국장 여러분께 다시 한 번 감사드리면서 여기서 제 말씀을 마칠까 합니다. 감사합니다.

2002. 3. 8
전국 신문 · 방송편집인협회 주관
편집 · 보도국장 세미나 기조연설

숨 가빴던 노·정 후보단일화

2002년 12월 19일에 실시된 대한민국 제16대 대통령선거. 한나라당의 이회창 후보와 새천년민주당의 노무현 후보를 비롯한 7명의 후보자가 입후보 등록을 했다.

그 당시 국민통합 21 정몽준 후보가 노무현 후보와의 '후보단일화 합의'에 따라 입후보 등록을 하지 않은 사실은 세상이 다 알고 있는 일이다.

두 사람 사이에 후보단일화가 이루어지기까지 법률적인 문제점이나 선거관리위원회가 겪었던 심각한 상황에 대해서는 자세히 알고 있는 사람이 많지 않을 것 같다.

2002년 초부터 시작된 제16대 대통령 선거 분위기가 날마다 열기를 더해가기 시작했다. 여론조사에 나타난 한나라당 이회창 후보에 대한 높은 지지율은 입후보 등록일이 가까워질수록 더욱 확고했다. 그대로 선거가 실시될 경우 이회창 후보의 당선 가능성을 의심하는 사람은 거의 없을 정도였다.

입후보 등록일이 임박하자, 이회창 후보와 대결하기에는 힘이 벅차다고 느낀 노무현, 정몽준 두 후보 측에서 새로운 전략이 나왔다. 그것은 두 사람 중 한 사람만이 입후보 등록을 하고, 다른 한 사람은 입후보 등록을 한 사람의 당선을 위해 힘을 보태기로 하는 이른바 '노·정 후보단일화'전략이었다. 막강한 지지율을 보여온 이회창 후보와 겨루기 위한 묘안이었다.

두 후보자는 먼저 정치, 경제, 사회문화, 통일외교안보, 단일화 등 5개 항목에 대하여 문답식 TV토론을 벌인 다음, 유권자들을 대상으로 한 여론조사의 결과에 따라 단일후보를 결정하기로 합의한 것이다.

여론조사는 전문조사기관에 의뢰하기로 했는데, 단일후보 선정을 위한 여론조사 방식에 관한 합의내용이 참으로 기발(奇拔)했다.

언론보도에 의하면, 대통령 선거에 출마가 예상되는 후보자들 중 누구를 지지하느냐고 묻는 예비설문에서 이회창 후보 지지의사를 밝힌 응답자들을 먼저 가려내기로 했다. 이들의 나머지 문항에 대한 응답은 전부 무시하고, 이회창 후보 지지자가 아닌 나머지 유권자들의 본 설문에 대한 응답만으로 단일후보를 결정하기로 했다.

이회창 후보 지지자들의 응답을 제외시킨 이유는, 그들이 노무현, 정몽준 두 후보 중 이회창 후보가 상대하기 쉬운 사람을 단일후보로 응답하는 역(逆)선택의 가능성 때문이라는 것이었다.

그리고 단일후보를 결정하기 위한 본 설문의 정확한 내용은 공개되지 않았지만, 이회창 후보에 대한 경쟁력을 묻는 내용으로서 '노무현, 정몽준 두 후보 중 누가 이회창 후보에 대해 더 경쟁력이 있다고 생각하느냐' 라든가, '누가 이회창 후보를 이길 수 있다고 생각하느냐' 라고 묻는 표현일 가능성이 높다는 것이었다.

중앙선거관리위원장으로서의 직무를 수행하던 그 당시의 심각했던 상황이 떠오른다. 두 후보 측이 합의한 바에 따라 후보단일화를 위한 여론조사를 실시하기 위해서는 먼저 두 사람만의 문답식 TV방송토론이 선행되어야 한다. 그런데 여러 명의 예비 후보자 중 두 사람만의 문답식 TV방송토론을 허용하는 것은 다른 예비후보자들에 대한 관계에서 선거법이나 언론보도의 공정성에 위반되는 것이 아닌지 하는 의문이 제기되었던 것이다.

후보단일화를 성사시키려는 두 후보자 측에서는 TV방송토론을 3회에 걸쳐 연속적으로 실시할 계획이었고, 이회창 후보 측에서는 언론보도의 공정성에 어긋난다는 이유 등으로 한 번도 허용되어서는 안 된다는 입장이었다.

확고한 선두주자로서 당선이 거의 확실하다고 생각되는 이회창 후보 측의 입장에서는 선거분위기가 조금이라도 바뀌는 것조차 원하지 않았다. 그러나 두 후보 측에서는 후보단일화를 위한 TV방송토론 과정을 통해 선거분위기에 새로운 바람을 일으키고 싶었을 것으로 짐작되고도 남는 상황이었다.

그때 무엇보다도 가장 큰 관심사는, 만일 두 예비후보자만의 TV방송토론을 전혀 허용하지 않는다면 후보단일화 합의는 물거품이 되고 마는 중대한 상황에 직면하게 된다는 점이었다.

엇갈린 정치권의 요구 때문에 두 사람만의 문답식 토론을 방송할 것인지 여부에 대하여 결단을 하기가 어려웠던 KBS 한국방송이 2002년 11월 16일 중앙선거관리위원회에 다음과 같은 내용의 질의를 해왔다.

[문] KBS는 민주당 노무현 후보와 국민통합21 정몽준 후보 간의 단일화 협상에서 관심사로 떠오르고 있는 정·노 TV토론에 대하여 아래와 같이 질의합니다.

1. KBS 한국방송이 민주당 노무현 후보와 국민통합21 정몽준 후보 TV토론을 주관 제작 방송하는 것이 선거법에 위반되는지 여부 및 정·노 TV토론을 방송할 경우 공정성에 위반되는지 여부

2. 외부기관이 대중을 상대로 노무현 후보와 정몽준 후보 양자 토론을 주관하는 것을 KBS가 TV로 중계방송할 경우, 선거법에 위반되는지 여부 및 공정성에 위반되는지 여부

중앙선거관리위원회는 이틀 후인 18일 제16차 전체회의에서 의안 제75호로 열띤 토론을 벌였다. TV방송토론을 그들이 원하는 대로 무제한 허용되어야 한다는 견해에서부터 한 번도 허용되어서는 안 된다는 견해에 이르기까지 여러 가지 견해가 있었다.

아침 10시부터 5시간 이상 진행된 전체회의는 먼저 정당 간에 후보를 단일화하는 일은 원칙적으로 방송사가 직접 관여할 사항이 아

니라는 점, 두 후보의 단일화 과정은 국민적 관심사로서 이에 대한 국민의 알 권리와 언론기관의 취재, 보도의 자율성은 보장되어야 한다는 점, 선거법상 언론기관은 후보자를 초청하여 대담·토론회를 개최하고 이를 보도할 수 있는 한편, 방송시설이 대담·토론회를 개최하고 이를 방송하고자 할 때에는 내용을 편집하지 아니한 상태에서 방송해야 하며, 대담·토론회는 방송시간 등을 고려하여 자율적으로 개최할 수 있으나 대담·토론의 진행은 공정하여야 한다고 규정하고 있는 점 등을 분명히 확인하는 토론과정을 거쳤다.

그리고 내린 결론은 첫째, 방송사가 두 후보의 TV토론을 주관 제작 방송하는 것은 허용될 수 없다. 둘째, 중계방송에 의한 취재·보도 차원이라고 하더라도 두 후보만의 TV토론을 2회 이상 반복하여 방송하는 것은 선거보도의 공정성을 해할 염려가 있다는 것이었다.

[답] 언론기관이 선거와 관련된 국민적 관심사안에 대하여 취재·보도하는 것은 그의 고유의 기능이며 누구를 대상으로 어떠한 형식으로 취재·보도하느냐는 언론의 자유와 국민의 알권리를 보장하는 차원에서 당해 언론기관의 자율에 속하는 사안이라 할 것이며, 언론기관의 취재·보도라 할지라도 선거운동의 기회균등과 선거보도의 공정성은 준수되어야 할 것임.
따라서 방송사 고유의 취재·보도 기능과 선거보도의 공정성을 고려할 때 귀문의 토론방송은 중계방송의 형식으로 1회에 한하여 방송할 수 있을 것

TV토론 1회만 허용　　　선관위 결정 안팎

형평성 격론… 궁여지책

중앙선관위가 18일 민주당과 국민통합21의 후보 단일화를 위한 TV토론회에 대해 궁여지책의 결론을 내렸다. 선관위의 이번 결정은 민주당과 국민통합21의 요구를 일정 부분 수용하면서도 선거법 위반이라는 한나라당 주장도 상당 부분 받아들인 것으로 분석된다.

그러나 전체적으로는 후보 단일화를 위한 TV토론회에 재갈을 물렸다는 평가다. 노무현 정몽준 두 후보의 토론회를 방송사가 중계하는 것을 허용했지만 방송사가 주관, 제작하지 못하도록 했고 횟수도 단 한 차례로 제한했기 때문이다.

선관위 김호열 선거관리실장은 결정 배경에 대해 "정당간에 후보자를 단일화하는 일은 방송사가 관여할 사안이 아니며, 그것을 허용할 경우 공정성과 기회균등에 문제가 있다"고 밝혔다. 김실장은 또 "후보 단일화는 국민적 관심사지만 한 차례 토론회 중계방송으로도 충분히 국민들에게 알릴 수 있다고 판단했다"고 설명했다.

기회균등 문제등 고심 거듭
한나라 주장 상당 부분 수용
전체적으로 "재갈 물렸다"

김실장은 토론 및 중계방송 횟수와 관련, "단 한 차례의 토론회를 여러 방송사가 동시에 중계할 수는 있지만, 두 후보가 여러 차례 토론회를 하고 방송사들이 돌아가면서 이를 중계하는 것은 안된다"고 말했다. 그러나 방송사가 자체적으로 토론회 내용을 편집해 방송하거나 녹화방송하는 것은 문제가 없다고 선관위는 설명했다.

현재 선거법상 후보자 초청 대담·토론을 할 수 있는 단체는 언론기관밖에 없기 때문에, 결국 두 후보간의 후보 단일화를 위한 토론회는 민주당과 국민통합21이 당원들을 대상으로 토론회를 열고, 이를 여러 방송사가 중계하는 방식이 될 것으로 보인다.

선관위는 오전 전체회의를 열었으나 위원들의 이견이 많아 회의를 오후로 넘겼으며, 오후에도 2시간의 격론을 벌였다. 선관위 관계자는 "전대미문의 사안인데다 정치적으로 예민한 내용이어서 위원들간에 이견이 상당히 많았다"고 회의 분위기를 전했다. 이 과정에서 선관위원들은 선거법 82조 2항 '언론기관의 자율성'과 3항 '토론회의 공정성' 부분을 두고 논란을 벌였으나 결국 1회로 제한하되 방송사 주관제작은 안된다는 절묘한 결론을 이끌어내 위원 9명 전원 합의로 결정했다.

선관위는 또 이회창 권영길 후보 등 다른 후보들이 기회균등 차원에서 같은 방식의 토론회 중계를 요구할 경우 방송사가 이를 자체 판단해 기회를 제공할 수 있도록 해 형평성 문제를 고심한 흔적이 역력했다.　박주호기자 jhpark@kmib.co.kr

유지담 중앙선관위원장(왼쪽)이 18일 선관위원 전체회의를 열어 노무현-정몽준 후보간 단일화를 위한 TV토론 허용 문제를 논의하고 있다.　이동희기자

〈국민일보〉 2002년 11월 18일

이며, 이를 초과하여 방송하고자 하는 때에는 합리적인 기준에 의하여 선정된 다른 입후보 예정자에게 참여할 기회를 부여할 경우에만 가능할 것임. 또한, 후보단일화에 관하여 그 이외의 일반적인 방법으로 취재·보도하는 것은 방송사의 자율에 속하는 사항이라 할 것임.

(2002. 11. 중앙선거관리위원회위원장 회답)

위와 같은 결론에 대해 모두의 환영을 받은 건 아니었다. 이해가 대립하는 정치권과 후보자들은 각자의 입장에서 모두가 만족하지 않다는 유감의 뜻을 표시했다. 언론에서는 '궁여지책'이라는 표현을 쓰기는 했지만 중앙선거관리위원회의 결론에 대해 긍정적으로 평가했다.

1회에 한하여 중계방송을 허용한 중앙선거관리위원회의 결정에 따라 '노·정 후보단일화' 관련 TV방송토론이 있었다. 2002년 11월 22일 19시부터 21시 사이에 서울 목동 소재 방송회관에서 110여 분에 걸쳐 문답식 상호토론 방식으로 실시되었다. KBS, MBC, SBS, YTN, MBN 등 방송사가 이를 중계 방송했다.

그리고 한나라당과 민주노동당의 요청으로 방송사가 자율적으로 이회창 후보와 권영길 후보에 대한 각 정당주관 토론회를 가졌다. 2002년 11월 26일 19시부터 21시 사이에 남산 리빙TV 스튜디오에서 110여 분에 걸쳐 실시되었고, KBS, MBC, SBS가 이를 중계 방송했다.

이는 형평성 차원에서 중앙선거관리위원회 실무진이 적극 권장해 이루어진 결과였다.

여론조사 결과에 따라 노무현 후보가 단일후보로 후보자 등록을 하고, 정몽준 후보는 노무현 후보의 당선을 위한 지원유세를 벌이며 합의가 순조롭게 진행되었다. 그런데 투표 바로 전날 갑자기 정몽준 후보가 합의를 모두 파기한다고 선언했다. 우리 역사상 잊히

기 어려운 사건이다.

정몽준 후보는 왜 단일화를 파기했을까? 나는 그가 일방적으로 합의를 파기한 이유와 그 내막 등에 대해서는 잘 알지 못한다. 하지만 급박하게 돌아가는 일련의 사건들 속에서 순간적으로 풀기 어려운 역사의 숙명적 아이러니를 느낄 수 있었다.

어쨌든 그 선거에서 노무현 후보의 대통령당선은 세계적으로도 가장 큰 뉴스였다.

후보단일화를 시도조차 하지 않았더라면 선거결과는 어떻게 되었을까?

중앙선거관리위원회가 그들의 TV토론을 무제한 허용했다면?

한 번도 허용하지 않았더라면?

정몽준 후보가 단일화를 파기하지 않았더라면?

가끔 이렇게 저렇게 수많은 갈래로 펼쳐질 수 있는 시나리오들을 가상하면서 각 경우에 따라 다르게 나타날 수 있는 제16대 대통령선거 결과와 그 이후에 전개될 수 있는 우리나라 정치사의 여러 모습들을 상상해 보기도 한다.

아쉬움을 남긴 축제의 제16대 대통령선거

2001년 한 해가 넘어가고, 거리에서는 크리스마스 캐럴이 들리고 있었다. 한 해를 보내고 새로운 해를 맞는 길목에서 대부분의 사람들이 들떠 있을 무렵, 나는 다음해 12월에 있을 제16대 대통령선거가 못내 걱정이었다.

반세기가 넘는 우리나라 헌정사에서 한 번도 이루어보지 못한 공명선거가 아니던가. 다가오는 대통령선거를 어떻게 하면 명실상부한 공명선거로 이끌어 낼까에 골몰하고 있었던 것이다.

한편으로는 나의 어릴 적 꿈을 이룰 수 있는 절호의 기회인 것 같아 희망과 기쁨으로 마음이 설레기도 했다. 그러나 고질적인 부정선거의 타성을 뿌리째 뽑아내야 하고 선거에 관한 국민의 의식과 관행도 근본적으로 바꿔야 할 어려움을 생각하니 걱정이 태산 같았다.

31일 자정. 새해를 알리는 제야의 종소리가 울려 퍼졌다. 나는 서재에 앉아 TV에서 들려오는 종소리를 들으며 하얀 종이 위에 새해의 다짐을 하나씩 써 내려갔다.

하나. 제16대 대통령선거야말로 정당이나 정치인들을 위한 그들의 행사가 아니라 나라의 새 일꾼을 뽑는 국민을 위한 국민의 행사가 되도록 한다. 정당이나 정치인들에게 국민이 끌려가는 선거가 아니라 주권자인 국민이 주도하는 선거가 되도록 한다.

하나. 엄정한 준법선거를 실시한다. 특히 관권이 개입하거나 금품제공에 의해 신성한 유권자의 투표권이 좌우되는 일이 없도록 한다. 인신공격, 유언비어 또는 지역감정에 호소해 국민을 현혹하는 선거가 아니라, 정책과 정견 및 후보자의 능력과 자질에 대한 철저한 검증을 거쳐 정정당당하게 대결하는 선거가 되도록 한다.

하나. 선거가 끝나면 항상 되풀이되어 온 부정선거 시비로 인한 국론분열과 국력의 소모를 없게 한다.

하나. 자랑스러운 대통령을 잘 뽑아 임기 중에 소신껏 국정에 전념할 수 있도록 모든 국민이 신뢰와 사랑과 존경을 보내주는 분위기를 유도한다.

성공하는 대통령을 유권자인 국민이 만들어 나가자는 홍보를 선거 전 과정에서 적극 전개한다. 그래서 후보자는 정책과 정견으로 당당하게 대결하고, 유권자인 국민은 냉철한 판단으로 선거에 주인의식을 갖고 적극 참여하도록 유도한다.

하나. 당선자가 결정되는 순간 그는 소속정당이나 지지한 세력의 대통령이 아니라 온 국민의 대통령임을 국민 앞에 분명히 확인하는 절차를 거친다. 그래서 온 국민이 화합하고 온 국민이 축하하는 '화합과 축제의 선거'가 되도록 마무리한다.

나의 별명을 '공명선거'라고 불러준 사람이 있었다. 나는 2002년 12월 19일 실시된 제16대 대통령선거가 그때까지의 역대 대통령 선거 중 가장 깨끗하고 공정한 선거였다고 자부하고 싶다. 모든 국민이 양분된 듯한 극한대립과 갈등 속에서 선거운동이 시작되어 정당과 후보자가 불을 뿜듯 치열하게 경쟁을 벌였다. 하지만 선거법을 지키고 정책으로 경쟁하는 모습을 보임으로써 우리나라 선거문화를 획기적으로 개선한 선거였다.

돈을 뿌리거나 군중을 동원해 세를 과시하는 선거운동방식에서 국민의 냉정한 판단에 호소하는 미디어선거로 중심축이 바뀌는 계기가 되었다. 물론 이해가 대립되는 관계에 있는 정당이나 후보자 중 일부 만족하지 않은 사람이 있었을지 몰라도 중앙선거관리위원회의 의욕적이고 공정한 선거관리를 의심하는 국민은 보기 어려웠다.

그런데 못내 아쉬운 부분이 있다. 역대 선거 중 가장 돈 안 쓰는 깨끗한 선거였다고 자부하고 있었는데 선거가 끝난 다음 해에 막대한 불법정치자금이 오고간 사실이 드러난 것이다.

국민 모두가 깜짝 놀랄 만한 규모의 정치자금이 재벌기업에서 특정 정당에 흘러들어 간 것이다. 자동차로 불법정치자금을 실어 날랐다고 해서 '차떼기 정당'이라는 용어까지 생기게 되었으니 국민들은 충격과 분노를 금치 못했다.

그러나 그 불법 정치자금은 선거과정에서 뿌려진 게 아니라 정치권에서 그대로 가지고 있다가 발각된 것이니 결국 선거과정에서는 그 돈을 쓸 필요가 없었거나, 돈을 쓰려고 해도 쓸 수 없었던 엄정한 선거였음이 간접적으로나마 입증된 셈이다. '돈 안 쓰는 깨끗한 선거'였다는 평가가 그 때문에 달라질 수는 없다고 마음으로 위안을 삼고 싶다.

아쉬운 부분이 또 하나 있다. 그것은 화합과 축제의 선거가 마무리 단계에서 빗나간 점이다. 당선자가 확정되면, 그 당선자는 자택이나 소속정당에서 환호하며 그 지지자들과 축배를 들기에 앞서 중앙선거관리위원회에 직접 나오기로 했다. 중앙선거관리위원장으로부터 당선증을 직접 교부받고 모든 국민으로부터 축하를 받으며 국민을 위하여 봉사할 대통령임을 다짐하는 의식에 참여하

기로 했는데 그 약속이 지켜지지 않은 것이다. 그것은 선거과정에서 여·야 후보자 모두가 중앙선거관리위원회의 제의에 기꺼이 동의하여 굳게 약속한 사항이었다.

중앙선거관리위원회에서는 2002년 12월 20일 아침 9시 30분 노무현 후보를 당선자로 확정하고 10시에는 방송망을 통해 온 국민이 보는 앞에서 당선증을 교부하는 행사를 할 만반의 준비를 했다.

나는 자랑스러운 대통령을 우리 국민이 뽑았으니 국민 모두가 그에게 축하의 박수를 보내고, 아울러 성공하는 대통령이 되도록 국민 모두가 신뢰와 존경을 보내자고 호소할 생각이었다.

위원장은 국민의 대통령임을 선언하고 당선자는 국가와 국민의 대통령으로서 모든 것을 다 바쳐서 봉사할 것을 다짐하는 역사적인 순간이 될 것으로 믿었다. 그런데 노무현 당선자는 그 지지자들이 짜놓은 일정에 따라 움직이느라고 약속을 지키지 않았다. 당선자가 약속을 지키지 못해서 미안하다는 전화를 직접 하기는 했지만, 의미 있는 절차라고 믿고, 철저히 준비했던 행사가 무산되어

여간 섭섭하지 않았다.

'화합과 축제의 선거'라니, 참으로 무색한 말이 되어버렸다는 생각이 들었다. 당선 후에는 내 편 네 편 가르지 말고 포용과 사랑으로 화합하는 정치를 이루자고 부르짖었건만, 대통령 당선자가 첫 번째 약속을 지키지 않다니. 누가 대통령으로 당선되든, 승자는 패자를 포용하고 패자는 기꺼이 패배를 받아들여 승자에게 진정한 축하를 보내는 세상이 되었으면 했는데….

각 후보자들을 뿔뿔이 흩어져 지지했던 온 국민이, 청팀 · 백팀 갈라 목청껏 응원하며 힘을 겨루다가도 운동회가 끝나면 다시 하나가 되는 초등학교시절 급우들처럼, 나와 너가 아니라 우리가 되기를 소망했는데…. 더 이상 편을 가르지 않고, 갈등과 반목과 분열이 없는 화합의 정치마당이 되었으면 하는 간절한 바람에서 새봄에 씨를 뿌리는 마음으로 계획했던 행사인데 그 아쉬움은 말로 다 할 수 없었다.

주인공이 등장하지 않아 개막도 하지 못한 채 폐장해야 하는 축제의 마당에 쓸쓸히 서서 나는 여전히 투쟁과 분열이 끊이지 않을 것 같은 우리나라 정치의 앞날을 걱정스럽게 느꼈다. 천진난만한 생각에 사로잡혔던 소년의 꿈은 그렇게 맥없이 내려놓아야 했다.

하지만 어쩌겠는가. 공정한 선거관리는 나의 책임이었지만, 선진정치의 실현은 그들의 몫이 아닌가.

국민들이 깨어있는 한 다음 선거를 통해 정치도 새롭게 도약하는 날이 기어코 오겠지.

그렇게 생각을 접고 나니 마음은 좀 가벼워졌다.

탄핵의 빌미가 될 줄이야?

제16대 대통령에 취임한 노무현 대통령은 2004년 2월 24일 한국방송기자클럽 초청으로 '취임 1주년 특별기자회견'을 가졌다.

제17대 국회의원 총선거를 50일 남겨놓고 있는 시점에서 방송사가 생중계한 기자들의 질문과 그에 대한 노무현 대통령의 주요 답변내용은 다음과 같았다.

질문 : "총선 올 인(all in)보다는 민생 올 인이 나은 게 아니냐?"

답변 : "… 대통령은 정치인이며 책임 있게 국정을 이끌어야 한다. 이를 위해서 국회에 우호적 지지세력이 있어야 하며 총선에서 이기고 싶다."(중략)

질문 : "17대 총선에 무엇으로 평가를 받겠는가?"

답변 : "무엇으로 평가받겠는가. 저는 그렇게 말씀드리고 싶다. 역동성과 변화의 가능성에 투자를 해달라."(중략)

질문 : "열린우리당 정동영 의장은 100석 정도를 목표로 제시했는데 기대와 달리 소수당으로 남는다면 어떻게 정국을 운영할 것인가? 총선 후 정국 전망은?"

답변 : "… 불리한 가정은 총선에서 우리한테 불리해질 수 있다. … 총선 지나면 정치가 얼마나 바뀔까 예측해 볼 때, 그래도 국민들이 기대하는 수준에 가장 가깝게 바뀌지 않겠느냐. 국민들이 압도적으로 지지해 줄 것으로 기대한다."
질문 : "열린우리당이 어느 정도 (의석을) 차지할 것으로 보는가?"
답변 : "나는 선거에 대해 관심이 많다. 대통령이 잘해서 우리당에 표 줄 수 있는 일이 있으면 합법적인 모든 것을 다하고 싶다. 이번 총선에서 한국의 정치가 어디로 가야 할지, 나머지 4년 제대로 하게 해줄 거냐 못 견뎌서 내려오게 하느냐, 하는 선택을 국민들이 분명하게 해줄 것이다."

대통령은 국가의 원수이며 행정권의 수반으로서 최고통치권자이고(헌법 제66조), 정당가입이 허용된 공무원이며(정당법 제6조), 특정정당 또는 특정인의 지지나 반대 등 정치활동을 할 수 있는 공무원으로서(국가공무원법 제65조) 정치적 중립의무가 배제된 가장 영향력 있는 정치공무원이라고 말할 수 있다.

그런 의미에서 볼 때, 대통령이 '취임 1주년 특별회견'에서 기자들의 질문에 답변한 위와 같은 발언은 정치적 발언으로서 그냥 넘어갈 수 있는 내용이 아닐까. 그런데 그 발언이 우리나라 헌정사상 처음 있는 대통령 탄핵의 불씨가 되리라고 누가 예측할 수 있었겠는가.

노무현 대통령이 취임한 2003년 2월 25일부터 제17대 국회의원 총선거일인 2004년 4월 15일 사이의 우리나라 정치상황을 회상해 본다. 원인이 어디에 있든 간에 사사건건 대결하는 모습이고, 대화와 타협의 정치는 찾아보기 힘들었다. 동(東)과 서(西)로 갈라서고, 진보와 보수라는 색깔로 편을 가르며, 학연, 지연, 혈연으로 줄을 서게 하는데 정치권이 앞다투어 불을 붙이는 모습이었다. 동지(同志)가 아니면 모두 적(敵)이 되어 국가와 국민이 둘로 갈라지는 듯한 분위기였다고 해도 지나친 말이 아닐 것 같았다.

두 편으로 갈라진 그들은 어느 쪽에도 줄을 서고 싶지 않은 사람, 직분상 어느 한 쪽에 줄을 서서는 안 되는 사람, 어느 한 쪽에 줄을 서고 싶어도 아무런 인연이 없어 그나마 줄을 찾지 못한 사람, 이러한 보통사람들은 정치하는 사람들의 안중에 없는 것 같았다.

나는 중앙선거관리위원장으로서 한 치라도 중심에서 벗어나서는 안 되는 신분이다. 어느 정파나 세력에 줄을 설 수도, 서고 싶지도 않은 사람이다. 공정한 선거로 자랑스러운 대통령을 우리 국민이 만들자고 호소하면서 제16대 대통령 선거를 깨끗하게 관리했다고 자부하고 싶었다.

당선한 쪽의 너그러운 포용과 낙선한 쪽의 깨끗한 승복, 그리고 임기 중 소신껏 국정을 이끌어 성공한 대통령이 탄생하기를 간절히 소망했다. 나는 승자의 포용도, 패자의 승복도 모두 찾아보기 어려운 그때의 정치상황을 보면서 가슴이 메어지듯 아팠다.

그러한 소용돌이 속에서 다가오는 제17대 국회의원 총선거를 공정하게 치러내야 하는 나에게 걱정이 또 찾아들었다. 선거관리에 털끝만 한 흠이라도 있게 될 경우에는 건잡을 수 없는 혼란이 초래될 것은 불을 보듯 뻔했기 때문이다.

제17대 국회의원 총선거일을 50일 남겨놓고 있는 시점에서 노무현 대통령의 기자회견 발언은 총선거에서 다수당이 되어 노무현 대통령을 견제하려는 야당을 자극하기에 충분했다.

왜냐하면 노무현 대통령은 2003년 12월 24일에도 총선에 출마하기 위해 퇴임하는 청와대 비서관들을 격려하는 오찬을 함께 한 바 있는데 그 자리에서 '민주당을 찍으면 한나라당을 돕는 것이 된다'는 정치적 발언을 함으로써 이미 야당을 긴장시킨 바 있다. 그러니 '취임1주년 특별회견'에서의 발언은 대통령 자신이 제17대 총선거에 적극 개입할 의사가 있음을 노골적으로 나타낸 것으로 느껴질 수 있기 때문이다.

새천년 민주당은 노무현 대통령의 기자회견 발언이 있은 지 4일째 되는 2004년 2월 28일 "노무현 대통령이 2004년 2월 24일 SBS 목동 신사옥에서 있었던 한국방송기자클럽 초청 특별회견에서 한 '열린우리당이 표를 얻을 수만 있다면 합법적인 모든 것을 다하고 싶다'라는 발언이 4개의 공중파 TV방송과 CBS 라디오방송을 통해 전국에 생중계되어 전 국민을 상대로 사전선거운동을 한 것이 분명하니 엄벌하여 주시기 바랍니다"라는 요지의 고발장을 중앙선거관리위원장 앞으로 제출했다.

이는 노무현 대통령이 총선거에 영향을 미치는 행위를 더 이상 하지 못하게 하려는 의도에 의문의 여지가 없었다. 그러나 그 당시의 분위기로 볼 때 만일 중앙선거관리위원회가 대통령의 위와 같은 발언을 사전선거운동에 해당한다고 판단할 경우 문제가 커질 것이 분명했다. 그것을 근거로 하여 "대통령이 헌법과 법률에 위배한 때에는 국회는 탄핵의 소추를 할 수 있다"는 헌법 제65조 제1항에 따라 탄핵소추까지 시도하려는 숨은 의도가 없지 않음을 짐작할 수 있었다.

헌법 제65조 제2항에 의하면 국회는 재적의원 과반수의 발의와 재적의원 3분의 2 이상의 찬성이 있으면 대통령에 대한 탄핵소추를 의결할 수 있는데, 그 당시 야당인 한나라당(144명)과 새천년 민주당(62명)의 의석을 합하면 재적의원 271석의 2/3인 181석을 훨씬 넘어 206석이나 되기 때문이다.

정치권은 말할 것도 없고 온 국민의 관심 속에 2004년 3월 3일에 열린 중앙선거관리위원회 전체회의의 긴장됐던 분위기를 나는 잊을 수가 없다. 아침 10시부터 시작된 열띤 토론은 점심식사와 저녁식사 시간을 빼고는 밤늦도록 계속 이어졌다.

논의의 방향은 두 가지 쟁점으로 모아졌다. 그 하나는, 공직선거 및 선거부정방지법 제58조 제1항은 선거운동을 '당선되거나 되게 하거나 되지 못하게 하기 위한 행위를 말한다'고 정의하고 있는

데, 노무현 대통령의 특별회견에서의 발언을 선거운동으로 볼 수 있느냐 하는 점이다. 선거법 제60조 제1항 제4호에 의하면 대통령은 선거운동을 할 수 없는 사람이므로 노무현 대통령이 특별회견에서 한 발언이 선거운동에 해당된다면, 당연히 선거법 제254조와 제 255조에 의하여 처벌을 받게 되는 '사전선거운동죄'를 범한 것이 되는 것이다.

다른 하나는, 선거법 제9조에 의하면 '공무원 기타 정치적 중립을 지켜야 하는 자는 선거에 대한 부당한 영향력의 행사 기타 선거결과에 영향을 미치는 행위를 하여서는 아니된다'라고 규정하고 있다는 점이다. 대통령은 공무원이긴 하지만 국가의 원수이며 행정권의 수반으로서 최고 통치권자이고(헌법 제66조), 정당가입이 허용되며(정당법 제6조), 특정 정당 또는 특정인의 지지나 반대 등 정치활동을 할 수 있는 사람(국가공무원법 제65조)인데, 이러한 고도의 정치공무원인 대통령에게도 선거법상 중립의무가 있다고 해석할 것이냐 하는 점이다.

대통령의 특별회견에서의 발언을 '선거운동'이라고 해석할 경우에는 그에 대한 처벌조항이 있으므로 선거관리위원회는 그 규정에 따라 경고, 수사의뢰, 고발, 주의 등 조치를 취할 수 있지만, 선거법 제9조 소정의 '중립의무 위반'은 훈시규정에 불과해 그에 대한 처벌조항이 없기 때문에 선거관리위원회가 어떠한 법적 조치를 취할 수 있는 근거가 없다. 이러한 사정도 전체회의가 밤늦게까지 지연되는 원인이 되었다.

충분한 토론이 있은 후에는 다수의견에 따르되 표결에 의함이 없이 통일된 의견으로 결정하는 일반적인 관례와 달리, 이 안건의 경우에는 불을 뿜는 듯한 토론이 하루 종일 이어졌음에도 끝내 표결에 의해 결론이 내려졌다.

먼저 대통령의 발언이 사전 선거운동에 해당하는지 여부에 관해서는, '대통령 취임 1주년 특별회견'에서 행한 대통령의 선거관련 발언이 사전선거운동인지의 여부는 발언자의 신분과 발언의 내용, 발언하게 된 경위와 동기, 발언한 장소와 상대방 등을 종합하여 고려해야 할 것이다.

그런데 문제가 된 발언들은 특정 정당에 대한 지지를 나타내는 취지의 내용으로 볼 수 있으나, 지금까지 모든 선거에 있어 정치인(입후보예정자를 포함함)이 언론의 취재에 응하여 자신의 견해를 표명하는 행위는 설령 특정 정당을 지지하거나 반대하는 내용이 포함되어 있다고 하더라도 국민의 알권리를 위한 언론기관의 취재에 응하여 답변하는 것이므로 이를 사전선거운동으로 보지 않았다.

따라서 대통령의 선거관련 발언이 선거에 있어 특정 정당을 지지하는 내용이라고 하더라도, 정당가입과 광범위한 정치활동을 할 수 있는 대통령이 기자회견 석상에서 기자의 질문에 응하여 답변한 것임을 감안할 때, 이러한 발언들이 공직선거 및 선거부정방지법에서 금지하고 있는 사전선거운동에 해당된다고 볼 수는 없다고 의결했다.

다음으로 '중립의무 위반' 여부에 관해서는, 대통령은 선거에서 중립을 지켜야 할 의무를 가지는 공무원일 뿐만 아니라 공무원을 대표하는 행정부의 수반으로서 기자회견 석상이라 하더라도, 특정 정당에 대해 지지를 나타내는 내용의 발언을 한 것은 선거중립의지를 의심하게 하는 발언이라 할 것이므로, 앞으로 선거에 영향을 미치는 발언이 재발되지 않도록 강력 촉구하기로 의결했다.

선거관리위원회의 의결내용이 공표되자 청와대에서는 대통령의 정당한 정치행위를 선거법 위반행위라고 판단했다는 이유로 유감의 뜻을 표시했고 야당에서는 대통령이 사전선거운동 금지규정을 위반했는 데도 불구하고 훈시규정에 불과한 '중립의무 위반'만을 인정했다는 이유로 선거관리위원회가 야당, 언론, 국민들, 한편으로는 대통령 눈치를 보면서 교묘하게 절충안을 내놓은 것이라느니, '무책임한 결정'이라느니 하면서 불만을 표시했다.

그리고 기자들의 한결같은 질문은 그것이 탄핵 추진과도 연결될 수 있는 결정이냐 하는 것이었다.

노무현 대통령의 특별기자회견에서의 발언이 선거법 제9조 소정의 '중립의무 위반'이라고 결론을 내린 전체회의는 선거법 제9조가 훈시규정으로서 그 위반에 대한 처벌조항이 없는 점과 대통령에 대한 예우를 감안하여 중립의무 준수를 요청하는 정중한 표현의 공문을 보내기로 했다. 다음은 대통령에게 보냈던 공문의 전문이다.

국정 수행에 진력하시는 대통령님의 취임 1주년을 경하합니다.

정치개혁 의지가 담긴 정치관계법안이 사실상 마무리됨에 따라 국민 모두가 이 법이 제대로 실현되어 선거풍토와 정치 문화가 개선·발전되기를 기대하고 있고, 우리 위원회도 이를 위해 모든 노력을 다할 계획으로 있습니다.

2004년 2월 24일 한국방송기자클럽 초청 "대통령 취임 1주년 특별회견"에서의 발언과 관련하여 선거법 위반 논란이 일고 있습니다.

우리 위원회는 이에 대하여 3월 3일 전체회의에서 논의한 바, 기자회견에서의 대통령님의 발언이 사전선거운동 금지규정에 위반된다고 볼 수는 없다고 판단하였습니다.

그러나 대통령님께서는 선거에서의 중립의 의무를 가지는 공무원이시므로 앞으로 선거에서의 중립의 의무를 지켜주시기 바랍니다.

중앙선거관리위원회위원장

대통령이 '선거법상 중립의무'를 위반했다는 결정이 내려지자, 야당은 그 다음날로 대통령의 공개사과와 재발방지 약속을 촉구했다. 그리고 2004년 3월 9일 한나라당 소속의원 144명 중 108명과 민주당 소속의원 62명중 51명 합계 159명의 서명을 받아 대통령 탄핵소추안을 국회에 제출했다.

노무현 대통령으로서는 어떠한 형태로든 중앙선거관리위원회의 결정에 대한 자신의 소신이나 앞으로의 각오를 국민에게 밝히지 않으면 안 되는 상황이 되었다.

총선정국 '탄핵공방' 회오리

선관위 '노대통령 선거법 위반 경고' 의미·파장

한·민, 임시국회 '탄핵공조' 가속예상
盧 우리당 지원 현실적으로 어려워져
"훈시규정 위반"-- 실현 가능성은 의문

중앙선관위가 3일 헌정사상 처음으로 현직 대통령에 대해 선거법 위반 결정을 내림으로써 총선을 40여일 앞둔 정치권은 노무현 대통령의 사전선거운동을 둘러싼 극한적 대치로 빠져들 전망이다.

노 대통령이 자신에 대한 선거개입 시비는 대통령 흔들기이며 야당의 선거전략이라고 주장했음에도 불구하고 선관위는 공무원의 선거중립 의무를 규정한 선거법 9조 위반이라고 명확하게 결론지었다. 앞서 선관위는 지난해 12월30일 노 대통령의 '시민혁명' 발언에 대해 '공명선거 협조 요청'을 한 바 있다. 이날 결정은 이보다 한 단계 강도높은 결정이다.

선관위가 현직 대통령이라는 점을 감안, 선거법 60조의 사전선거운동 위반 혐의는 적용하지 않았지만 사실상 '경고'의 조치를 내린 것으로 해석되기 때문에 여권은 총선을 앞두고 엄청난 악재를 만난 셈이다. 또 선관위가 앞으로 노 대통령이 비슷한 발언을 할 경우 더 강도높은 조치를 취할 수 있다고 밝혀 사실상 노 대통령의 열린우리당에 대한 총선지원은 기대하기 힘든 상황이 됐다.

한나라당과 민주당은 노 대통령의 선거개입을 정치쟁점화시켜 대대적인 공세에 나설 것으로 보인다.

특히 민주당이 노 대통령에 대한 탄핵을 추진하기 위한 법적 정통성을 확보하기 위해 선관위에 조사를 의뢰했기 때문에 정치권은 대통령 탄핵 문제로 요동칠 전망이다. 당장 대통령 탄핵에 대한 법률검토를 하면서 여론의 추이를 보고 있는 한나라당과 민주당의 움직임에 탄력이 붙을 것으로 예상된다.

양당은 3일 밤 선관위의 결정이 내려지자마자 3월 임시국회에서 탄핵을 밀어붙이기 위한 구체적인 논의에 들어간 것으로 알려졌다. 양당은 4일 오전 지도부회의를 열어 탄핵문제에 대처하기 위한 방안을 결정할 것으로 보여 '한·민 공조'가 어떻게 전개될지 관심이다.

현재 국회 의석은 재적 271석 가운데 한나라당(147석)과 민주당(62석)을 합치면 209석이기 때문에 대통령 탄핵에 필요한 3분의 2선인 181명을 훨씬 초과한다.

그러나 두 야당이 실제로 탄핵을 추진하기에는 어려움이 있을 것으로 보인다. 선관위가 훈시규정인 선거법 9조 위반이라고 결정했을 뿐 처벌이 뒤따르는 선거법 60조 사전선거운동 조항에 대해서는 위반이 아니라고 결론지어 탄핵사유에 이르기에는 부족하다는 분석이다. 이 때문에 두 야당은 선관위가 위법이라고 판단해 놓고도 고발이나 수사의뢰 등보다 강도높은 조치를 취하지 않았다고 비판하고 있어 야당과 선관위의 2라운드 공방도 벌어질 조짐이다.

여기에다 청와대와 열린우리당이 대통령 탄핵은 야당의 총선전략이라며 강력하게 반발, 배수의 진을 칠 것으로 보여 3월 임시국회는 총선 민심을 사로잡기 위한 여야의 사상 유례없는 대격돌이 될 전망이다.

박주호 김재중기자 jhpark@kmib.co.kr

유지담 중앙선관위원장이 3일 과천 중앙선관위에서 대통령의 사전 선거운동 논란에 대한 전체회의를 마친 뒤 회의장을 나오고 있다. 김지훈기자

〈국민일보〉 2004년 3월 4일

한 달 남짓 후에 있을 제17대 총선을 유리한 국면으로 이끌기 위해 대통령과 야당이 팽팽한 기싸움을 벌이며 대치하는 긴장의 순간이었다.

그러나 그때까지만 해도 야당의 탄핵소추안 국회제출은 대통령이 선거법상 중립의 의무를 위반했다는 중앙선거관리위원회의 결정을 17대 총선에서 유리한 방향으로 활용하려는 의도로만 보였다. 국회가 대통령에 대한 탄핵소추안을 의결하는 단계까지 이르리라고 예상한 국민은 별로 없었을 것이다.

'취임 1주년 특별회견'의 선거법 위반여부를 심의하면서 대통령이 훈시규정인 '중립의무'를 위반했다는 결론에 이르더라도, 의원 임기를 겨우 한 달여 남겨두고 있을 뿐 아니라 17대 총선거에서 국민으로부터 재신임을 받아야 하는 입장에 있는 국회가 그러한 이유만으로 취임한 지 1년밖에 안 되는 대통령을 탄핵할 수 있으리라고는 나 자신도 전혀 예상하지 못했다.

그런데 정치권은 물론이고 온 국민이 긴장 속에 숨죽이며 지켜본 노무현 대통령의 TV 기자회견 내용은 그야말로 보통사람들의 예상을 뛰어넘었다.

2004년 3월 11일 TV에서 생중계한 노무현 대통령의 기자회견 내용은 야당의 공개사과 요구를 사실상 거부하는 정도를 넘어 야당에 대하여 심히 도전적이었다고 말해도 틀리지 않을 것이다.

"국민들에게 사과하라고 한다면 두 번, 세 번이라도 사과할 수 있지만 잘못이 무엇인지 잘 모르겠는데 시끄러우니까 그냥 사과하고 넘어가서 탄핵을 모면하라는 뜻이라면 받아들이기 어렵다"는 요지의 발언이었고 더 나아가 17대 총선결과에 자신의 재신임을 연계시키겠다는 입장까지 밝혔다.

그리고는 중앙선거관리위원회에서 보낸 '대통령의 선거 중립의무 준수요청' 공문을 손에 들고 흔들면서, 중앙선거관리위원회의 결정에 대한 대통령의 입장을 강력하게 표명했다.

"중앙선거관리위원회가 나에게 경고했다고 언론이 보도했지만 저는 그렇게(대통령을 경고한 것으로) 생각하지 않습니다. 대통령은 정치인 위치에 있기 때문에… 총선이라는 중요한 국면에서 대통령의 정국 구상을 명확히 밝혀야 합니다."

대통령에 대한 예우와 선거에서의 중립의무가 훈시규정에 불과한 사정 등이 고려되어 작성된 '대통령의 선거 중립의무 준수요청'이라는 제목의 공문, 즉 "우리위원회는 기자회견에서의 대통령님의 발언이 사전선거운동 금지규정에 위반된다고 볼 수 없다고 판단했으나, 대통령님께서는 선거에서의 중립의무를 가지는 공무원이시므로 앞으로 선거에서의 중립의무를 지켜주시기 바랍니다"라고 표현된 중앙선거관리위원장 명의의 공문 내용을 노무현 대통령은 사전선거운동 금지규정에 위반하지 아니했을 뿐 아니라 선거에서의 중립의무조차 위반했다는 의미가 아니라 앞으로 중립의무를 지켜주길 바란다는 의미로만 해석하고 싶었던 것이다.

노무현 대통령의 기자회견 내용에 격분한 야당은 그 다음날 오전 11시 56분 한나라당과 민주당 국회의원들이 국회의장석을 점거한 가운데 열린 우리당 소속 국회의원 47명을 제외한 한나라당, 민주당, 자유민주연합소속 국회의원 195명만이 투표에 참여하여 찬성 193표, 반대 2표로 노무현 대통령 탄핵소추안을 전격적으로 의결했다.

나는 정치감각이 무딘 사람이라고 생각해 왔다. 그렇지만 노무현 대통령 탄핵소추안이 국회에서 가결되는 상황을 TV를 통해 목격하는 순간, 야당의 탄핵소추안 가결은 노무현 대통령이 짜놓은 의도에 야당이 말려들어가 17대 총선거에서 자멸의 무덤을 판 결과가 될 것이라는 예감이 들었다. 나의 예상은 틀리지 않았다.

동지가 아니면 적으로 국민이 모두 두 편으로만 갈라져 있는 것 같지만 어느 쪽도 아니면서 차분하게 관망하는 말 없는 다수 국민들의 존재와 그들의 무서운 힘을 노무현 대통령은 바라보고 있었으나, 탄핵주도세력은 정세분석과 판단력에서 그에 미치지 못했다고 느껴졌다.

노무현 대통령 탄핵안의 가결을 선포하면서 "노무현 대통령의 자업자득"이라고 표현한 국회의장의 말처럼 노무현 대통령은 탄핵받아 마땅하다는 목소리가 하늘을 찌르는 것 같았으나, 대다수 국민들의 조용한 숨소리는 침묵 속에 도도히 약자 편으로 흐르고 있었다.

탄핵소추를 감행하는 측은 무자비한 강자로 부상하고, 탄핵 당하는 노무현 대통령은 동정받아야 할 약자로 부각되는 그림을 노무현 대통령이 선명하게 그려낸 것이었다.

중도성향의 선량한 국민들은 2004년 4월 15일 제17대 총선거에서 무서운 힘을 여실히 드러냈다. 16대 국회에서 47석에 불과했던 열린우리당은 152명의 당선자를 냄으로써 전체의석의 과반수를 차지한 반면, 16대 국회에서 다수당이었던 한나라당은 121명, 그리고 62석이었던 민주당은 9명의 당선자만을 배출하는 데 그쳤다.

국민들은 대통령을 힘으로 밀어내려는 국회의 시도에 공감하지 않았다. 어떤 이유로도 그들의 탄핵의결은 바람직하지 않은 행위로 비춰진 것이 분명했다.

내 별명은 '공명선거'(公明選擧)?

사람들은 어떤 세상에서 살고 싶을까.

우리나라 사람들은 한국에서 한국인으로 사는 게 행복할까? 나는 우리나라가 일본의 통치를 받던 때에 태어나서 5살 때 해방을 맞았다. 그때의 어른들은 아마도 독립된 주권국가에서 사는 것이 제일 큰 소망이었을 것이다. 동족상쟁의 6 · 25전란을 겪었던 초등학교 시절, 그때의 참혹한 전쟁을 직접 체험한 사람들은 전쟁이 없는 나라에서 살 수만 있으면 더 이상 바랄 것이 없다고 생각했을지도 모른다.

해방 후 극심한 가난 속에서 보통사람들은 하루 세끼의 끼니문제 해결이 제일 큰 소망이었지만, 가난극복을 명분으로 한 독재권력 하에서는 자유와 인권이 더 소중하다며 이를 쟁취하기 위해 모든 것을 바친 사람들도 있었다.

이제 독립된 주권국가로서 산업화 과정을 거쳐 높은 경제성장을 이루어낸 데다, 민주화 과정을 거쳐 자유와 인권이 크게 신장된 지금의 대한민국은 과연 모두가 소망하는 살기 좋은 선진국이 된 것일까?

"4월15일은 정치권 수술의 날"

유지담 중앙선관위장 신년사서 강조

"국민들 눈 크게 뜨고 환부 도려내야"

유지담 중앙선거관리위원장(사진)은 1일치 신년사를 통해 "선관위는 나라의 앞날을 진정으로 걱정하는 모든 국민과 함께 2004년 새해를 '병든 정치를 수술하는 해'라고 이름짓고, 그 수술 날짜를 (총선일인) '4월15일'로 정했다"며 선거를 통한 정치개혁을 호소했다.

유 위원장은 "국리민복을 위해 헌신하고 정의사회 구현을 선도해야 할 정치권이 온 세상이 깜짝 놀랄 부정과 불법을 주도했다"며 "국민들은 눈을 크게 뜨고 정신을 바짝 차려서 (정치권의) 환부를 완전히 도려내야 한다"고 촉구했다. 선거를 관리·감독하는 최고책임자인 중앙선관위원장이 직접 정치권을 강도 높게 비판한 것은 매우 이례적인 일이다.

유 위원장은 "종합검진과 완벽한 수술준비는 선거관리위원회의 몫"이라며 "정당관계자와 후보자의 일거수 일투족을 철저히 감시해 선거질서를 어지럽히는 행위에 대해서는 그 대상이나 지위를 막론하고 강력하고 단호하게 대처할 것"이라고 밝혔다.

그는 △돈을 뿌리거나 불법 정치자금을 주고받는 사람 △근거없는 비방과 의혹 부풀리기로 국민을 현혹시키는 사람 △지역감정을 자극하여 반사이익을 꾀하려는 사람 △의정활동에 불성실하고 투명한 정치에 역행하는 사람 △국민과 국가의 이익보다 자신의 이익만을 택하는 사람 등을 구체적인 예로 들며, "이런 사람들은 부패정치의 환부에 남겨 두어서는 아니되는 정치인"이라고 지적했다.

유 위원장은 이어 "국민에게 꿈과 희망을 안겨주는 정치가 이 나라에 펼쳐지게 하는 일을 갑신년에 온 국민이 이뤄내야 할 제1의 과제로 삼자"며 "이를 위해 정부의 엄정중립과 언론의 공정보도, 그리고 각종 시민단체의 선거법 준수를 요구한다"고 덧붙였다.

선관위 관계자는 "정치권과 국민을 향해 위원장이 이렇게 강한 메시지를 던진 것은 처음 있는 일"이라며 "당리당략에 집착한 정치권이 선관위의 정치개혁 노력조차 거부한 상태에서 이를 치유할 사람은 유권자밖에 없다는 이야기를 전하고 싶었던 것 같다"고 설명했다. 인수찬 기자 ahn@hani.co.kr

〈한겨레〉 2003년 12월 31일

식민통치와 독재정권에 대한 항거, 그리고 민주화를 위한 투쟁의 역사에서 비롯된 결과인지는 알 수 없으나, 안타깝게도 우리사회는 서로 대립해 싸우고, 수단방법을 가리지 않고 투쟁해 복석하는 바를 쟁취하는 사고가 당연한 삶의 모습처럼 보일 때가 많다. 서로 상대방의 존재를 인정하고 양보와 타협으로 공존하면서 공통의 가치를 함께 추구하는 모습은 찾아보기 어렵다.

상대방과 더불어 잘살 수 있는 방법을 모색하기보다는 상대방을 무너뜨려야 내가 살 수 있는 것처럼 생각하고 행동하는 것 같이 보이기도 한다. 상대방의 입장을 배려함이 없이 싸워서 이긴 쪽이 모든 것을 향유하고, 싸움에서 진 쪽은 모든 것을 잃어버리는 것을 당연하게 여기는 것 같다.

싸워서 이긴 쪽은 쟁취한 모든 것을 빼앗기지 않으려고, 싸움에서 진 쪽은 잃은 것을 쟁취하려고 또다시 싸움을 준비해야 하는 상황 같아서 조용한 가운데 평화롭게 살기를 원하는 많은 사람들을 불안하게 만들기도 한다. 그 여파로 나타난 우리사회의 현상들은 과연 어떠한가.

나는 2011년 3월 어느 일간신문에서 한국청소년들은 공부만 하고 '더불어 살기 의식'은 세계 꼴찌라는 기사를 읽고 충격을 받았다. 한국청소년은 주변사람과 조화롭게 살아가는 능력이 매우 낮다는 것이다. 국제교육협의회(IEA)가 36개국 청소년의 사회적 상호작용 역량을 조사한 결과 우리나라 청소년은 35위에 그쳤다. 지역사회와 학내단체의 자율적 활동실적을 파악한 관계지향성 항목과 사회적 협력항목의 점수가 0점으로 나왔고 국제시민의식교육연구(ICCS)의 설문에서 정부를 신뢰한다고 밝힌 청소년은 36개 참여국의 평균이 62%인 데 비해, 한국청소년은 20%에 불과하다는 것이니 놀라지 않을 수 없었다.

그리고 2012년 2월 OECD가 작성한 'OECD 국가의 삶의 질 결정요인 탐색' 보고서에 따르면 32개 회원국의 행복지수를 산출한 결과 한국인의 삶의 질은 32개국 중 31위로 나타났다는 것이다. 행복지수는 일, 삶에 대한 만족도, 사회적 신뢰, 정치적 안정, 포용성, 환경, 소득 등 10개 변수를 종합해 산출하는데 한국은 특히 집단 포용력 등 신뢰부분에서 낮은 평가를 받았다는 것이다.

정확하게 언제부터 나타난 현상인지는 알 수 없지만 우리사회는 국민이 법의 보호를 받으며 평화롭게 살기 위하여 마련된 법치주의가 마치 권력을 가진 쪽이 국민을 마음대로 통치하기 위한 수단으로 인식되는 것 같기도 하다.

반칙과 편법이 판을 치고, 돈과 권력이 법을 무시하기도 하며, 법을 잘 지키면서 사는 사람은 항상 손해보고 아무런 죄 없이 투명하게 사는 사람은 언제 날벼락을 맞지나 않을까 불안한 반면, 법과 약속을 안 지키면서 뒷거래나 힘으로 밀어붙이는 사람은 이득을 보면서 태평성대를 누리는 것 같이 느껴지기도 한다.

원칙이 없고 상식이 통하지 않는 이러한 현상이 정치, 경제, 사회, 문화, 교육 등 모든 영역에 퍼져있고, 이러한 현상이 잘못된 정치에서 비롯되었다고 생각하는 사람이 많다. 나도 그들의 생각이 틀렸다고 말할 자신이 없다.

위기의 국면에서 항상 저력을 발휘하는 우리 국민은 위대하다.

그런데 그렇게 위대한 우리 국민이 서로 상대방의 존재를 인정하면서 '더불어 평화롭게 잘사는 나라'를 만들 수는 없단 말인가?

정치는 국민이 선거로 뽑은 정치인이 하는 것이므로 선거 때 국민이 바른 정치인을 뽑기만 하면 되는 것이다. 정치를 잘못했거나 잘못하고 있거나 잘못할 우려가 있는 정치인을 뽑지 않도록 모든 국민이 정신을 바짝 차리기만 하면 우리 국민 모두의 행복지수가 당연히 올라갈 것이다.

서양의 잘사는 선진국은 '재미없는 천국(天國)'이고, 우리나라는

'살맛나는 지옥(地獄)'이라는 흥미 있는 말을 들은 적이 있다. 우리나라가 살맛이 나는 나라라니 기분이 나쁘지 않았다. 그 말을 듣고 나는 우리나라를 '살맛나는 천국'으로 만들 수는 없을까를 곰곰이 생각해 봤다. 내가 얻은 결론은 간단하다.

첫째는 모든 국민이 확고한 민주시민의식을 갖고 이를 실천하며 살아가는 것이고, 둘째는 선거 때 확고한 민주시민의식을 갖고 있으면서 국가와 국민을 위하여 봉사할 참일꾼을 뽑는 것이다. 그렇게만 한다면 우리나라는 분명 '살맛나는 천국'이 될 것이다.

법과 약속을 잘 지키고 남에게 책임을 돌리기에 앞서 자기 스스로에게 잘못이 없나를 되돌아보고, 자신의 권리를 주장하기에 앞서 자신이 해야 할 의무를 다하며, 권한에는 당연히 책임이 따르고, 편을 갈라 논쟁을 벌이게 될 경우에는 다수의 의견에 따르되, 그 다수는 소수의 의견을 깊이 배려하는 사고(思考)가 이른바 민주시민의식이다.

나는 제13대 중앙선거관리위원장에 취임하여 퇴임하기까지 5년 3개월 동안 제16대 대통령선거와 제17대 국회의원총선거를 비롯해 시·도 교육감 및 교육위원 선거, 제3회 전국지방선거 등 크고 작은 많은 선거를 관리했다.

재임기간 동안 선거 때마다 후보자에게는 돈 안 쓰고 정책으로 대결할 것을 호소하면서 선거법을 어기는 후보자에게는 끝까지 불리하도록 선거법을 엄격히 적용했다. 유권자인 국민에게는 철저한 후보자 검증을 거쳐 빠짐없이 투표에 참여할 것을 호소하면서 후보자를 검증할 수 있는 여건을 조성하는 데 온갖 노력을 다했다.

선거 때마다 크게는 엄청난 규모의 부정한 정치자금이 기업으로부터 정치권에 흘러 들어가 정경유착이라는 부패정치의 고리로 연결되고, 작게는 선심관광이라든지 음식물 접대 등 타락선거가 타성적(惰性的)으로 반복되어온 상황이 부끄러웠다. 선거관리위원들과 임·직원들이 깨끗하고 공정한 선거 실현을 위해 선거관계법령을 정비하는 데 머리를 짜내는 한편, 선거 과정에서는 선거법을 엄격히 적용하는 데 모두 하나가 되었던 일들이 한두 가지가 아니었다.

기업의 정치자금 제공을 선거법에서 원천적으로 금지하고, 선거 과정에서 금품을 주고받는 고질적인 풍토를 뿌리 뽑기 위한 방안을 마련했다. 후보자 측으로부터 금품을 받는 유권자에게는 받은 금품의 50배에 달하는 과태료를 부과하기로 했다. 후보자 측에서 금품으로 유혹할 마음조차 갖지 못하도록 하기 위해 금품제공 사실을 신고하는 사람에게는 크게 포상금을 지급하는 제도까지 선거법에 명시적으로 도입했다. 그 법을 시행한 것도 깨끗한 선거풍토 정착에 크게 효과를 거둔 일이었다.

부정한 돈을 쓴 후보자는 당선이 되더라도 끝까지 추적되어 결국에는 자격이 박탈된다는 인식이 뿌리 내리게 된 것을 큰 보람으로 느낀다.

제16대 대통령선거 때는 '바른 선택으로 자랑스러운 대통령을 우리가 만들어 나가자', '국민 모두의 참일꾼을 뽑는 화합과 축제의 선거가 되도록 하자'는 슬로건으로 국민에게 다가갔다.

제17대 국회의원 총선거 때는 선거 3일 전인 2004년 4월 12일을 '후보자 진단의 날'로 정하여 누구를 선택할 것인지를 판단하는 데 도움이 되도록 각 후보자의 신상정보자료 등을 모든 유권자에게 제공했다.

선거일인 2004년 4월 15일을 '병든 정치를 수술하는 날'로 정하여 금품을 뿌리거나 불법정치자금을 받는 후보자, 근거 없는 흑색선전이나 인신공격으로 국민을 현혹시키는 후보자, 지역감정을 자극하여 표를 얻으려는 후보자, 의정활동에 불성실했거나 투명한 정치에 역행한 후보자, 국민과 국가의 이익보다 자기 개인의 이익을 추구한 후보자 등을 부패정치의 표본으로 삼았다. 그들을 남겨두어서는 안 되므로 투표하는 날 국민이 직접 투표용구와 투표용지를 가지고 수술을 단행하여 꿈과 희망을 안겨주는 정치가 펼쳐지도록 하자고 호소했다.

투표 전날에는 다음과 같이 모든 유권자가 투표에 참여하여 줄 것을 간절히 호소했다.

'투표에 참여하지 않으면 정치가 잘되고

나라가 잘되기를 바랄 수 없습니다.'

'지연, 혈연, 학연을 떠나 냉정하게 판단하여

나라 사랑하는 마음으로 투표합시다.'

'투표소는 보통걸음으로 걸어서 집에서 10분 이내의 거리에 있고, 투표하는 데 1~2분밖에 걸리지 않습니다.'

'아침에 운동복 차림으로 나와 투표해도 좋고,

외출이나 출근길에 잠깐 들러 투표하면 됩니다.'

제16대 대통령선거일을 4일 앞두고 있던 2002년 12월 15일 아침과 제17대 국회의원 총선거일을 4일 앞두고 있던 2004년 4월 11일 아침에는 '공명선거' 홍보차원에서 〈한국일보〉와 〈일간스포츠〉, 〈서울경제신문〉 등이 주최한 거북이 마라톤대회(남산 순환도로를 빠른 걸음으로 일주하는 시민 마라톤대회)에 명예대회장으로서 선거관리위원회 임원들과 함께 참여했다.

2004년 4월 11일 아침 행사가 끝난 다음에 일행과 함께 설렁탕으로 아침식사를 하게 되었다. 그때 식당 아주머니가 나를 보자마자 다가오더니 "오! 공명선거!"라고 크게 외치면서 덥석 나를 껴안는 것이었다. 옆에 있던 누군가가 "위원장님 이름이 하루아침에 '공명선거'로 바뀌었네요"라고 말하는 바람에 한바탕 웃음이 터졌다.

중앙선거관리위원장으로 재임하는 동안 선거 때마다 반복되는 담화문이나 신년사 등을 통해 공명선거라는 말을 귀가 닳도록 했기 때문에 감각적으로 나온 말로 이해됐다.

그러나 내 이름을 '공명선거'라고 불러주는 데 토를 달고 싶은 마음이 없다. 언젠가는 우리나라에 깨끗한 선거풍토를 정착시키는데 내가 조금이나마 기여했다는 평가를 받고 싶기도 하고, 유권자인 국민이 깨어 있는 한 머지않아 우리나라 정치가 크게 업그레이드되어 행복감을 만끽하며 살 수 있는 선진문화국가가 될 것이라는 꿈을 꾸며 살고 싶기 때문이다.

공명선거 캠페인 제 320회 한국일보 거북이 마라톤 대회(2004. 3. 21.)

5부 천국, 나의 천국

– 가족 이야기 –

나눔의 전도사
어머니의 한평생

성큼성큼 어머니가 오른다. 95세의 어머니가 계단을 오르는 걸음걸이를 지켜보며, 칠순인 아들은 경탄을 금치 못한다.

감사합니다. 어머니! 사랑합니다. 어머니!

그 건장한 걸음걸이로 칠십 번 해가 바뀌도록 이 아들 거두시고, 하나님께 축복 빌어 내리느라 아직도 한시가 바쁜 어머니. 그러다 넘어지기라도 하면 어쩌려고요. 당신의 사랑, 당신께서 빌어 주신 축복, 제게 이미 넘치고 넘쳐요. 이젠 하나님의 다른 양들 찾이, 그리 급히 집을 나서지도, 숨 가쁘게 걷지도 뛰지도 마세요. 제발. 이젠 어머니 자신만을 위해 천천히 여유롭게 그리고 아주 우아하고 아름답게 걸어 보세요. 새색시처럼요.

16세 꽃다운 나이에 어머닌 한복을 곱게 차려입고 걷는 자태를 신랑감 앞에서 선보였다. 안방을 나와 대청마루를 지나 건넛방으로 걸어가는 모습을 보여준 것이었다.

"얘야, 대문을 열고 신랑감이 들어서거들랑, 안방에서 나가 천천히 얌전하게 대청마루를 걸어서 저 건넛방으로 들어가거라."

"네, 할머니."

혼인할 나이가 됐으니 신랑감을 맞아 시집가야 한다는 할머니의 말에, 시집가는 것이 무엇을 의미하는지 잘 알지도 못했을 어머닌 어른들의 뜻에 무조건 순종했다.

얼마 후, 삐거덕 대문 열리는 소리와 함께 누군가의 인기척이 나자, 할머니께서는 손녀의 귀에 대고 속삭였다.

"자, 지금 걸어 나가거라."

쿵쾅쿵쾅. 어머니의 심장이 뛰기 시작했다. 눈앞이 캄캄하고 다리가 부들부들 떨렸다. 온전히 한 발짝을 뗄 수가 없어 버선발을 질질 끌다시피 비틀거리며 대청마루를 지나 건넛방으로 들어갔다. 크게 한숨을 내쉬고 방바닥에 털썩 주저앉아 있으려니, 할머니가 큰 소리로 불렀다.

"얘야, 다시 이리로 걸어오너라."

걷는 모습을 다시 한 번 보고 싶다는 신랑감의 당돌한 요청 때문이었다. 무언가 부족했구나 생각하며, 어머닌 정신을 가다듬고 한 발 한 발 애써 차분히 떨리는 버선발을 내딛었다.

아버진 신붓감이 바들바들 떨며 걸어가는 모습에서 무엇을 본 걸까? 자신보다 오래오래 가정을 이끌며, 이렇게 95세가 되도록 건장할 어머니의 걸음걸이를 예견하고, 그날로 당장에 신붓감으로 점을 찍은 걸까. 아버진 가난했지만 자신의 가문이 양반이라는 자부심이 대단했다. 어머닌 양반이면서도 부잣집 규수였지만, 아버진 그 격이 자신의 집안보다는 좀 낮다는 이유로 어머니께 권위를 내세웠단다.

자신은 얼굴을 치켜세운 채 수줍음에 가슴 떨렸을 어머니의 모든 것을 당당히 훔쳐본 아버지, 어머닌 그런 아버지의 얼굴도 쳐다보지 못한 채 그의 색시가 되었다.

음력으로 1918년 11월 13일. 경기도 화성군 장안면에서 태어나 열여섯 나이에 꽃가마에 앉아, 꽃가마 실은 배를 타고, 육지에 올라 경기도 평택군 현덕면 유(柳) 씨 가문에 시집왔다. 꽃가마 안에서 어머닌 무슨 생각을 했을까? 연지 곤지 찍고 눈을 내리감고 가는 미지의 세계에 대한 호기심이나 두려움, 그런 것을 느꼈을 게 분명하다. 자신의 눈으로는 볼 수도, 자신의 머리로는 생각도, 판단도, 선택도 할 수 없는, 자신의 인생을 부모님의 판단에만 맡기고 받아들였다.

그렇게 뱃길 따라 이어진 그녀의 인생길이 그토록 모질게도 험난하게 펼쳐질 줄 눈곱만큼이라도 알았다면 어머닌 그래도 그 꽃가마를 뿌리치지 못했을까?

어머닌 꽃가마에서 버선발을 시집마당에 내어 디딘 순간부터 가난의 고통을 두 발로 짊어졌다. 어머니의 부모님께서는 곱디고운 당신의 귀한 딸을 어찌 그리 가난한 집에 시집보낸 걸까. 긴긴 세월, 인생의 모진 험난한 길을 딸의 건장한 두 발로 헤치고 걷고 걸으면, 오늘의 축복된 삶에 이르게 되리라 예감하고 믿었을까.

그래도 뒤돌아보면, 한평생 어머니의 고통을 지금의 축복으로 보상하기엔 너무도 미흡하다.

어릴 적, 대지주의 딸이었던 어머니는 아름드리 커다란 항아리마다 하얀 쌀이 가득 담겨 있는 광을 어른들 몰래 드나들며, 쌀 한 바가지를 퍼다 저녁 무렵이면 개울가에 앉아 쌀 한 톨 없는 새까만 보리쌀을 비벼대는 가난한 동네 아낙네들 바가지에 슬그머니 쌀 한 줌씩을 부어 주었다고 한다. 보리쌀에 찰조나 찰옥수수가 섞인 바가지면 쌀 한 줌, 새까만 보리쌀만 담긴 바가지면 쌀 두 줌, 이 바가지, 저 바가지, 한 줌, 두 줌, 쌀을 나누어 주고는 부모님께 들킬까봐 쏜살같이 집으로 달려왔다는 것이다.

지금도 어머니의 가방에는 늘 하얀 봉투가 몇 장씩 들어있다. 만 원짜리 한 장, 만 원짜리 석 장, 다섯 장, 열 장…. 그 옛날 소녀시절, 쌀 한 줌, 쌀 두 줌, 이 바가지 저 바가지에 마음을 나누어 주던 성정(性情) 그대로, 언제 어디서든 만나는 사람마다 줄 수 있는 만큼, 흰 봉투를 손에 꼭 쥐어 준다.

어머니가 흰 봉투를 건네는 데는 그러고 싶은 이유가 사람마다 다르다. 이 사람은 너무 불쌍해서, 저 사람은 너무 사랑스러워서, 이 사람은 너무 감사해서, 저 사람은 꼭 하나님 품으로 인도하고 싶어서…. 주는 것에 대한 명분을 스스로 만든다. 내가 보기엔 손에 쥔 것을 무조건 다 비워야 마음이 흡족해서, 어떻게든 주고 싶은 명분을 스스로 찾아내는 것 같다.

내가 드린 어머니의 용돈은 철저하게 하나님께 바치는 십일조를 제외해 놓고, 대개의 경우 그 자리에 함께한 사람 중에서 당신이 찾아낸 명분에 가장 합당한 사람에게 먼저 분배된다. 내 눈치를 보고 가방에 넣어 두는 남겨진 돈이 며칠 못 가 바닥날 것이라는 것을 나는 안다. 어머닌 자신의 용돈을 써가며 어려운 교구 식구들을 위해 기도해 준다. 어려운 집에 심방갈 때는 쌀도 사다 주고 돈도 준다. 작정예배나 심방기도를 해준 감사로 누군가 어머니께 사례하면, 그 돈도 곧바로 어려운 다른 이웃에게 돌아간다.

경제적으로 어려운 사람에게만 주는 것이 아니다. 한 푼이라도 당신이 당장 써야 할 돈이 아니라면 그대로 가지고 있기보다 더 필요한 사람에게 주어야 마음이 기쁘고 편하다. 또 그래야 당신이 세상에서 제일 귀하게 여기는 이 아들에게 더 큰 축복을 하나님께서 내려준다는 것을 굳게 믿는다.

그런 어머니는 나 어릴 적부터, 매 끼니조차 마련하기 어렵고 궁핍했던 기나긴 세월을 견딜 때 그 설움 어떠했을까? 병약하신 아버지는 긴 장죽에 담배를 피워 물고 툇마루에 양반의 모습으로 앉아있었고 어머닌 얼마 안 되는 농토지만, 농사일을 거의 도맡아 했다. 9남매를 낳아 그나마 큰 아들 지찬(志瓚)은 혹시 살 길이 있을까 직장을 찾아 일찍이 서울로 떠나고, 둘째 아들인 나는 공부한다고 중학교 때부터 대학교를 졸업할 때까지 홀로 서울에서 친척집 또는 가정교사 집을 전전했다. 나이어린 나머지 7남매를 먹이고 교육시켜야 하니 곡식을 심고, 풀을 뽑고, 수확하고…. 일에 파묻혀 검게 그을린 어머니의 얼굴엔 늘 땀방울이 맺혀 있었다.

손발이 닳도록 일을 해도 어머니가 일구어 낸 적은 양의 곡식으로는 우리 식구의 입에 풀칠조차 하기 어려워서 많은 날들을 남의 집 일을 거들며 끼니를 해결해야만 했다. 한 줌의 쌀을 서슴없이 남에게 베풀었던 어머니가, 많은 세월 한 줌의 쌀을 구하러 숱한 집의 문을 드나들며 허드렛일을 했던 것이다.

좀 똑똑하고 공부 잘한다고 자랑하던 이 아들이 초등학교, 중학교를 1등으로 졸업하는 날, 그날도 어머닌 졸업식장에도 못 왔다. 고등학교나 대학교 때도, 입학식장이든, 졸업식장이든 아버지도 어머니도 나타나지 못했다. 그때마다 나는 항상 고아처럼 혼자였다.

"너무 어려워서… 선생님께 평생을 두고 감사해야 하는데, 빈손으로 차마 갈 수가 없어서 졸업식장에도 가지 못했습니다."

5년 전, 90세에 기적적인 만남으로 나를 1등으로 졸업시킨 초등학교 6학년 담임선생님과 식사하게 된 자리에서 어머니가 한 말이었다.

"오늘 식사는 그때 그 은혜에 조금이나마 보답하는 의미에서 제가 대접하겠습니다."

어머닌 80이 넘은 초등학교 선생님께 눈물 머금은 음성으로 아들을 대법관(大法官)이 되도록 가르쳐 주신 그 은혜를 평생 가슴에 간직하며 살았다고 고백했다.

어머니가 95세가 넘어도 건강한 이유는 평생에 남에게 지은 빚

대법관 어머니 92세 전도왕

"예수님이 얼마나 좋은데 왜 안믿어~호호" 서순덕 권사의 호탕한 웃음소리가 듣는 사람까지 행복하게 만든다. 서순덕 권사는 여의도순복음교회 서대문 7교구의 할머니 전도왕이다. 한 달 후면 93세지만 호탕한 웃음과 매사에 적극적인 열정은 젊은이 못지않다. 특히 전도를 하거나 심방하러 다닐 때면 발걸음이 더 빨라진다. 높은 계단도 성큼성큼 뛰어 올라다니신다. 건강의 비결이 뭘까?

"'항상 기뻐하라 쉬지말고 기도하라 범사에 감사하라'는 말씀만 지켜 행하면 누구든지 건강하게 오래오래 살 수 있어" 정답은 데살로니가전서 5장 16~18절이었다. 입가에 행복한 미

들을 축복하겠다'는 하나님의 음성을 들었는데 그래서 하나님이 많은 복을 주신 것 같아"

예수님을 알기전 서 권사는 다른 종교를 믿고 있었다. 어느날 갑자기 정신에 이상이 생긴 셋째딸을 고치기 위해 오산리최자실기념금식기도원에 간 것이 계기가 돼 예수님을 영접하게 됐다. "굿을 해도 소용없고 무슨 수를 써도 딸을 고칠 방법이 없었어. 그런데 어느날 '엄마 예수님 믿으면 나을 것 같으니까 교회가자'라고 하는 거야. 그 말에 바로 기도원을 찾아갔지" 기도원에 올라간 서 권사는 기도굴에 들어가 금식기도하며 불같은 성령을 받았다. "기도굴에서 자는데 찬송가 469장 '내 영혼이 그윽히

특히 이렇게 건강의 복을 주셔서 지금까지 예방주사 한번 안맞을 만큼 건강해"

서 권사는 아들 유지담 변호사가 부산에 부장판사로 있을 때 잠시 그곳에 거주한 것 외에는 처음 교회에 나오기 시작한 날부터 여의도순복음교회 서대문 7교구에서 봉사해오고 있다. 부산에서는 부산순복음남부교회를 다니며 봉사하고 전도하는데 앞장서 감사패를 받기도 했다.

서 권사는 주일예배, 수요예배, 성령대망회, 심령부흥성회, 권사예배도 빠지지 않고 드리며 하나님께 온전히 드려진 삶을 살고 있다. 서 권사가 중요하게 생각하는 것은 성도들의 심방이

서순덕 권사

〈행복으로의 초대〉 2009년 12월 6일

을 꼭 갚고 가야겠다는 염원 때문인지도 모른다. 어머닌 평생에 가장 큰 빚을 진 사람이 이 아들이라고 생각한다. 어찌 보면 그 빚진 마음을 어떻게라도 훌훌 털고 조금이라도 갚기 위해 누구 앞에서나 아들 자랑을 그리 하는지도 모른다.

"어머니, 성경말씀에 '자랑하지 말라' 했잖아요. 다른 것은 다 실천하면서 어찌 그건 그리도 실천 못해요? 아무래도 어머닌 그것을 실천 못하셔서 천국에 못가겠어요."

"하하하! 우리 대법관 아들이~, 효자여, 효자."

어머닌 무안함을 만회라도 하려는 듯 옆사람에게 더 큰 소리로 자랑한다. 내가 아무리 만류해도 어머닌 아랑곳하지 않는다. 그저 불고체면(不顧體面)하고 아들 자랑만 하면 힘이 넘친다.

저 힘이 도대체 어디서 나오는 것일까? 성령의 힘?

어머니가 아들자랑을 하는 데는 분명 또 다른 이유가 있다. 어머닌 아들이 성공하고 잘 되는 것이 다 자신이 하나님께 매달린 기

도 때문이라고 확신한다. 그래서 그 기도의 증거를 모두에게 알려 주어 다른 이도 자신처럼 예수를 믿고 하나님의 축복을 받도록 복음을 전하는 것이 평생의 사명이라고 믿고 있다.

어머닌 처음엔 절에 다녔다. 그런데 42년 전 기도원에서 예수님을 영접한 후 독실한 기독교 신앙인이 되었다. 그때부터 오직 예수님의 사랑을 실천하는 일에만 삶의 의미를 두고 살아왔다. 어머니가 하는 일은 모든 사람을 위한 축복기도와 만나는 사람을 교회에 인도하는 일이 전부다. 그 사실이 교인들 입에서 입으로 전해져 교회 내에서는 공지의 사실이었는데 뒤늦게 '대법관 어머니 92세 전도왕'이라는 제목으로 교회가족신문에 소개되었다.

"예수 믿으면, 나처럼 미소가 넘치고, 기쁨이 넘치고, 사랑이 넘치고, 물질이 넘치고, 건강이 넘치는데…."

흰 쌀, 흰 봉투를 나누어 주듯, 어머닌 그 좋은 하나님의 축복을 남에게 나누어 주지 않고 혼자서만 누릴 수가 없는 것이다. 그래서 자식자랑이 어머니가 많은 사람들에게 복음을 전파하는 데 사용한 도구가 되었다.

"예수 믿으면 나처럼 축복받아. 하나님이 내 귀에다 대고, '네가 내 양들을 위해 기도하니, 네 자식들에게 복을 내리겠다' 약속하셨거든, 그걸 내가 이 귀로 똑똑히 들었다고. 그래서 내가 지금 이렇게 복받는 거여. 하나님 말씀대로 내 자식들이 하나같이 잘되고, 그러니 얼마나 좋아. 하나님, 감사합니다. 할렐루야!"

손을 번쩍 치켜들고 할렐루야를 외치는 어머니의 얼굴엔 누가 보아도 의심할 여지없이 성령의 은총으로 빛이 넘친다.

2009년 5월, 92세의 어머닌 신촌 세브란스 병원에서 쓸개를 떼어내는 수술을 받았다. 그 연세가 되도록 잔병치레 하나 없었던 어머닌 심한 통증을 느끼자, '드디어 갈 때가 왔구나' 생각한 모양이다. 어머닌 살고 죽는 것에 초연하다.

"내가 더 살고 싶다고 사는 것이 아녀, 하나님의 영광을 드러내는 데 내가 필요하시니까 이제까지 하나님이 날 살려주신 거지. 그렇지만 이만큼 살았으니 자식들 고생시키지 않고 얼른 죽어야 하는데… 아범, 내가 죽을병이면 억지로 고치려고 애쓰지 마. 그건 하나님 뜻에 반하는 거야. 그냥 편히 가게 해."

"어머니, 의사가 쓸개만 떼어내면 되는 아주 간단한 수술이래요. 이 연세에 다른 사람들 같으면 수술 자체가 위험할 수도 있지만, 어머닌 기도하러 그렇게 걸어 다니고, 한시도 쉬지 않고 활동한 덕에, 건강상태가 아주 좋아 충분히 수술이 가능하대요. 절대 생명에 위험하지 않다니까, 조금도 염려하지 마세요. 어머니께서 더 오래오래 사셔야 어머니 기도 덕에 앞으로도 자식들이 더욱 잘될 테고, 그래야 하나님께 영광을 더욱 돌릴 수가 있잖아요."

어머니가 더 오래 사셔야 하는 명분을 진정으로 말하니, 당신의 얼굴엔 금세 어두운 그림자가 사라지고 환한 미소가 가득하다.

나는 그 미소의 의미를 안다.

"그래? 그렇지, 그러면 내가 더 오래 살아야지."

마음속으로 어머닌 다짐하고 있는 것이다.

어머닌 내 말이 거짓인지 아닌지, 의사 말을 직접 듣고 확인한 후에야 수술을 승낙했다.

"그런데 내가 집에 잠깐 갔다 온 후에 수술을 해. 장롱에 자식들에게 줄려고 모아 둔 돈이 좀 있는데 아범한테는 내가 평생 빚만 졌잖아. 내가 갚을 길이 있어야지. 얼마 전에 아범한테 주려고 보험 들어서 찾은 1천만 원과 그 이자를 타서 장롱에 넣어두었거든. 그것도 가져오고. 누가 작정예배해 달라고 감사헌금을 미리 주었는데, 그것도 돌려주고. 마지막으로 그 집에 가서 예배도 해주고 싶으니 갔다 오거들랑 수술하게 해."

그러나 수술이 너무 급한 상황이어서 어머니의 그 요구는 들어줄 수가 없었다. 어머닌 내심 혹시라도 수술이 잘못될 수도 있다고 생각하며 한 점 미련 없이 세상 빚을 훌훌 털어버리고 싶었던 것이다. 아무것도 이 세상에 남겨두지 않고 기꺼이 천국으로 가실 마음의 준비를 병상에서 그렇게 하고 있었던 것이다.

수술이 끝난 후, 퇴원하자마자 수술 전에 말한 사항들을 하나하나 모두 실천에 옮기는 바람에 나는 어머니가 주시는 돈을 받고야 말았다.

이제는 변호사를 해서 대법관 월급보다 훨씬 많은 돈을 벌고 있으며, 가지고 있는 돈이 넘친다고 말했지만 어머니의 고집에 도저히 거절할 수가 없었다.

수술 후, 3년이 훌쩍 지난 지금 어머닌 예전보다 더욱 건강하다. 얼굴이 색시처럼 고와진다고 어머니를 사랑하는 모든 사람들이 이구동성으로 말한다. 연지곤지 곱게 단장한 16세 꽃다운 새색시로 다시 돌아가려나 보다. 요즘 어머닌 자신이 이미 천국에 있는 것으로 착각하고 있는 듯하다.

"얘들아, 너희들 그렇게 하면 천국에 못 올라 와!"

어쩌면, 흰 쌀 한 줌, 흰 봉투 한 장, 밝고 충만한 은총 가득 자신이 사랑하는 이에게 한껏 쏟아 붓고, 나의 어머닌 성큼성큼 천국의 계단을 이미 오르셨는지도 모른다.

어머니, 건강하게 더 오래오래 사세요.

'화목과 사랑'으로 키운 3남매

사랑하는 아내와의 사이에 태어난 3남매.

우리 부부에게는 더할 나위없는 큰 축복이 아닐 수 없다. 결혼한 지 1년 만에 큰 아들 도현(道鉉)이가 태어났고, 2년 간격으로 둘째 아들 도윤(道潤)이와 딸 은정(銀丁)이가 태어났다. 3남매가 모두 4월 6일에 태어날 뻔했는데 큰아들 도현이가 예정일보다 2주일 먼저 태어나는 바람에 큰아들의 생일은 3월 22일이다. 비록 해는 다르더라도 3남매가 모두 4월 6일에 태어났더라면 우리 가정에는 그날이 더욱 의미가 있을 뻔했다. 언젠가 여행 중에 열차 안에서 가족끼리 그러한 내용의 담소를 주고받은 적이 있는데 옆에서 그 이야기를 듣고 있던 낯선 사람이 "그 아버지가 누구인지 재주가 참 좋으신 분이네요"라고 농담하며 끼어드는 바람에 한바탕 웃은 일이 있다.

그때 나는 아버지가 재주가 좋은 걸까, 어머니가 재주가 좋은 걸까? 잠시 의문을 가지다가 '두 사람이 함께 재주가 있는 거겠지'라고 결론을 내렸다.

큰아들 도현이는 고려대학교 사학과를 졸업하고 군복무를 마친

다음, 금융기관에 들어가 거대한 조직의 구성원으로서 맡은 역할을 성실히 수행하고 있고, 둘째아들 도윤이는 아비의 뒤를 이어 고려대학교 법과대학을 졸업하고 군복무를 마친 다음, 제42회 사법시험에 합격해 재조 법조인으로 봉직하고 있다. 딸 은정이는 외국어대학교 불문과를 졸업하고 혼자의 능력과 노력으로 프랑스로 유학하여 미술사를 전공했다. 그 뒤 잠시 전공분야 관련 직장에 취업했다가 든든한 남편을 만나 전업주부가 되었다.

대견스런 3남매의 모습을 볼 때마다 나는 더 바랄 것이 없을 정도로 행복이 넘친다.

어디 그 뿐인가? 큰아들은 박정아를 아내로 맞아 딸 셋을 낳고, 둘째아들은 박민영을 아내로 맞아 딸 하나를 낳았으며, 딸 은정이는 판사로 근무하는 이상주를 남편으로 맞아 아들 하나, 딸 하나를 낳아 모두 6명의 손자·손녀를 우리 내외에게 선물로 안겨주었으니 그보다 더 기쁜 일이 어디 있으며 그 이상 더 큰 축복이 어디 있겠나.

자식 자랑하는 사람은 팔불출이라고 말들 하지만 그래도 좀 하고 싶다. 3남매 모두가 집안에서는 '화목과 사랑'이라는 가훈(家訓)

을 잘 실천하고 있다. 밖에서는 남을 배려하면서 더불어 평화롭게 사는 세상을 만드는 데 기여하는 나름대로의 역할을 하고, 국가와 사회 그리고 각종 집단의 구성원으로서 '책임과 봉사'를 다 하리라고 믿는다.

각자 혼기가 되어 결혼 상대자를 선택할 때 내가 그들에게 주문한 사항은 오직 한 가지, '감사하고 기뻐할 줄 아는 사람'을 찾으라는 것이었다. 내가 피하기 어려운 사정으로 주례를 서게 될 때면 항상 강조하는 말이 있다. '결혼이란 섬기는 마음으로 상대방을 변함없이 사랑하기 위하여 하는 것'이라고.

아무리 섬겨도 감사할 줄 모르고 아무리 사랑해도 기뻐하지 않는 사람이야 이 세상에 없을 것이다. 그러나 조그마한 정성에도 감사할 줄 알고, 작은 사랑의 표시에도 기뻐할 줄 아는 사람을 선택하기만 하면 죽을 때까지 상대방을 사랑하고 싶을 것이고, 또 그렇게만 하면 사랑이 넘치는 행복한 가정은 보장될 터이니 더 이상 바랄 게 없다는 것이 나의 생각이다.

두 며느리가 경쟁적으로 남편들을 자랑하며 항상 기뻐하고, 사위가 아내를 칭찬하며 늘 웃음을 잃지 않으니 3남매 모두 내가 제시한 조건에 맞추어 배우자를 선택한 결과인 것 같다.

나는 자식들에게 부드럽고 자상한 아버지라고 스스로 생각하는데 아내가 보기에는 그렇지 않은 것 같다. 내가 자식들에게 너무 엄격했고 지나치게 완벽함을 기대해 성장과정에서 그들이 힘들었을 거라고 말하곤 한다.

하기야 노인들과는 대화조차 기피하려는 듯한 요즘의 젊은 세대들, 눈에 거슬리는 그들의 모습들을 접하면서 아내의 지적에 공감이 가기도 한다.

윤리적이고 도덕적인 면을 지나치게 강조하면서 젊은이들이 듣기에는 고리타분한 이야기를 자주하고, 아비의 어려웠던 지난 시절을 필요 이상으로 환기시킨 적도 있기 때문이다.

3남매의 바람직한 장래를 바라는 뜻에서의 잔소리요, 충고였지만 그들이 힘들었다면 참 미안하게 생각한다. 공부하는 데 충분한 뒷받침을 해주지 못한 것도 안쓰럽다.

그래도 나는 이 세상을 떠나기 전에 봉인된 봉투 안에 자식들에게 앞으로 살아갈 방향에 대하여 '당부의 글'을 남길 생각이다. 아무런 법률적 요건을 구비하지 않은 글이 될 것이다. 나는 3남매를 생각하면 죽어서도 행복이 넘칠 것 같다.

나의 형제들

5남 4녀, 나의 소중한 형제들.

살아오면서 어려운 고비를 넘을 때마다 그들은 내게 큰 힘이 되었고 용기와 희망의 바탕이었다. 때로는 무력한 나에게 곱절의 아픔을 안겨주기도 했지만….

나를 사랑하는 형제들이 있었기에 내 삶은 활기를 찾을 수 있었고, 내 도움을 필요로 하는 그들이 있었기에 내 삶은 더욱 의미가 있고 보람이 넘쳤다.

앞만 보고 정신없이 걸어온 70여 년을 되돌아보니 행여나 나라는 그늘에 가려 그들의 진정한 사랑과 희생이 빛을 잃지나 않았는지 걱정스럽다. 부모님의 편애를 받아온 나 때문에 그들의 마음이 상한 적은 없는지 염려스럽기도 하다.

누나와 남동생 하나 그리고 여동생 둘은 가족에 대한 사랑과 희생이 어떤 것인지를 넘치도록 보여주고 이미 세상을 떠나고 없다. 그들과 이야기도 함께 나누며 얼굴을 맞대어 웃고 울 수 있으면 얼마나 좋을까.

남은 5남매는 예나 지금이나 서로의 부족함을 채워주기도 하고

95세 어머니를 모시면서 하나같은 효심으로 화목한 가정의 뿌리를 굳건히 지키고 있다.

칠순을 훌쩍 넘어 팔순을 바라보는 지찬(志瓚) 형님.

그 자신도 누군가의 보살핌을 받아야 하는 불편한 몸이건만 변함없이 어머니를 지극정성으로 모시는 모습을 보면 눈물이 난다. 그런 형이 아우인 나를 이 세상에서 가장 훌륭한 효자라고 치켜세울 땐 정말 몸 둘 곳을 찾지 못할 지경이다.

내가 판사 임명장을 받은 지 얼마 안 되어 미국으로 이민 가서 맨손으로 삶의 터전을 잡은 지욱(志旭) 동생.

판사로서의 공직생활을 하는 데 혹시라도 짐이 될까 염려된다며 머나먼 나라로 아주 떠나버린 동생이다. 먼 이국땅에 있으면서도 늘 어머니의 건강을 염려하고 형제들의 안부를 걱정하는 모습은 한국에 있는 온 가족들의 마음을 뭉클하게 한다.

사랑 · 믿음 · 소망의 어머니 신앙을 그대로 이어받아 가정에서나 교회에서나 희생과 봉사의 높은 계단을 쌓고 있는 홍일점(紅一點) 지청(志青) 누이동생. 우리 가정에 항상 웃음꽃을 피게 하면서 궂은일을 도맡아 한다. 인천에 살면서 빼어난 음식솜씨로 손수 만든 음식을 바리바리 싸가지고 서울 홍제동 어머니 계신 큰집으로 오는 날은, 온 가족의 풍성한 잔칫날이 된다. 집안 행사가 있는 날뿐 아니라 시와 때도 없이 그렇다. 어머니와 형제들이 함께 모여야 하는 명분을 만들어 가며 음식을 마련하는 그의 지혜와 정성에 나는 항상 고마울 따름이다.

아버지가 돌아가신 1963년 음력 1월에 3살이었던 막내 동생 지훈(志焄).

유복자(遺腹子)같이 느껴졌기 때문인지, 어머니가 제일 사랑하고 애태우며 키워 온 동생이다. 어머니는 50이 넘은 그 막내를 지금도 철없는 아기로 생각하는지 "눈을 감으면 그 아들이 걱정"이라고 하며 형제들에게 그를 부탁하곤 한다.

어머니의 각별한 사랑은 물론 형들과 누나의 보살핌 속에 자란 사실을 깨달아서인지 스스로의 길을 당당히 가면서 집안의 모든 일에 솔선수범한다. 지금은 집안의 모든 애경사에 없어서는 안 되는 더할 나위없는 소중한 존재다.

존경스런 형님과 사랑하는 두 남동생, 그리고 여동생이 있는 데다 백 세를 바라보는 어머니가 건강하시니 이 얼마나 기쁘고 즐거운 일인가.

맹자(孟子)는 '부모님 살아계시고 형제 모두가 무탈한 것이 이 세상 제일의 큰 기쁨(父母俱存兄弟無故一樂)'이라고 말한 바 있다. 모쪼록 어머니 더욱 강녕하시고 우리 형제 모두 건강하여 뜻 있고 행복한 삶을 오래오래 누리기를 기원해 보는 것이다.

내 마음의 천국 만들기

1963년 1월 8일(음력) 세상을 떠난 사랑하는 나의 아버지는 하늘나라 그 어느 곳에 머물고 계실까. 1987년 12월 7일 세상을 떠난 사랑하는 나의 동생 지광이는 자신이 믿던 천국 그 어디쯤에 살고 있을까? 이미 세상을 떠난 누나와 두 여동생은?

사람들이 말하는 사후의 세계는 정말 존재하는 것인가? 아니면, 단지 사람들의 믿음과 희망 안에서만 존재한다고 생각하는 관념의 세계일까.

나의 짧은 소견으로는 두 가지 질문에 대한 답이 모두 "그렇다"인 것 같다. 사후의 세계는 그것이 어떠한 존재방식이든 하나님의 섭리, 즉 우주의 절대법칙 안에 존재하고 있긴 하겠지만, 인간의 믿음과 희망이라는 관념의 의식 속에서만 존재하는 세계가 아닌가 생각한다.

사후세계에 대한 그 어떠한 종교적 해석이든, 과학적 이론이나 논리든, 세상의 모든 상식과 지식을 떠나서 나는 그저 믿고 바라고 싶다.

나의 아버지, 나의 형제, 나의 친구, 세상을 먼저 떠난 내가 사랑한 이들이 저 세상 어느 곳에선가 영원히 존재하고, 그리고 그 어느 곳이 바로 그들이 살아서 믿었던 극락이었으면 좋겠고, 천국이었으면 좋겠다.

그래서 이 세상에서 다 할 수 없었던 것, 다 이룰 수 없었던 것을 그곳에서 다 할 수 있고 이룰 수 있었으면 좋겠다.

지금, 나는 70을 넘기면서 천국이 과연 있을까, 있다면 천국이 어떠한 모습일까, 문득 상상해 보다가 내 마음의 천국을 만들어 보기로 했다.

못 다 이룬 소년 시절의 나의 꿈을, 삶의 좌절과 실망 속에서도 여전히 마음 속 깊은 곳에 존재하는 나의 이상세계를, 이제부터라도 내 마음에 천국을 세워 실현시켜 보기로 했다. 이 생(生) 내 마음의 천국이 저 생(生) 내 영혼의 천국이기를 끝없이 믿으며 간절히 희망하며 멋지고 아름답게 천국을 만들어 보기로 했다.

몇 해 전부터 훌러덩 옷을 벗어던지고 매일 밤 거울 앞에 서 본다. 꿈을 몸으로 짊어지기엔 너무도 노쇠한 몸, 하지만 아직도 마음만은 소년의 그때 그대로인 것을.

그래서 마음으로 꿈을 짊어지고 마음의 천국을 세우려하니 발가벗은 몸으로도 덩실덩실 춤이 절로 추어진다. 내 어릴 적 꿈꾸었던, 모두가 잘 사는 풍요로운 세상, 기쁨과 행복 사랑과 감사가 넘치는 세상을 이제 내 마음의 천국에 옮겨 담으며 손끝에서 발끝으로 온몸으로 느껴본다.

내가 사는 동안 무엇이 그리도 행복했으며 무엇을 그리도 기뻐했고 감사했으며 누구를 그리도 사랑했을까. 죽어서도 내 영혼의 천국에 가져가고픈 행복이 무엇이며 사랑은 무엇인가.

매일 밤 잠들기 전에도 그렇고 매일 새벽 잠에서 깨어, 나는 마음의 천국을 만들기 위해 우주와 하나 되는 나만의 호흡법으로 몸과 마음을 가다듬는다.

아주 편안하게 몸과 마음을 침대에 늘어뜨리고 광활한 우주를 생각한다.

우주 안의 하나의 작은 별, 지구를 생각한다.

지구라! 책상 위에 놓여 있는 지구본을 응시한다.

저 둥그런 땅덩이 어딘가에 대한민국이 있을 텐데.

그렇지, 대한민국! 아주 작은 나라!

대한민국 서울특별시 서초구 서초동 ○○아파트 몇 동 몇 호 나의 침실, 내 침대 위에 나는 이렇게 누워 있다.

나는 나의 집과 하나이고, 대한민국과 하나이고, 지구와 하나이고 우주와 하나이다.

내가 우주 안에 있고 우주가 내 안에 있다.

숨을 고요하고 그윽하게 밖으로 내어 쉰다.

내가 먼지가루 같은 극미의 작은 존재가 되어, 강물로 바다로 들로 산으로 땅으로 하늘로… 전 우주에 퍼져서 모든 곳에 흡수되어 내가 사라져 버린다.

나는 없어지고 우주만 남는다.

숨을 고요하고 그윽하게 안으로 들이쉰다.

우주의 아주 미세한 존재로 퍼져 있는 나의 존재를 다시 불러서 들이마신다.

강물과 바다를 마시고 들과 산을 들이키고 땅과 하늘을… 전 우주를 들이마신다.

우주가 내 안으로 빨려 들어온다.

우주가 사라진다.

우주를 삼킨, 우주만 한 내가 드러난다.

나는 있고, 우주는 없다.

우주가 내 안에 들어앉았다.

내가 삼킨 우주!

나는 또 다시 숨을 내어 쉰다.

우주를 토해낸다.

더 많은 미립자가 뿜어져 나가며, 새로운 강물이 되고, 바다가 되고, 들이 되고, 산이 되고, 땅이 되고, 하늘이 되고… 우주가 다시 드러나고 나는 다시 사라진다.

고요하고 그윽하게 내쉬고 들이쉬고, 또 내쉬고 들이쉰다.

없는 나도 있는 것이 되고, 있는 나도 없는 것이 된다.

우주가 내 안에 있고, 내가 우주 안에 있다.

우주가 나이고 내가 우주이다.

이렇게 매일 밤 매일 새벽, 우주와 하나 되는 호흡을 하다 보니 언젠가 우주만 한 천국을 내 마음에 만들 수도, 나만 한 천국을 우주 안에 만들 수도 있을 것 같다.

지금 나는 참으로 행복하다. 우주만 한 행복, 우주만 한 사랑, 우주만 한 진실을 내 마음의 천국에 담을 수 있을 것 같아 행복하다. 나만의 몸과 맘으로 그리고 영혼으로 느끼는 행복, 느끼는 사랑, 느끼는 진실을 우주의 천국에 보낼 수 있을 것 같아 참으로 행복하다.

옷을 훌러덩 벗어던지고 거울 앞에 서 본다.

물기 마른 고목같이 윤기를 잃고 둔탁해진 늙은 감각세포가 기억하고 있을 내 생의 희로애락을 더듬어 느껴 본다.

팔을 높이 위로 아래로 옆으로 내어 젓고, 몸을 흔들어 본다.

천천히 천천히 부드럽게 부드럽게, 어깨춤, 팔춤, 목춤, 다리춤, 허리춤, 엉덩이춤… 온몸 어느 곳엔가 박혀있을 행복의 느낌, 사랑의 느낌… 그 느낌의 흔적들을 찾아 손끝 발끝을 일깨우고, 팔, 다리, 어깨, 머리, 목, 몸통… 온몸을 일깨운다.

마음의 천국의 문을 활짝 열어 망각의 늪에서 방금 일깨워진 행복을, 사랑을, 아름다움을… 그 소중한 느낌들을 기쁘게 맞이한다.

춤을 춘다.

일깨운다.

느낀다.

어느새 손끝, 발끝, 팔, 다리, 어깨, 머리… 온몸 온마음에 촉촉한 물기가 흐른다.

글을 맺으며

수십 년 동안 건조한 법조문과 씨름하며 살아온 세월이었다.

판결문이나 상고이유서 같이 딱딱한 글만을 써온 내가 막상 지나온 내 삶에 대한 생각과 느낌을 글로 표현하기로 마음을 정하고 보니 어디에서부터 어떻게 글문을 열어야 할지 막막했다.

2010년 6월 2일 서울특별시 교육감 선거가 있던 날이었다.

아침 일찍 투표를 마치고 스님 한 분의 안내를 받으며 충북 단양에 있는 대흥사로 향했다. 틀에 박힌 서울의 일상생활 속에서는 희미한 기억 속에 묻혀 있는 발자국들을 찾아내기가 쉽지 않을 것 같았다. 무엇보다도 나를 나 아닌 제3자로 객관화시켜 조용한 곳에서 스스로를 바라보며 글을 쓰고 싶어서였다.

영동고속도로를 달리던 승용차가 문막을 지나 중앙고속도로에 들어서니 확 트인 전경이 눈앞에 별져섰나. 깨끗하고 한적한 아스팔트길. 그 좌우로 원근을 이루며 겹겹이 포개진 산봉우리들. 그리고 초여름의 신록…. 단양까지 한 시간가량 달리는 동안 6월의 경이로운 풍경은 계속 이어졌다.

단양 톨게이트를 빠져나온 차는 조용한 산길로 접어들었다.

수려한 산세에 둘러싸인 평화로운 인가를 지나 단양 8경의 하나로 손꼽히는 사인암(舍人巖)에 이르렀다. 깎아지른 절벽 아래에 새겨져 있는, 고려 후기의 유학자로서 '사인' 벼슬을 한 우탁(禹倬)의 시조가 눈길을 끌었다.

한 손에 막대 잡고, 또 한 손에 갓을 들고,
늙는 길 갓으로 막고, 오는 백발 막대로 치려하니,
백발이 제 먼저 알고 지름길로 오더라.

칠십을 넘기면서부터 깊은 계곡에 흐르는 맑은 물처럼 흘러가는 대로 조용히 지내고 싶었다. 언제라도 하늘에서 부르는 날에 편안히 가야겠다고 생각한 나였다. 그래서 우선 주말에 조용히 사색하며 보낼 수 있는 한적한 곳을 찾은 것이다. 그런데 막상 우탁의 시조를 읽고 보니 자서전이고 뭐고 그것도 부질없는 욕심 같았다. 그마저 접으라는 느낌으로 다가와 순간 씁쓸하고 허전하기도 했다.

사인암에서 5분 정도 걸려서 대흥사 경내에 이르니 주지스님이 따뜻하게 맞으며 내가 거처할 방으로 안내했다. 넓은 마당을 지나 수십 개의 돌계단 위에 새로 지은 요사채의 모퉁이 방이었다.

창호지 미닫이문, 온돌방, 앞이 탁 트인 툇마루, 정면에 보이는 거대한 산, 울창한 나무숲과 웅장한 바위들, 음률에 맞추듯 끊임없이 흐르는 계곡물소리, 한밤중의 적막함과 청정함, 그리고 산책하기에 안성맞춤인 황정산 휴양림.

그야말로 혼자만의 은둔처로서 더할 나위 없이 적합한 곳이었다.

그때부터 특별한 일이 없는 한, 금요일이면 대흥사로 내려가 월요일 아침까지 그곳에 머물렀다. 공양(供養)시간 이외의 모든 시간이 자유였지만 나름대로 규율을 정했다. 나태해질까 염려되어 스스로를 틀 속에 묶어 놓은 것이다.

새벽 3시 예불 목탁소리에 선잠을 깨면, 맨손체조와 세수를 하고 30분가량 명상시간을 가진 뒤 1시간 반가량 글쓰기. 5시 반 아침공양 후 황정산 휴양림 산책. 11시 반 점심공양 후 산책. 오후 5시 반 저녁공양 후 산책. 산책 후 글쓰기와 책읽기. 10시 취침.

정해 놓은 일과에도 불구하고, 사실은 글을 쓴다는 명분이 무색할 정도로 많은 시간을 자연과 함께 보냈다.

단양팔경으로 알려진 도담삼봉, 석문, 구담봉, 사인암, 옥순봉, 상선암, 중선암, 하선암, 그 밖에 구인사, 온달관광지 등 마음이 내킬 때마다 훌쩍 빠져나와 이곳 저곳을 둘러보았다.

무엇보다도 하루 두세 차례 반복되는 1시간가량의 황정산 휴양림 산책은 일과 중 가장 중요한 부분을 차지했다.

명상에 잠기며 산책하던 어느 날, 갑자기 나뭇가지를 박차고 푸드득 날아가는 새 소리에 나는 깜짝 놀라 걸음을 멈추었다. 요란한 날갯짓으로 내 사색을 방해한 괘씸한 녀석. 그 녀석은 단숨에 흔적도 없이 나뭇가지 사이 파란 하늘로 날아가 버리는 것이었다.

한동안 고개를 뒤로 젖히고, 이 녀석이 어디로 갔을까? 나뭇가지 사이로 빈 하늘을 바라보는데, 문득 나에게 감동을 수었던 인터넷 편지의 몇 구절이 떠올랐다.

"당신의 모든 것을 열어서 대자연의 소리를 들어보라."

"대자연을 있는 그대로 느껴보고 그들과 하나가 되었다고 상상해 보라."

"가장 낮은 자세로 겸손하게 다가가면 대자연이 마음을 열고 무언가를 들려 줄 것이다."

정말 그럴까? 한동안 그대로 서서, 눈을 감고 낮은 마음으로 자연의 소리에 귀를 기울여 보았다. 새소리, 바람소리, 계곡물소리가 아름다운 화음이 되어 들리기 시작했다. 서서히 풀벌레소리까지 들려오더니 바위, 나무, 들꽃들의 속삭임도 들리는 듯했다.

자연과 함께 여름, 가을, 겨울을 지내고, 이듬 해 봄, 여름, 가을, 겨울을 또다시 보냈다. 그러다 보니 그동안 쓴 글이 책 한 권 분량이 되는 것 같았다.

하지만 아쉽게도 처음 의도대로 글이 써진 것 같지는 않다. 지나온 삶을 먼발

치에서 객관적인 눈으로 그려보면서 용서와 포용, 그리고 화해의 글로 채우려 했던 의도는 빗나간 것 같다. 감정에 사로잡혀 지난날의 흥분했던 느낌을 그대로 노출하기도 하고, 서운했던 일들을 마음에서 말끔히 털어내지 못한 건 아닌지. 나도 모르게 오만과 자만이 고개를 들어 자찬만 늘어놓은 것 같기도 하다.

기억이 미치지 못해서 다 쓰지 못한 면도 있지만, 의도적으로 밝히지 않은 것들도 없지 않음을 고백한다. 지난날의 허물과 과오가 찍힌 발자국이 들추어질 때마다 솔직함보다는 부끄러움이 앞섰다. 편안함을 택하고 싶어하는 감각적인 육신을 갖고 살아가야 할 남은 세월이 있기에 솔직히 용기를 내지 못한 측면도 있다.

어쨌거나 단양팔경의 자연과 함께하면서 지나간 70년 세월을 더듬어 본 시간들. 대흥사에서의 2년은 나에게 많은 깨달음을 준 의미 있는 날들이었다. 생존에 한순간이라도 없어서는 안 되는 태양빛과 맑은 공기. 그리고 눈과 비가 아무런 대가없이 온 세상을 공평하게 아우르고 있는 순환의 세계.

생명이 있는 것뿐만 아니라 생명이 없는 것까지도 그 나름대로 존재의미가 있고, 담당하는 역할이 따로 있다. 그러한 지극히 상식적이고 기본적인 사실도 새롭게 인식한 시간들이었다.

인간은 삶 전체를 기준으로 보면 기본적으로 공평한 조건 아래 태어난다. 성장하며 각자의 자유로운 판단과 선택에 의하여, 그 운명과 역할이 달라지게 된다는 것도 깨달았다.

나 역시 가난하게 태어나긴 했지만 불행하게 태어났다거나 불공평하게 태어난 것이 아니었다. 내게는 감당하기 어렵게 느껴진 상황이 많이 있었지만 그때마다 감당할 수 있는 형편과 능력이 주어졌다.

캄캄한 어둠 속에서도 꿈을 버리지 않고 최선을 다해 이를 극복해 내기만 하면 내가 기꺼이 감당할 수 있는 직분과 역할이 기다리고 있었다. 힘겨웠던 삶의 고비

고비마다 하나님께 의지하는 마음으로 내린 나의 판단과 선택은 결과적으로 하나님의 뜻에 어긋나지 않았던 것 같다.

돌아보면 언제나 금년이 작년보다, 이번 달이 지난달보다, 오늘이 어제보다 더 만족스러웠고 더 축복이 넘쳤고 더 행복했다. 날마다 감사가 넘쳤다.

지금 이 순간이 이제까지 살아온 그 어느 시간보다 감사하고 행복하다. 언제나 지금보다 더 행복한 지난날이 없었으니 과거로 되돌아가고 싶은 생각을 가져 본 적이 없다.

젊은 시절로 돌아가서 한 번 더 멋지게 살아보고 싶은 욕심도 없다.

꽁치냄새를 고통스럽게 참으며 빙판길 물지게 지던 중학시절로 되돌아가고 싶지 않듯이 고위직인 대법관이나 중앙선거관리위원장 시절로 되돌아가고 싶지도 않다. 앞으로도 항상 내일이 더 행복할 것으로 믿어진다.

나름 최선의 선택을 하면서 살아왔다고 생각하기에 죽음을 맞이하게 되는 그 순간도 역시 나에게 행복한 순간이 될 것이다. 죽음 후에는 더 행복한 천국이 있을 것으로 믿고 있는 것이다.

이 책을 쓰면서 보낸 2년은 그야말로 힘들고 고달프게만 느껴졌던 지난 70년을, 근심걱정 없고 행복하기만 한 70년으로 바꿔서 다시 산 느낌이다. 남아있는 삶도 나와 인연 있는 모든 사람들과 그렇게 지나온 삶을 행복한 삶으로 바꿔가며 어울려 지내고 싶다.

이 글이 완성되는 과정에서 나와 함께했던 소중한 모든 이들에게 진심으로 깊은 감사를 드린다.

2012년 봄
황정산 기슭에서

지은이 약력

유지담 柳志潭

1941 경기도 평택 태생
1955 서울청운중학교
1958 국립체신고등학교
1961 고려대학교 법과대학
1965 제5회 사법시험 합격
1965 서울대학교 사법대학원
1967. 11~1970. 9 군법무관
1981. 4 대법원 재판연구관
1981. 9 전주지방법원 정읍지원장
1990. 3 부산고등법원 부장판사
1993. 10 서울고등법원 부장판사
1996. 3 서울지방법원 남부지원장
1998. 3 울산지방법원장
1999. 10~2005. 10 대법원 대법관
2000. 7 중앙선거관리위원회 위원장
2005~ 법무법인 케이씨엘 대표변호사